Ingo Wirth • **Exekution**

Ingo Wirth

Exekution

Das Buch vom Hinrichten

VERLAG NEUES LEBEN

Mit einem Nachwort von Peter Jacobs

ISBN 3-355-01395-1

© Verlag Neues Leben GmbH, Berlin 1993
1. Auflage
Bezug: Ingrid Engmann
Lichtsatzherstellung und Reproduktion der Inhaltsabbildungen:
Druckhaus Berlin-Centrum GmbH,
Franz-Mehring-Platz 1, 10243 Berlin
Druck und buchbinderische Weiterverarbeitung: Chemnitzer Verlag
und Druck GmbH, Zwickau
Gedruckt auf FORTUNA-Pegasus von Steinbeis Temming Papier
GmbH & Co., Glückstadt

Inhalt

Wenn es ans Töten geht

Von dem Tag an, als zum ersten Mal eine Horde von Urmenschen einen der ihren zu Tode steinigte, bis zu dem Tag, da in einem amerikanischen Gefängnis der erste computergesteuerte Giftinjektionsautomat aufgestellt wurde, hat die Menschheit einen weiten Weg zurückgelegt. Das Hinrichten unterliegt einem fortwährenden Wandel der Rituale und der Techniken.

Etwa 100 Staaten der Welt halten heute noch an der Todesstrafe fest, die meisten lassen die Urteile auch vollstrecken. In Albanien, Malaysia und Südafrika wird gehängt, in Saudi-Arabien mit dem Schwert geköpft. In Liberia und Suriname schießt man in die Brust, in Rußland ins Genick, in China in den Hinterkopf. Amerikanischer Erfindungsgeist hat das 20. Jahrhundert nicht nur zu einem Jahrhundert des Autos, sondern auch zu einem des elektrischen Stuhls gemacht. Neuerdings gibt man gern der sauberer erscheinenden Giftinjektion den Vorzug.

Als einzige Spezies auf dem Planeten Erde hat der Homo sapiens die Fähigkeit entwickelt, per Gesetz oder Moral oder nach Gutdünken ein anderes Exemplar seiner Art zum Sterben zu verurteilen. Folglich ist das Hinrichten ein Phänomen der menschlichen Zivilisation, es hat seine Kulturgeschichte.

Indem der Mensch als Nutzer von Werkzeugen und als Erfinder von Maschinen sich aus der Natur hervortat, erfand er auch die zeitgemäßen Werkzeuge und Maschinen zum Töten. In den frühen rauhen Zeiten sollte es meist so grausam wie möglich zugehen. Die Römer kreuzigten, die Germanen kannten das Ausdärmen, im Mittelalter wurde gerädert und geviertelt. Seit mehr als zwei Jahrhunderten sinnt man auf eine Humanisierung des Hinrichtens – ein unpassender Ausdruck für das Bemühen, die oft auch für die Vollstrecker unangenehme Angelegenheit schnell und möglichst sauber zu erledigen.

Dies ist ein Buch vom vorsätzlichen Umbringen, das von Staats wegen geschieht. Es behandelt das richterlich verfügte Töten gemäß Strafgesetz, religiösem Gebot oder Sippenkodex. Jedes Auslöschen eines Lebens, das hier beschrieben wird, geschah, weil ein Gericht, ein Kadi oder ein Kazike dies angeordnet hatte. Ausgelassen sind Grenzfälle, wo kriminelle Vereinigungen, religiöse Fanatiker oder Guerilla-Führer sich richterliche Befugnisse angemaßt und Todesurteile über ihre Gegner oder Unbotmäßige in den eigenen Reihen verhängt haben.

Das Buch beschreibt, welche Probleme zu lösen sind, wenn das Todesurteil gefällt ist, wie es gemacht wird, das Hinrichten, welcher Techniken sich die Henker bedienen, was körperlich mit den Delinquenten geschieht und was sich hinter der nüchternen Nachricht von einer Exekution verbirgt. Ein Buch vom Hängen, Köpfen, Erschießen, Steinigen und Vergiften – von Hinrichtungsarten, die am Ende des 20. Jahrhunderts immer noch in Gebrauch sind oder soeben neu erfunden werden.

Der Elektrotod

„Wir haben Arbeit für Sie." Mehr sagt der Direktor des Staatsgefängnisses von Florida nicht am Telefon. Der Mann am anderen Ende der Leitung weiß sofort Bescheid. Erreicht ihn ein solcher Anruf, muß er verreisen. Von einem Dienstfahrzeug der Gefängnisverwaltung wird er immer an demselben Treffpunkt in der Nähe seiner Wohnung abgeholt. Sein Name und seine Adresse bleiben schon aus Sicherheitsgründen geheim; ein wenig spielen auch uralte Mythen mit. Er ist der Henker.

Nur soviel weiß man genau: Er wurde unter mehr als 100 Männern und Frauen ausgewählt, die sich um die Stelle bewarben. „Executioner wanted" (Henker gesucht) – so war in den großen Zeitungen Floridas annonciert worden. Für diese Nebentätigkeit zahlt der Staat 500 Dollar Kopfgeld bar auf die Hand.

Der Gefängnisdirektor erfährt nur einen Namen und eine Telefonnummer. Der Name ist wahrscheinlich nicht einmal echt. Wenn es soweit ist, wählt der Direktor die Nummer und bestellt den Henker. Nur sein Kollege in Texas kommt häufiger zum Einsatz als er.

Die Dienstreise führt den Henker über Starke, ein Straßendorf im Norden Floridas. Elf Meilen nordwestlich befindet sich das Staatsgefängnis. Gegen Ende der Fahrt legt er eine schwarze Robe an und zieht eine Kapuze mit Sehschlitzen über den Kopf. Der Henker soll unerkannt bleiben, wenn er seinen Arbeitsplatz im Todestrakt des Staatsgefängnisses betritt.

Hinter einer lindgrünen Stahltür mit der Nummer 43 liegt der etwa zwölf mal fünf Meter große Hinrichtungsraum, den eine Zwischenwand mit mehreren großen Fenstern und einer Tür in zwei Hälften unterteilt. Vor der Wand sind Holzstühle für die zwölf offiziellen Zeugen der Exekution und für weitere Zuschauer aufgereiht. Genauso spärlich ist die hintere Raumhälfte ausgestattet. In der Mitte steht ein dunkelbrauner Eichenstuhl mit breiten Ledergurten an den Armlehnen und den Stuhlbeinen. An der Wand dahinter hängen ein Sicherungskasten und zwei Telefone.

Die Vorbereitungen zu einer Exekution in Florida sind durch vertrauliche „Richtlinien für die Hinrichtung bei geltendem Vollstreckungsbefehl" genau festgelegt, die der Direktor des Staatsgefängnisses zu gegebener Zeit an das zuständige Personal austeilt.

Die erste Phase der sogenannten Todeswache beginnt meist vier Wochen vor der Exekution, nämlich dann, wenn dem Verurteilten der Hinrichtungsbefehl verlesen worden ist. Daraufhin wird er in eine der drei Todeszellen des Q-Flügels verlegt, der direkt mit dem Hinrichtungsraum in Verbindung steht. Fast der gesamte persönliche Besitz wird dem Todeskandidaten abgenommen. Jegliche Kontakte mit anderen Gefangenen sowie Besuche von Familienangehörigen oder Freunden sind untersagt. Lediglich seine Anwälte dürfen noch zu ihm. Der Verurteilte steht von nun an unter verschärfter Bewachung, damit er nicht versucht, sich selbst das Leben zu nehmen.

Vier Tage vor der Hinrichtung ist die zweite Phase erreicht. Dem Gefangenen wird der restliche Privatbesitz abgenommen und zur Aufbewahrung versiegelt. Er muß schriftlich sein eigenes Begräbnis arrangieren und den Empfänger seines Privateigentums benennen. Für das weiße Hemd und die schwarze Hose, die er auf dem elektrischen Stuhl tragen muß, werden seine Körpermaße genommen. Die Besuche der Anwälte dürfen nur noch ohne körperlichen Kontakt erfolgen. Vor der Todeszelle stehen Gefängnisbeamte, die den Verurteilten rund um die Uhr bewachen.

Am vierten, zweiten und letzten Tag vor der Hinrichtung überprüft ein Elektriker den Generator und die übrige Ausrüstung des elektrischen Stuhls. Gleichfalls am Tag vor der Exekution stellt der Elektriker eine Ammoniumlösung her, die den Strom besser leiten soll. Er tränkt damit den Schwamm, der später dem Verurteilten auf den Kopf gebunden wird. Der Leiter der Medizinischen Abteilung des Staatsgefängnisses bereitet den Leichenschauschein vor. Als Todesursache trägt er ein: „Gesetzliche Hinrichtung durch elektrischen Strom". Die Internationale Statistische Klassifikation der Krankheiten, Verletzungen und Todesursachen der Weltgesundheitsorganisation sieht dafür die Schlüsselnummer E 978 vor.

Am Hinrichtungstag darf der Verurteilte gegen 1.00 Uhr morgens Angehörige zu einem letzten Besuch empfangen. Um 4.30 Uhr erhält er seine Henkersmahlzeit. Nach 5.00 Uhr rasieren ihm Gefängnisbeamte den Kopf und das rechte Bein. Der Verurteilte ist während der Rasur mit Handschellen gefesselt, damit er das Rasiermesser nicht ergreifen kann. Dann wird er geduscht und muß seine Exekutionskleidung anlegen. Um 6.30 Uhr streicht man ihm ein Gel auf den Kopf und auf die rechte Wade. Das Gel soll nicht nur den Strom leiten, sondern angeblich auch Verbrennungen verhindern.

Drei Gefängnisbeamte begleiten um 7.00 Uhr den Todeskandidaten in Handschellen zum Hinrichtungsraum. Sobald er sich gesetzt hat, schnallen sie ihm die Lederriemen um Arme, Beine, Brust und Becken. Eine Elektrode wird am rechten Knöchel befestigt. Nun darf der Verurteilte eine letzte Erklärung abgeben. Nach dem Ammoniumschwamm werden die Elektroden am Kopf angebracht. Schließlich schnallen Gefängnisbeamte den Kopf an der Stuhllehne fest, wobei das Gesicht verdeckt wird.

Die Richtlinien verlangen, daß eine direkte Telefonleitung in den Hinrichtungsraum ständig frei gehalten werden muß, um bis zuletzt eine Nachricht von einem möglichen Aufschub der Exekution empfangen zu können. Der Gefängnisdirektor ist außerdem verpflichtet, sich telefonisch danach zu erkundigen, sobald der Verurteilte seine letzten Worte gesprochen hat. Von einem Wandtelefon aus ruft er den Gouverneur an. Die Verfassung des Staates Florida räumt dem Gouverneur über alle richterlichen Entscheidungen hinweg ein Gnadenrecht ein. Er kann das Leben des Verurteilten schonen, wenn dieser bereits auf dem elektrischen Stuhl sitzt. Der Gefängnisdirektor fragt: „Sir, gibt es noch einen letzten Aufschub?" Kurz und gleichlautend antwortet der Gouverneur: „Es gibt keinen." Eine andere Antwort hört der Direktor selten.

Mit der Exekution sind zehn Mann vom Personal beschäftigt, neben Gefängnisbeamten zwei Elektriker, ein Arzt und sein Assistent. Der maskierte Henker hält sich in einer Kabine hinter dem elektrischen Stuhl auf. Dort betätigt er den Hebel, der den Stromstoß auslöst.

Im Staatsgefängnis von Florida sind zeitweise über 200 Todeskandidaten eingesperrt. Die meisten kannten Ernest Dobbert, der am 7. September 1984 auf dem elektrischen Stuhl starb. Der 46 Jahre alte Familienvater hatte zwei seiner vier Kinder durch fortgesetzte Mißhandlungen getötet und die anderen beiden zu Krüppeln geschlagen. Über die Exekution berichtete ein Augenzeuge: „Um genau zehn Uhr wurde Dobbert in die Hinrichtungskammer gebracht. Er sah sehr blaß aus. Das rechte Hosenbein war bis zum Knie hochgerollt. Er mußte nur vier, fünf Schritte bis zum elektrischen Stuhl gehen. Seine Arme und Beine wurden blitzschnell mit den Lederriemen angeschnallt, er leistete keinen Widerstand. Er hielt den Kopf aufrecht und blickte durch die Scheibe zu uns in den Zeugenraum, in dem auch sein Rechtsanwalt und ein Priester saßen. Als er die beiden erkannte, lächelte er ein bißchen nervös. Die Beamten arbeiteten mit der Präzision eines militärisch gedrillten Teams. Sie hatten ausdruckslose Gesichter, als sie die Elektrode am Bein und eine Kappe mit eingebauten Elektroanschlüssen auf dem glattrasierten Kopf des Todeskandidaten anbrachten. Schließlich wurde ein schwarzes Tuch vor sein Gesicht gebunden. Es herrschte absolute Stille im Zeugenraum, kein Reden, kein Flüstern, kein Beten.

Plötzlich hörten wir einen dumpfen Schlag – der Henker hatte in seiner Arbeitskabine den ersten Stromstoß ausgelöst. Ich beobachtete Dobbert. Ich sah nur ein Zittern an seinem Handgelenk, sein Körper bewegte sich kaum. An der Stelle, wo an seiner Wade das Elektrokabel befestigt war, stieg ein kleines Rauchwölkchen auf. Seine Atmung blieb sofort stehen. Die Stromstöße dauerten ein bis eineinhalb Minuten.

Danach knöpften zwei Ärzte sein Hemd auf und hörten mit einem Stethoskop den Brustkorb ab. Einer leuchtete mit einer bleistiftdünnen Lampe in seine Augen. Um neun Minuten nach zehn wurde Dobbert für tot erklärt."

Zum Abschluß verkündete ein Sergeant die vorgeschriebene Amtsformel: „Das Urteil des Staates Florida gegen Ernest John Dobbert ist hiermit vollstreckt."

Nicht immer verlaufen die Hinrichtungen so komplikationslos wie in diesem Fall. Als zwei Jahre später, am 15. April 1986, vier Beamte Daniel Morris Thomas auf dem elektrischen Stuhl festschnallen wollten, setzte er sich zur Wehr. Darauf ist es zu einem „ziemlich ungleichen Kampf gekommen, der darin gipfelte, daß weiß gekleidete Männer – Wärter, ein medizinischer Assistent und der anwesende Arzt – den Verurteilten brutal niederrangen und gewaltsam in die Gurte zwängten, die ihn die letzten Minuten vor der Exekution bewegungsunfähig machten", hieß es in einem Pressebericht. Der Kampf im Hinrichtungsraum dauerte sieben Minuten, bis der erste Stromstoß erfolgte.

Was Daniel Morris Thomas empfand, als der Strom durch seinen Körper schoß, läßt sich nur schwer vorstellen, obwohl es Berichte von Verurteilten gibt, die einen Hinrichtungsversuch auf dem elektrischen Stuhl überlebten. Der 17 Jahre alte Farbige Willie Francis sollte 1946 in Louisiana hingerichtet werden. Ein Augenzeuge schilderte den fehlgeschlagenen Versuch: „Ich sah, wie der Beamte an dem Schalter drehte und wie die Lippen des Gefangenen anschwollen, sein Körper sich spannte und streckte. Ich hörte, wie der verantwortliche Beamte den Mann draußen anschrie, er solle mehr Saft geben, nachdem er gesehen hatte, daß Willie Francis noch nicht tot war. Der von draußen schrie zurück, mehr sei nicht möglich. Dann keuchte Willie Francis: ‚Hört auf. Laßt mich Luft holen.' Er wurde vom Stuhl losgebunden und wieder in seine Zelle gebracht."

Francis berichtete später: „Mein Mund fühlte sich an wie kalte Erdnußbutter. Ich spürte ein Brennen in meinem Kopf und meinem linken Bein und schnellte gegen die Lederriemen. Ich sah kleine blaue, rosa und grüne Punkte."

Ein neuer Vollstreckungsbefehl wurde ausgestellt und Willie Francis im Jahr darauf hingerichtet. Der Oberste Gerichtshof der Vereinigten Staaten meinte, daß eine Hinrichtung im zweiten Versuch nicht gegen die Verfassung verstoße.

Nicht anders erging es einer Frau, die ebenfalls den ersten Exekutionsversuch überlebte. Der als Zeuge anwesende Kongreßabgeordnete Emanuel Celler gab den folgenden Bericht: „Mit der gleichen Geschwindigkeit (wie ein Verurteilter vor ihr – d. A.) wurde auch Frau Judd auf dem elektrischen Stuhl festgeschnallt. Bevor das schwarze Tuch ihr Gesicht verdeckte, hörte man ein letztes, verzweifeltes ‚Mutter!' Wieder hob der Direktor den Arm, und der Schalter schwang herum. Die Frau bäumte sich im Stuhl hoch, wurde aber nicht bewußtlos. Ein rascher Impuls warf ihren Körper hin und her. Verblüfft blickte der Schaltmeister zu ihr hinüber. Dann riß er den Hebel zurück, veränderte die Stromstärke und schaltete noch einmal. Es waren grauenhafte Minuten. Ein Stromstoß nach dem anderen fegte durch den Körper der Verurteilten, aber keiner vermochte ihr die Sinne zu nehmen oder sie gar zu töten. Ununterbrochen rasten 2000 Volt . . . durch ihre schweren Glieder . . . ich sah endlich, wie nach einer halben Ewigkeit der Staatsanwalt dem Direktor einen Wink gab und der Beamte den Strom unterbrach. Die Delinquentin lebte noch und wurde in ihre Zelle zurückgebracht.

Die Gefängnisleitung, Reporter und Zeugen telefonierten mit dem Gouverneur, um einen Gnadenerweis oder wenigstens einen Vollstreckungsaufschub zu erreichen. Doch es gab keine gesetzliche Handhabe dafür. So wurde Frau Judd nach einer Stunde erneut in den Hinrichtungsraum geschleppt und mußte die unmenschlichen Torturen noch einmal erdulden. Sie starb erst nach einigen Minuten, nachdem man die Stromstärke beträchtlich erhöht hatte."

Derartige Vorfälle stehen im Gegensatz zur These der Anhänger des elektrischen Stuhls, die seit den Anfangsjahren behaupten, diese Hinrichtungsart sei die

„sicherste, schnellste, wirksamste und am wenigsten schmerzhafte". Die Geschichte der Elektroexekution, kurz Elektrokution genannt, zeigt, daß diese Ansicht von Beginn an nicht unwidersprochen blieb.

Edison macht's möglich

Die Anfänge des elektrischen Stuhls reichen in das vorige Jahrhundert zurück. Mit der Entdeckung des dynamoelektrischen Prinzips 1866 erschloß Werner Siemens das weite Feld der Starkstromtechnik. Durch den Bau leistungsfähiger Generatoren konnte nun ökonomisch günstig mechanische in elektrische Energie umgewandelt werden. Ein rascher Aufschwung der Elektrotechnik war die Folge. In vielen Industriezweigen kamen neue Maschinen und Anlagen zum Einsatz, wodurch sich zwangsläufig Elektrounfälle ereigneten. Dabei beobachtete man, daß der Tod in kürzester Zeit eintrat und äußerlich kaum Verletzungen feststellbar waren.

Bereits in den siebziger Jahren kam der Gedanke auf, den Starkstrom zur Hinrichtung einzusetzen. Während es in Deutschland bei der Idee blieb, suchte man in den USA nach einer technischen Lösung. Es dauerte nicht lange, bis im Bundesstaat New York für „eine verbesserte Erfindung, um überwiesene Mörder hinzurichten", ein Patent vergeben wurde. Die Konstruktion stellte einen primitiven elektrischen Stuhl dar, der aber zunächst wenig Beachtung fand.

Erst ein 1884 in Frankreich erarbeiteter Gesetzentwurf, der die Hinrichtung durch Elektrizität empfahl, löste neue Überlegungen aus. Vor allem in den USA interessierte man sich mehr denn je für eine Alternative zum Erhängen, das in den vergangenen Jahren wiederholt Anlaß zu heftiger Kritik gegeben hatte. In der Diskussion über neue Exekutionsmethoden wurden die bizarrsten Ideen entwickelt und die seltsamsten Vorschläge gemacht. Schließlich setzte 1886 das Abgeordnetenhaus des Staates New York eine Kommission mit dem Ziel ein, die „menschlichste und bequemste Art" der Hinrichtung zu finden.

Seit Anfang 1888 beteiligte sich die Gerichtlich-medizinische Gesellschaft in New York an der Suche nach der besten Exekutionsmethode. Der Verein beauftragte seinerseits eine vierköpfige Kommission mit Experimenten über die Möglichkeit einer Hinrichtung durch Elektrizität. Sie führte ihre Arbeiten in den Laboratorien des vielseitigen Erfinders Thomas Alva Edison und des Columbia-College aus. An 24 Hunden, zwei Kälbern und einem Pferd wurde unter mehrfach abgewandelter Versuchsanordnung teils mit Gleich- und teils mit Wechselströmen experimentiert. Aufgrund der Ergebnisse ihrer Tierversuche und nach den zahlreichen Erfahrungen an verunglückten Menschen beantragte die Kommission die Einführung der elektrischen Hinrichtung. Ihr Vorschlag lautete: „Der Verurteilte soll in horizontale Lage oder in sitzende Stellung gebracht und der Einwirkung eines Wechselstromes von 1500 Volt Spannung mit einer Frequenz von 15 bis 30 ausgesetzt werden, indem ihm zwei metallene Elektroden am Kopf und am Kreuzbein angelegt werden, die mit in Salzlösung getauchten Schwämmen versehen sind. Die für den Kopf bestimmte Elektrode hat die Form eines Helmes, die andere die Gestalt eines Pfropfens."

Im Juni 1888 beschloß die gesetzgebende Versammlung des Staates New York mit 87 gegen acht Stimmen, die elektrische Hinrichtung einzuführen.

Zum 1. Januar 1889 trat das Gesetz in Kraft. Danach war vorgesehen: „Um die Todesstrafe auszuführen, muß in jedem Fall der Körper des Verurteilten von einem elektrischen Strom durchströmt werden, dessen Heftigkeit hinreichend ist, den Tod herbeizuführen. Die Anwendung des Stromes muß bis zum Eintritt des Todes fortgesetzt werden."

Die getroffene Entscheidung fiel, so schrieb 1896 der Grazer Gerichtsmediziner Julius Kratter, „mit einer sachlich ganz und gar nicht begründeten, fast könnte man sagen, leichtfertigen Eile . . . Die hervorragendsten Physiker, Aerzte und Elektrotechniker waren noch durchaus nicht im Klaren über die Bedingungen, unter denen die elektrische Tödtung eines Menschen absolut sicher und rasch bewirkt werden könne." Aus diesem Grund warnten wissenschaftliche Autoritäten wie der Physiologe und Physiker Hermann von Helmholtz, der Physiologe Emil Du Bois-Reymond und nicht zuletzt Werner von Siemens davor, die Hinrichtung durch Elektrizität einzuführen.

Dennoch wurde die neue Exekutionsmethode am 6. August 1890 im Auburn-Gefängnis von New York an dem deutschstämmigen Mörder William Kemmler erstmalig angewandt. Der Verurteilte starb morgens um 6.49 Uhr in Gegenwart von 25 Zeugen, darunter 14 Ärzten. Die Exekution fand in einem eigens dazu hergerichteten Saal statt. Der aus Eichenholz gebaute Stuhl hatte eine erhöhte, etwas nach rückwärts geneigte Lehne, war am Boden befestigt und gut isoliert. Wie von der Gerichtlich-medizinischen Gesellschaft vorgeschlagen, wurde eine Elektrode am Kopf und die andere am Kreuzbein angelegt. Beide Metallelektroden waren mit nassen Schwämmen versehen.

Den offiziellen Bericht über die Hinrichtung an den Gouverneur von New York erstattete der Arzt Carlos F. Mac

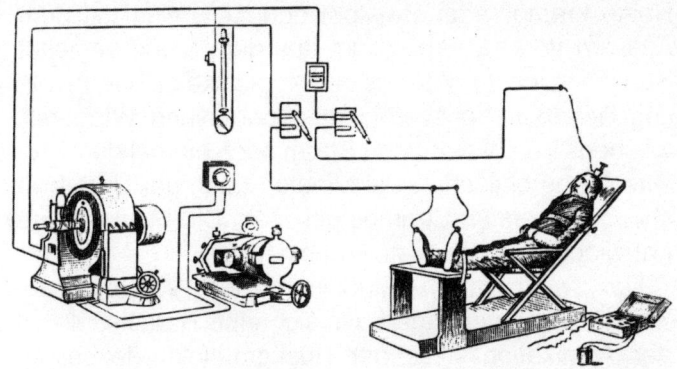

*Zeitgenössische Zeichnung von der ersten Elektroku-
tion, vollzogen im New Yorker Staatsgefängnis von Auburn am 6. August 1890. Die zweite Elektrode wurde
nicht, wie im Bild zu sehen, an den Füßen, sondern am
Kreuzbein angelegt.*

Donald: „Nachdem Kemmler hereingeführt worden war,
wurde er in der geschilderten Weise befestigt. Diese Vorbereitungen nahmen nur wenige Minuten in Anspruch.
Dann gab der Direktor dem im Nebenzimmer beim Kom-
mutator befindlichen Gehilfen das Zeichen, den Hebel
zu bewegen und den Stromkreis zu schließen. Im Augenblick wurde der ganze Körper starr, indem ein auf
das ganze Muskelsystem sich erstreckender tonischer
Krampf eintrat. Im selben Augenblick waren Gefühl, Bewegung, Bewußtsein vollkommen vernichtet. Der Zustand währte die ganze Zeit des Stromdurchgangs.
Nach 17 Sekunden wurde Kemmler für tot gehalten. Keiner der Zeugen erhob Einspruch, und der Direktor gab
das Zeichen, den Strom zu unterbrechen.

   Nach der Unterbrechung ging die Steifheit der Muskulatur sofort in allgemeine Erschlaffung über. . . . Die
Vernichtung der Bewegung und anscheinend des Lebens währte etwa eine halbe Minute. Dann folgte eine

Reihe krampfhafter Brustbewegungen, was mit dem Auswurf von etwas Schleim aus dem Mund begleitet war. . . . Allein angesichts der Möglichkeit einer unvollkommenen Lebensvernichtung und eines Wiedererwachens befahl man, den Strom noch einmal durchzuleiten, was beiläufig zwei Minuten nach der Unterbrechung des ersten Stromes geschah. Die Muskelstarre trat wieder wie das erste Mal ein.

Der zweite Stromschluß wurde aus Versehen auf 70 Sekunden verlängert, bis sich eine Rauchsäule an der Applikationsstelle der Rückgratelektrode zeigte, welche von der Verbrennung des Schwammes und der darunter liegenden Haut herrührte."

Mac Donald schloß seinen Bericht mit den Worten: „Der Zweck und Geist des Gesetzes, welcher darin bestand, dem Verurteilten einen sofortigen und schmerzlosen Tod zu geben, war vollkommen erreicht."

Dem widersprachen Kritiker der neuen Exekutionsmethode. Erstens seien zwei Stromstöße notwendig gewesen, um den Tod des Verurteilten zu bewirken. Zweitens habe die Hinrichtung acht Minuten gedauert. Die Exekution trug nach Einschätzung von Kratter „mehr den unsicheren Charakter von Experimenten als den der sicheren Vollstreckung eines rechtskräftigen Todesurteiles".

Einige Einzelheiten, die in dem amtlichen Bericht fehlen, erwähnte der Arzt Edward A. Spitzka in einem Referat vor der New Yorker Gerichtlich-medizinischen Gesellschaft. Nach dem ersten Stromstoß war eine Peniserektion mit Samenerguß beobachtet worden. Wenige Sekunden nach dem Abschalten des zweiten Stromstoßes traten mehrmaliges Entweichen von Darmgasen und ein profuser Abgang von Urin auf.

In der Diskussion zum Vortrag bemerkte Mac Donald, daß aufgrund einer Störung die Spannung nicht, wie angenommen, 1000 Volt, sondern nur etwa 700 Volt betragen habe.

Nach den Erfahrungen der ersten Hinrichtung mit Elektrizität nahm man einige technische Veränderungen vor. Mac Donald wie Spitzka empfahlen eine höhere Spannung, zwischen 1500 und 2000 Volt. Eine wesentliche Neuerung betraf die Lage der Elektroden. Künftig sollte die eine am Bein und die andere an der Stirn angelegt werden. Um einen technisch einwandfreien Hinrichtungsverlauf zu gewährleisten, stellte New York einen Staatselektriker an.

Experimente mit Pferden

Wie sich das Verfahren weiter entwickelte, zeigt ein Bericht des deutschen Strafrechtlers Berthold Freudenthal. Er nahm während einer Studienreise am 12. September 1905 in Auburn als Zeuge an der Hinrichtung eines Mörders teil und notierte: „Kaum hatte man Platz genommen, so öffnete sich eine Tür. Vom Gefängnisgeistlichen geführt, erschien der Exequend, ein junger Mann von etwa 30 Jahren, fahl, aber in ruhiger Haltung. Er nahm ohne Widerstreben auf dem chair, einem Armstuhle, Platz und wurde außerordentlich rasch an Körper, Armen und Beinen angeschnallt. Er hatte den geschorenen Kopf von Anfang an zurückgelehnt und die Augen geschlossen. Das Kinn wurde mit einer Bandage gestützt. Eine Metallkappe wurde ihm aufgesetzt und an ihr der von der Decke herabhängende Leitungsdraht befestigt. Das linke Bein wurde entblößt. Indessen las der Kaplan mit lauter Stimme langsam die Worte eines Gebetes."

Ein Vertreter des Gefängnisdirektors leitete die Hinrichtung. Der Staatselektriker hielt sich in einem Nebenraum bei den Geräten auf. Der Strom von 1780 Volt und 7,5 Ampere wurde reichlich eine halbe Minute konstant gehalten, darauf allmählich vermindert und wieder auf seine volle Kraft verstärkt. Dann untersuchten zwei Ärzte den Verurteilten. Ein zweiter, tödlicher Stromstoß folgte.

Der deutsche Augenzeuge berichtet weiter: „5 Minuten nach 6 Uhr hatten wir das Zimmer betreten. 3 Minuten später war der erste Schlag erfolgt. 6 Uhr 15 Min., also weitere 7 Minuten später, schloß der Deputy die Zeremonie mit den Worten: ‚That is all, gentlemen'.

Der Hingerichtete wird nunmehr seziert, so schreibt es das Gesetz vor (§ 507), und demnächst in frischem Kalk – auch dies ist gesetzliche Bestimmung – beerdigt. ...

Ich fragte den Deputy, warum mehrere Ladungen nötig gewesen seien. So sei es immer, erwiderte er (das Gesetz schreibt vor, daß der Strom so oft angewendet werde, bis der Verurteilte tot sei.) Aber – so sagte der Deputy – nach dem ersten Schlage sei er, wenn nicht tot, so doch empfindungslos; das sei nach den Experimenten mit Pferden sicher. Ich fragte ihn weiter, ob bei stärkeren Leuten sich der Vorgang verlangsame: ‚Nein, wenn die Maschinen so gut sind wie unsere. Schlechte Ergebnisse, insbesondere in der ersten Zeit, waren stets auf mangelhafte maschinelle Vorrichtungen zurückzuführen.' Dies bestätigt mir nachher selbständig der Electrician. Gleichwohl wurde in den Zeitungen diese Elektrokution übereinstimmend als eine besonders rasche gerühmt."

Vor dem Exekutionssaal von Sing-Sing befand sich ein kleiner Raum, in dem ein Obduktionstisch stand. Unmittelbar nach der Hinrichtung mußte eine Leichenöffnung ausgeführt werden, „um jede Möglichkeit auszuschließen, daß der Mensch wieder ins Leben zurückkehrt". Einmal wurden im Sektionsraum bei einem Mann noch „deutliche Zeichen des Lebens" bemerkt. „Freds Herz", schrieb der New Yorker Henker Robert G. Elliott später, „schlug noch, und er war am Leben. Man konnte nur eins tun: ihn wieder in den Stuhl setzen und den Strom durch seinen Körper jagen, bis er tot war."

Umstritten wie die Methode der elektrischen Hinrichtung war mitunter auch das Todesurteil, zum Beispiel das gegen die italienischen Einwanderer Nicola Sacco und Bartolomeo Vanzetti. Ein Gericht im US-Bundesstaat Massachusetts hatte sie am 14. Juli 1921 des Raubmordes für schuldig befunden. Das Verbrechen war am 15. April des Vorjahres in der Nähe von Boston geschehen. Beim Überfall auf einen Geldtransport schossen zwei Männer die Bewacher nieder. Einer starb noch am Tatort, der andere Stunden später im Krankenhaus.

Das Todesurteil gegen Sacco und Vanzetti basierte auf den Aussagen von Schußwaffensachverständigen. Die Angeklagten bestritten die Täterschaft bis zum Schluß. Trotz weltweiter Proteste gegen die Verurteilung der beiden Italiener starben sie nach sechsjähriger Haft am 22. August 1927 im Staatsgefängnis von Boston auf dem elektrischen Stuhl. Am Tag der Hinrichtung mußten 500 Polizisten das Gefängnis gegen Tausende wütender Demonstranten sichern. Sacco und Vanzetti wurden 50 Jahre nach ihrem Tod teilweise rehabilitiert.

Der Staat New York ließ ab 1914 sämtliche Hinrichtungen durch Elektrizität im alten Gefängnis Sing-Sing vollziehen. Der Exekutionssaal war zehn mal sechs Meter groß und fensterlos. Mit sieben starken Schein-

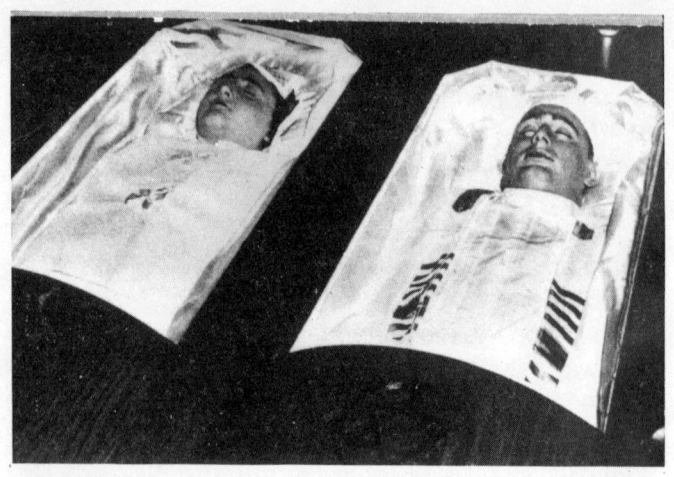

Das Ehepaar Ethel und Julius Rosenberg, hingerichtet am 19. Juni 1953 aufgrund eines umstrittenen Todesurteils

werfern konnte der Raum grell ausgeleuchtet werden. In einer Ecke standen vier Bänke, bestimmt für die zwölf offiziellen Hinrichtungszeugen sowie für die Angehörigen der Verurteilten und für die Angehörigen der Opfer, falls einige von ihnen zusehen wollten.

Auf einem Betonsockel in der Mitte des Raumes war der elektrische Stuhl installiert. Am 19. Juni 1953 starben dort Ethel und Julius Rosenberg, deren Todesurteil mit dem Verrat von Geheimnissen aus der Atombombenforschung der Vereinigten Staaten an die Sowjetunion begründet worden war. Auch ihrer Hinrichtung ging eine internationale Protestbewegung voraus. Die letzte Elektrokution in New York wurde 1963 vollzogen.

Nach New York führten die Bundesstaaten Ohio 1896 und Massachusetts 1898 die Hinrichtung durch

24

Elektrizität gesetzlich ein, die in der Folgezeit zur verbreitetsten Exekutionsmethode in den USA wurde. Anderswo fand die Elektrokution nur auf den Philippinen und in Taiwan vorübergehend Anwendung.

Ein halbes Jahrhundert nach der New Yorker Entscheidung wurde in 22 Staaten der USA die Todesstrafe auf dem elektrischen Stuhl vollzogen. Erst in den achtziger Jahren übernahm die tödliche Injektion den Spitzenplatz. Gegenwärtig droht noch in 13 Bundesstaaten den Todeskandidaten eine elektrische Hinrichtung. In Arkansas haben sie als Alternative die Giftspritze.

Gleichstrom in Sing-Sing

Die Elektrokution wird nicht überall auf dieselbe Weise ausgeführt. Die verwendeten Ströme, die Dauer der Stromstöße und die Elektroden unterscheiden sich zum Teil erheblich.

Bereits in den Anfangsjahren entbrannte ein Streit um die Frage: Gleich- oder Wechselstrom? Der Staat New York ließ die ersten elektrischen Stühle für seine drei Gefängnisse Auburn, Sing-Sing und Clinton von dem Techniker Harold Brown bauen. Brown bevorzugte Wechselstrom. Als er versuchte, die Generatoren beim Westinghouse-Konzern zu kaufen, weigerte sich die Firma, ihn zu beliefern. George Westinghouse fürchtete um seinen guten Ruf; später änderte sich die Einstellung zum Geschäft mit Hinrichtungstechnik. Brown mußte sich die benötigten Teile noch bei einem Gebrauchtwarenhändler in Boston besorgen, um die elektrischen Stühle anfertigen zu können.

Immer wieder gab es Pannen bei den Exekutionen. Nach einigen Jahren entschied man sich im Staatsgefängnis Sing-Sing schließlich für den Gleichstrom. Die Elektrokution wurde mit einer Spannung von 1500 Volt für etwa 30 Sekunden begonnen. Nach einem Intervall von einigen Sekunden ließ man eine Minute lang einen Strom mit 750 Volt fließen. Die Meßgeräte registrierten durchschnittliche Stromstärken von sechs bis acht Ampere, die den Körper effektiv passierten. Anderswo wurden Gleichströme mit höherer und geringerer Spannung von 2500 bis 250 Volt nacheinander angewandt. Die einzelnen Stromstöße dauerten zwischen zehn und mehr als 20 Sekunden.

Form und Lage der Elektroden wurden im Laufe der Zeit ebenfalls mehrfach verändert. Für den Kopf favorisierten einige Experten eine Lederkappe mit eingebautem Kupferdrahtgeflecht, andere bevorzugten einen glockenartigen Metallhelm. Als zweite Kontaktstelle dienten der rechte oder linke Unterschenkel, ein Oberschenkel oder das Gesäß.

Über die modernste Methode informiert das Bedienungshandbuch für das Modulare Elektro-Exekutionssystem der Firma Fred A. Leuchter Associates. Darin heißt es: „Erstens muß das System drei Elektroden aufweisen. Für den Kopf ist eine engsitzende Kappe vorgesehen, welche eine Elektrode mit einem in Salzlösung getränkten Schwamm enthält. Durch diese Elektrode tritt der Strom ein. Zweitens ist für jeden Fußknöchel eine festsitzende Elektrode vorgesehen, was dazu führt, daß der Strom sich teilt und durch den gesamten Rumpf der Person hindurchfließt. . . . Durch diese zwei Knöchelelektroden fließt der Strom zurück. Der Kontakt sollte verbessert werden, indem man an jedem der Knöchelanschlüsse eine salzhaltige Paste oder einen mit Salzlösung getränkten Schwamm verwendet. Es ist von allerhöchster Wichtigkeit, an den Elektrodenkontakten einen gleichmäßigen Stromdurchfluß mit minimalem Widerstand aufrechtzuerhalten. Ferner muß nach dem Spannungsabfall ein Minimum von 2000 Volt Wechselspannung aufrechterhalten werden. . . . Spannungen, welche bei Sättigung unter 2000 Volt Wechselspannung abfallen, können den Herztod nicht garantieren und sind daher für die Elektro-Exekution nicht geeignet."

Vielfältig wie die Hinrichtungstechniken sind die Auffassungen über die eigentliche Ursache des Todes auf dem elektrischen Stuhl. Zuerst kommen dafür die elektrospezifischen Wirkungen des Stromes in Betracht. Der elektrische Reiz kann derart in die Erregungsabläufe der Herzmuskulatur eingreifen, daß ein Herzkammerflimmern zum Tod führt. Es ist jedoch ebenso ein primärer Herzstillstand möglich.

Außerdem entstehen am Körper elektrothermische Schäden. Unmittelbar nach einer Hinrichtung wurden bei der Hirnsektion Temperaturen von 58 bis 65°C gemessen. Bei einer solchen Überhitzung des Gehirns könnte eine zentrale Atemlähmung den Tod verursachen. Hinzu kommt eine krampfartige Starre der Atemmuskulatur infolge des direkten Stromdurchflusses, die an dem tödlichen Atemstillstand zumindest beteiligt sein könnte.

Trotz der zahlreich ausgeführten Leichenöffnungen ließ sich die Frage nach der Todesursache bei elektrischer Hinrichtung bis heute nicht allgemeingültig klären. Im allerersten Fall, bei der Obduktion von William Kemmler, zeigten sich eine akute Lungenüberblähung und punktförmige Blutungen unter dem Lungenfell, sogenannte Tardieusche Flecke. Das Herz ließ grobsichtig keine Veränderungen erkennen. Im Gehirn fanden sich feinste Blutungen und ein Erweichungsherd. Bei späteren Obduktionen anderer Hingerichteter wurden am Herzen kleine Gewebszerreißungen und Blutungen festgestellt. Die Befunde am Gehirn wiederholten sich, insbesondere fielen regelmäßig umschriebene Blutungsherde an den Gefäßen und Nervenzellschäden auf.

Der amerikanische Neuropathologe George B. Hassin verglich die durch elektrischen Strom hervorgerufenen Veränderungen mit denen nach einer Gehirnerschütterung. Dies macht deutlich, daß die erhobenen Befunde, einschließlich der Ergebnisse feingeweblicher Untersuchungen, eher unspezifisch sind, und deshalb die Feststellung der genauen Todesursache am besten im Einzelfall möglich ist.

Im Gegensatz zur Todesursache sind die elektrothermischen Schäden durch die Stromwärme nicht umstritten. Verbrennungen und Verkohlungen gelten seit den Anfangsjahren als Hauptproblem der Elektrokution. Am 7. Juli 1891 wurden vier zum Tode verurteilte Mörder in Sing-Sing hingerichtet. Dem Bericht ist zu entnehmen: „Unmittelbar darauf (nach Stromschluß – d. A.) begannen Haut und Fleisch der Beine sowie die Stirn zu rauchen. Dr. Mac Donald winkte dem Elektriker von neuem. Der Strom wurde unterbrochen, worauf der Körper in einer Weise, die jeden Zweifel an Slocums Tod ausschloß, in sich zusammenbrach. Bei Smiler dauerte der 1500 Volt starke Strom 20 Sekunden; er wurde dann unterbrochen und die Brust des Mannes im Stuhl begann sich krampfhaft zu heben. Wieder wurde der Strom losgelassen, bis wie bei Slocum das Fleisch brannte. Der Körper wurde sodann in das benachbarte Zimmer gebracht. Bei Wood und Jugigo hatte das Verfahren dasselbe Ergebnis."

Das Gesetz über die Stromwärme formulierte 1840 der englische Physiker James Prescott Joule. Die entstehende Wärmemenge ist nach der Jouleschen Formel von der Stromstärke, vom Widerstand und von der Einwirkungszeit abhängig. Da bei der Elektrokution besonders hohe Stromstärken auftreten, muß die Hitzewirkung entsprechend stark sein. In Verbrecherkreisen wird die Hinrichtung durch Elektrizität als „Brennen" bezeichnet und der elektrische Stuhl „der Grill" genannt. Von einem Verurteilten mit dem Namen Apple wird berichtet, er habe zu den Gefängnisbeamten, die ihn festbanden, gesagt: „Jungs, bald werdet ihr einen Bratapfel sehen."

Die Meinungen der Fachleute über die elektrische Hinrichtung gehen auseinander wie bei kaum einer anderen Exekutionsmethode. Nicht nur in der Anfangszeit, noch nach Jahrzehnten wurde die Elektrokution als „schmerzloseste, schnellste und humanste" sowie „von allen die ästhetischste" Hinrichtung gepriesen.

Demgegenüber erschienen immer wieder Augenzeugenberichte, die andere Eindrücke vermitteln, so 1928 von dem Amerikaner John W. Grey: „Der Körper reckte sich gerade in dem Stuhl empor, der Schweiß strömte buchstäblich heraus aus den Poren der Haut. Der Strom brachte das ganze Innere dieses verdammten Menschen zum Kochen, und das Geräusch des Stromes erinnerte mich an das Braten eines Beefsteaks in einem heißen Ofen. Es zischte und knisterte, heulte und summte von 2000 Volt und 9 Ampere, die durch den ganzen Körper hindurchrasten. Etwa zwanzig Sekunden floß der Strom durch den Körper, und als er abgestellt wurde, entrang sich mir ein Seufzer der Erleichterung – ein Zeuge neben mir hauchte: ‚Jesus, das ist entsetzlich!' Ein anderer, gerade hinter meinem Rücken, fiel in Ohnmacht, ein weiterer begann sich zu erbrechen . . ."

Die Wirkung des zweiten Stromstoßes sah der

Zeuge so: „Dampf stieg auf von seinem Kopf und den entblößten Knien, die sich blau und schwarz färbten. Die Lippen, die im Augenblick zuvor so gräßlich grinsten, wurden schwarz, und schwerer Schaum brach aus ihnen hervor, floß über die schwarze Maske. Der Strom heulte und summte noch einmal zwanzig Sekunden oder länger, bis der Doktor ein Zeichen zum Abstellen gab."

Ähnliches berichtet der New Yorker Geistliche Charles Francis Potter in einem 1938 erschienenen Aufsatz über die Hinrichtung des Mörders Francis Crowley: „Immer wieder wurde der elektrische Strom durch den Körper des jungen Mannes geschickt, und immer wieder schnellte dieser Körper auf uns zu, und jedesmal wichen wir zurück. Wir konnten nicht anders. Man hatte uns erzählt, daß er keine Schmerzen empfinden, daß der Strom ihn augenblicklich töten würde, und wir hatten den Wunsch, es zu glauben, aber es sah so aus, als ob er ungeheuer leide und mit ganzer Kraft gegen den Strom ankämpfe. Die Täuschung – wenn es eine Täuschung war – wurde noch dadurch erhöht, daß starker Schweiß aus seinem Körper zu strömen schien.

Dann kam mir plötzlich die furchtbare Wahrheit zum Bewußtsein, und ich begriff, warum Berichterstatter diesem ungeheuerlichen Schauspiel so ungern beiwohnen. Ich beobachtete hier, wie ein Mensch lebendig geröstet wurde! Der Stuhl war eben eine Art elektrischer Herd!

Ich hatte schon von der elektrischen Hinrichtung als einem ‚Verbrennen im Stuhl' gehört, aber ich hatte mir nicht klargemacht, daß dies nur milde ausgedrückt war. Im Physiologieunterricht hatte ich gelernt, daß der menschliche Körper einen sehr großen Wassergehalt hat; diese Schulweisheit wurde nun lebendigste Wirklichkeit. Die Körpersäfte dieses jungen Menschen kochten jetzt geradezu aus ihm heraus und durchnäßten die einfachen Kleidungsstücke, die man ihm für diese letzte Rolle gewährt hatte.

Am schwersten zu ertragen war der Geruch. Man kann ihn mit nichts anderem vergleichen als mit dem scharfen Geruch von Schweinebraten. Durch den ganzen Raum – und weit nach draußen, wie wir später feststellten – drang dieser widerliche Geruch."

Amos O. Squire, lange Jahre Anstaltsarzt in Sing-Sing, erlebte 114 Hinrichtungen auf dem elektrischen Stuhl mit. In seinen Erinnerungen schrieb er: „Was man vom Gesicht sehen kann, vom Mund bis zum Kehlkopf, wird weinrot. Manchmal erhebt sich eine kleine Rauchfahne von dem Scheitel des Kopfes und mit ihr kommt der Geruch des Verbrannten."

Die Verbrennungen sind unterschiedlich schwer. Potter erwähnte, „daß das Fleisch geschwollen, aufgedunsen und stark gerötet war. Es sah genau so aus wie ein sehr schlimmer Fall von Sonnenbrand." Ein anderer Augenzeuge berichtete nach einer Hinrichtung in Alabama, der Tote habe „im ganzen Gesicht Brandwunden" gehabt. Bei der Obduktion eines Hingerichteten wurden Verbrennungen dritten und am Kopf vierten Grades festgestellt: „Kopfhaut und Schädel verkohlt von Elektroden, die Fläche etwas größer als die Elektroden".

Was die Hinrichtungszeugen meist nicht wahrnehmen können, ist der Abgang von Kot, Urin oder Samen. Der austretende Speichel kann, bedingt durch Zungenbisse, blutig sein. In manchen Fällen wurde sogar Bluterbrechen beobachtet. Vereinzelt fanden sich bei der Leichenöffnung Speisereste in der Luftröhre. Demnach wurde erbrochener Speisebrei eingeatmet, was das eigentliche Luftholen behindert.

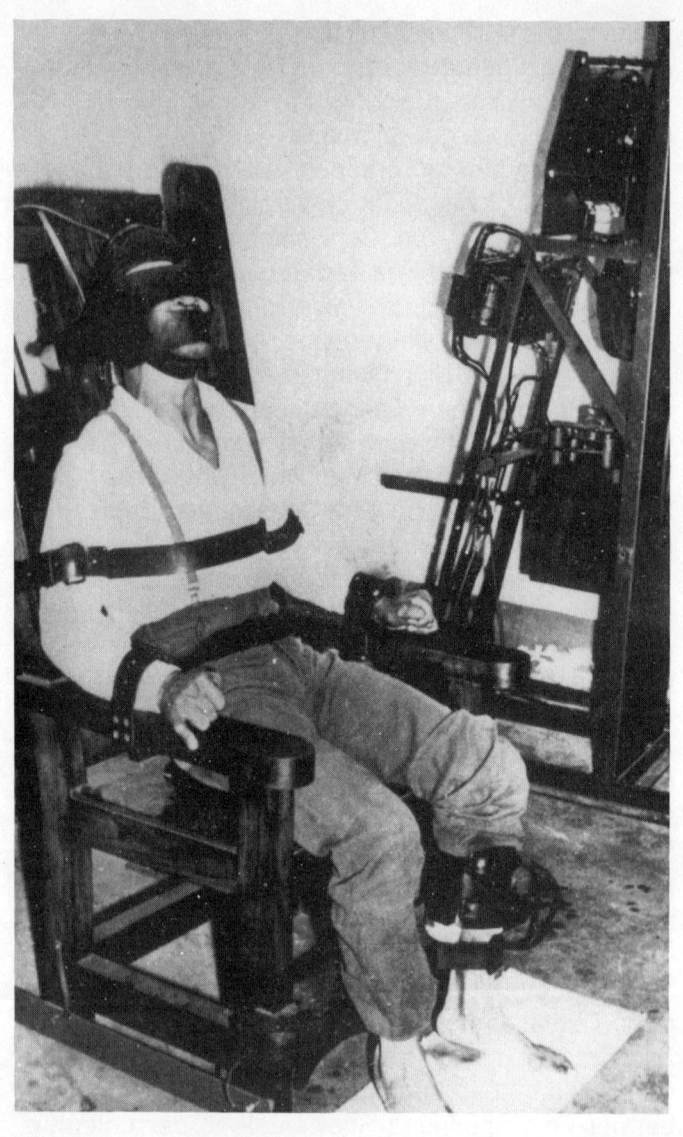

Hinrichtung des Frauenmörders Willie Mae Bragg, 1940 in Mississippi

Old Sparky, der alte Funkensprüher

Die Hinrichtung durch Elektrizität erfordert einen großen technischen Aufwand. Zwangsläufig können Störungen verschiedener Art auftreten. Nachdem bei der ersten Elektrokution im August 1890 der Generator nicht einwandfrei funktionierte, gab es im Juli 1893 erneut Schwierigkeiten im Auburn-Gefängnis. Bei der Exekution von William Taylor, der wegen Mordes an einem Mitgefangenen zum Tode verurteilt worden war, versagte die Apparatur beim zweiten Stromschluß gänzlich. Der Verurteilte stöhnte und atmete schwer. Ein Arzt spritzte ihm Morphin. Nach einer Stunde des Wartens tötete ein neuerlicher Stromstoß Taylor.

Im April 1938 mußte ein Todeskandidat im Staatsgefängnis von Huntsville in Texas drei Stunden lang zusehen, wie man versuchte, den defekten elektrischen Stuhl zu reparieren. Schließlich gaben die Elektriker auf, weil der Generator durchgebrannt war. Vier Tage später verlief die Exekution erfolgreich.

Technisch bedingte Probleme bei der elektrischen Hinrichtung gab es in der Anfangszeit häufig. Später beobachtete man des öfteren auch Fälle, bei denen der Tod des Verurteilten trotz funktionierender Apparatur nicht in Sekundenschnelle eintrat. Solche Vorkommnisse werden bevorzugt auf eine besondere körperliche Konstitution zurückgeführt. Zweifellos beeinflussen verschiedene biologische Faktoren die Wirkungen der Elektrizität am menschlichen Körper. Dazu gehören die persönliche Disposition und einige Krankheiten, speziell des Herzens.

Andererseits darf nicht übersehen werden, daß physikalische Parameter die Stromwirkungen entscheidend bestimmen. Neben Spannung und Stromstärke sind das der Widerstand, die Einwirkungszeit und der Stromweg. Wesentlichen Einfluß auf den Hautwiderstand hat die angelegte Spannung. Bei Werten über 100 Volt – bei Elektrokutionen weit überschritten – findet ein Durchschlag statt, der den Widerstand soweit erniedrigt, daß die Schutzwirkung der Haut gegenüber dem Strom aufgehoben wird. Bei Gleichstrom über 300 Milliampere und bei Wechselstrom bereits ab etwa 80 Milliampere tritt im allgemeinen der Tod ein, wenn der Stromfluß länger als eine Drittelsekunde andauert.

Allerdings gelten die tödlichen Stromstärken nicht absolut, denn es kommt auf den Stromweg, das heißt die Lokalisation der Kontaktstellen an. Nur wenn ein Organ in der Strombahn liegt, kann es betroffen sein. So resultieren die Organschäden durch Elektrizität letztlich aus einer Wechselwirkung physikalischer und biologischer Gegebenheiten. Welche der zahlreichen Faktoren die ablaufenden Mechanismen im Einzelfall bei einer elektrischen Hinrichtung beeinflussen, wird nicht immer erkennbar.

Wie in den Anfangsjahren nahmen auch in späterer Zeit verschiedentlich Elektrokutionen einen überraschenden Verlauf. Am 22. April 1983 saß in Alabama John Evans auf dem elektrischen Stuhl. Innerhalb von 14 Minuten trafen drei Stromstöße von jeweils 1900 Volt seinen Körper. Beim ersten brannte die Elektrode am linken Bein durch und fiel herunter. Nachdem sich die Ärzte davon überzeugt hatten, daß der Verurteilte noch lebte, reparierten Gefängnisbeamte die Elektrode. Während des zweiten Stromstoßes stiegen Flammen und Rauch vom linken Bein und von der linken Schläfe auf. Erneut horchten die Ärzte Evans' Brust nach Herztönen ab, konnten den Tod aber immer noch nicht mit Sicherheit feststellen. Daraufhin wurde

34

der Strom zum dritten Mal eingeschaltet. Erst danach erklärten die Ärzte ihn für tot.

Alpha Otis Stephens überlebte am 12. Dezember 1984 in Georgia den ersten zweiminütigen Stromstoß. Er sackte zwar in sich zusammen, aber kurz darauf sahen Zeugen, wie er nach Luft rang. Es vergingen sechs Minuten, bis die Körpertemperatur sich wieder normalisiert hatte und die Ärzte ihn untersuchen konnten. Während dieser Zeit atmete Stephens dreiundzwanzigmal. Weil die Ärzte noch eindeutige Lebenszeichen feststellten, wurde zehn Minuten nach dem ersten ein zweiter Stromstoß ausgelöst, der Stephens tötete.

Die Exekution von William Vandiver am 16. Oktober 1985 in Indiana dauerte 17 Minuten. Bei ihm waren fünf Stromstöße erforderlich. Ein Gefängnisbeamter äußerte danach, der elektrische Stuhl habe einwandfrei funktioniert.

In Florida wurde am 4. Mai 1990 Jesse Tafero wegen zweifachen Polizistenmordes hingerichtet. Als der maskierte Henker den ersten Stromstoß auslöste, stiegen Feuer und Rauch vom Kopfteil des elektrischen Stuhls auf. Danach beobachteten Zeugen, daß der Verurteilte noch atmete und sich bewegte. Ein zweites und ein drittes Mal mußte der Henker den Strom anschalten, bevor die Ärzte den Tod Taferos feststellen konnten.

Die Strafvollzugsbehörde, verantwortlich für den technischen Zustand des Hinrichtungsgeräts, erklärte zu dem Vorfall, die Verbrennungen seien durch eine Veränderung am Kopfteil des elektrischen Stuhls hervorgerufen worden. Bei Taferos Hinrichtung habe man ein synthetisches statt eines natürlichen Schwammpolsters verwendet.

Nach Ansicht der Verteidiger versagte eine Elektrode am Kopfteil. Dadurch sei kein Strom von 2400 Volt, sondern nur von 90 bis 100 Volt durch den Körper des Verurteilten geflossen.

Der elektrische Stuhl im Staatsgefängnis von Florida bei Starke versieht seit 1924 seinen Dienst. Trotz strenger Richtlinien ereignete sich ein Zwischenfall wie bei Tafero nicht zum ersten Mal. Am 25. Mai 1979 verursachten die Stromstöße an Kopf und Bein von John Spenkelink schwere Verbrennungen. Doch Old Sparky, der alte Funkensprüher – so heißt der elektrische Stuhl unter Gefangenen – blieb in Betrieb. Bis Anfang 1993 starben auf dem betagten Hinrichtungsgerät 224 Verurteilte, davon sieben seit dem Zwischenfall mit Jesse Tafero.

Es kann immer Komplikationen geben, meinte ein amerikanischer Henker. Ein zu hoch eingestellter Generator, schwere Verbrennungen am Körper des Verurteilten und Zeugen, denen von dem Geruch übel wird, das seien Anfängerprobleme. „Bei einem eingearbeiteten Team läuft alles wie am Schnürchen", versicherte der Routinier.

Sturz in die Schlinge

Nach zwei Jahrzehnten Dienstzeit als Offizieller Scharfrichter der britischen Krone wurde Albert Pierrepoint 1949 von der Königlichen Kommission zur Überprüfung der Todesstrafe geladen. Er sollte über die Geheimnisse seines Handwerks berichten.

„Ladies and Gentlemen!", begann der Henker Seiner Majestät, „Gestatten Sie mir, Ihnen kurz zu beschreiben, was geschieht, wenn ein Verurteilter vom Leben zum Tode gebracht wird. Mein Assistent und ich begeben uns um 16.00 Uhr des Tages vor der Hinrichtung in das betreffende Gefängnis, wo wir auch verbleiben, bis alles erledigt ist.

Während der Delinquent auf dem Gefängnishof seinen Spaziergang macht, beobachten wir ihn, schätzen sorgfältig sein Gewicht und seine Größe – selbstverständlich ohne sein Wissen. Sollte er sich nicht im Gefängnishof aufhalten, stellen wir diese Beobachtungen durch das Guckloch in der Zellentür an.

Hier muß gesagt werden, daß sich der Galgen in einem Raum neben der Todeszelle befindet, die den Verurteilten in den letzten Wochen vor der Exekution beherbergt."

Einen zum Tode Verurteilten fachgerecht aufzuhängen, ist Präzisionsarbeit. Pierrepoint beschrieb das so: „Der Hinrichtungsraum ist vergleichsweise klein und hat eine Falltür in der Mitte. Mein Gehilfe und ich füllen nun einen Sack mit Sand, befestigen ihn an dem Strick und prüfen den Fall. Damit der Strick gut gestreckt wird, lassen wir den Sandsack über Nacht daran hängen, während wir selbst uns in unsere

Schlafzimmer im Gefängnis begeben und die Nacht verbringen.

Wenn wir am anderen Morgen die Zelle betreten, wird der Gefangene angehalten, uns den Rücken zuzukehren. Dies geschieht, damit er nicht zu erregt wird. Mit einem Lederriemen binde ich ihm seine Hände hinter dem Rücken zusammen. Ist das geschehen, gehen wir durch die Tür in den Exekutionsraum, und ich stelle den Delinquenten mit seinen beiden Füßen auf zwei weiße Kreidestriche, die vorher sinnvoll auf dem Holz der Falltür markiert wurden. Daraufhin streife ich ihm eine weiße Kapuze über den Kopf und lege die Schlinge um seinen Hals. Hierbei ist besonders wichtig, daß der Knoten unter dem linken Unterkiefer zu liegen kommt, so daß er unter das Kinn rutscht und dieses zurückreißt, wenn der Delinquent fällt. Sollte sich nämlich der Knoten auf der rechten Seite befinden, würde er sich beim Fall hinter das Genick schieben und den Kopf nach vorn werfen, was zu verhindern ist, denn das wäre Strangulierung, und der Tod könnte sich erst eine Viertelstunde oder noch später einstellen.

Wird es jedoch richtig gemacht, tritt der Tod – nachdem ich den Hebel gezogen habe und die Falltür geöffnet ist – in Sekunden ein."

Was Pierrepoint vor der Expertenkommission geschildert hat, ist die englische Methode des Hängens. Die Besonderheit besteht darin, den Verurteilten mit der um den Hals gelegten Schlinge eine bestimmte Höhe abstürzen zu lassen. Von diesem Vorgang ist die Bezeichnung long drop (langer Fall) für das Verfahren abgeleitet. Es ist ein tiefer Sturz, der eine Verletzung der Halswirbelsäule mit Schädigung des verlängerten Marks bzw. des Halsmarks bewirken kann, die rasch zum Tod führt.

Albert Pierrepoint, Henker seiner Majestät von Großbritannien bis 1956, in seinem Büro

Ein gewisser Earl Ferrers wurde 1760 in London als erster nach diesem Prinzip hingerichtet. Allerdings betrug damals die Fallhöhe nur einen Fuß, also reichlich 30 Zentimeter. Der Verurteilte mußte sich auf ein Brett stellen, das auf zwei Böcken lag. An jedem Bock war ein Seil festgebunden. Nachdem der Henker dem Todeskandidaten die Schlinge um den Hals gelegt hatte, wurden auf ein Zeichen hin von den Gehilfen die Böcke weggezogen, so daß der Verurteilte herunterfiel.

Die unfeine englische Art

Was beim Hängen somatisch geschieht, blieb den Medizinern lange Zeit ein Rätsel. Ein Absturz aus etwa 30 Zentimetern Höhe reicht kaum aus, um eine Verrenkung oder einen Bruch an der Halswirbelsäule zu bewirken. Folglich mußte der Erhängungstod von Earl Ferrers durch einen anderen Mechanismus verursacht worden sein.

Obwohl schon 1761 der italienische Anatom und Pathologe Giovanni Battista Morgagni die Ansicht vertrat, daß beim Erhängen die Schlagadern des Halses komprimiert werden, bestanden noch lange Zeit ungenaue Vorstellungen über die Wirkungen des Stranges. Erst 1876 äußerte Eduard Hofmann, Ordinarius für Gerichtliche Medizin an der Universität Wien, aufgrund von Experimenten an Leichen mit Bestimmtheit, daß durch den Strang nicht allein die Luftwege verlegt, sondern auch die Blutgefäße und die Nerven des Halses gedrückt werden.

Über systematische Untersuchungen zur Aufklärung

des Erhängungsmechanismus berichtete dann 1897 der Pariser Gerichtsmediziner Paul-Camille-Hippolyte Brouardel. Unter anderem wollte er feststellen, wie groß die Zugkraft am Strangwerkzeug sein muß, um den Blutfluß in den Schlagadern zu unterbinden. Er kam zu dem Ergebnis, daß dafür nur wenige Kilogramm ausreichen.

Mit einer abgeänderten Versuchsanordnung wiederholte der Gerichtsmediziner Walther Schwarzacher in Graz die Experimente von Brouardel. Wie Schwarzacher 1927 mitteilte, genügt zum Verschluß der Halsschlagadern bereits eine Zugkraft von 3,5 Kilogramm, während an den geschützt im Nacken verlaufenden Wirbelschlagadern 16,6 Kilogramm notwendig sind. Abrupt wird dadurch die Blutzufuhr zum Kopf unterbrochen. Infolge des Sauerstoffmangels im Gehirn tritt fast momentan Bewußtlosigkeit ein, der ein schneller Tod folgt.

Demgegenüber ist die Behinderung der Atmung von untergeordneter Bedeutung. Als man das noch nicht wußte, versuchte einer, den Henker zu überlisten. Das geschah in London, und beschrieben hat den Fall zuerst 1801 der Pariser Arzt Paul-Augustin-Olivier Mahon. Ein lange gesuchter Londoner Straßenräuber war gefaßt und zum Tode verurteilt worden. Es gelang ihm, im Gefängnis einen Arzt zu gewinnen, der ihm einige Zeit vor der Hinrichtung die Luftröhre eröffnete und eine kleine Kanüle einlegte. Damit wollte der Delinquent am Galgen überleben. Doch der Eingriff nützte nichts, er starb in wenigen Minuten.

Nach heutigem Kenntnisstand führen vier verschiedene Mechanismen allein oder in Kombination den Erhängungstod herbei. Zweifelsohne kommt es zu einer Verlegung der Atemwege, jedoch nicht so sehr durch ein Zusammendrücken der Luftröhre, sondern vielmehr durch einen Verschluß des Nasen-Rachenraums. Das Strangwerkzeug drückt den Zungengrund nach oben bis zur hinteren Rachenwand. Doch das ist nicht der entscheidende Vorgang. Weitaus wirksamer ist die Unterbrechung der Blutversorgung des Gehirns. Um den Blutstrom in den Schlagadern des Halses zu unterbinden, reicht eine Kraft aus, die weit unter dem durchschnittlichen Körpergewicht eines Erwachsenen liegt. So wird der Tod durch Erhängen in knieender, sitzender oder sogar liegender Position erklärlich. Als dritter Faktor gilt die Reizung der Halsnervengeflechte, was Veränderungen des Blutdrucks oder einen Reflextod durch akuten Herzstillstand hervorrufen kann. Falls ein Reflexgeschehen abläuft, ist der Gehängte sofort tot, selbst wenn das Strangwerkzeug reißt. Viertens werden beim Sturz in die Schlinge nach Art des long drop die Halswirbelsäule und das Halsmark bzw. das verlängerte Mark – Sitz des Atemzentrums – verletzt, was auch tödlich ist.

Bereits um 1800 war in England der long drop die allgemein übliche Art der Hinrichtung. Damals blieb es dem Henker selbst überlassen, welche Fallhöhe er für einen Verurteilten festlegte. Sollte die Hinrichtung ohne Zwischenfälle ablaufen, mußte die Länge des Seiles recht genau dem Gewicht und dem Körperbau des Delinquenten entsprechen. Stürzte das Opfer nicht tief genug, kam der long drop nicht voll zur Wirkung und der Tod trat unter Umständen durch Strangulation ein. Wenn der Sturz zu tief war, konnte das ebenfalls ungewollte Folgen haben. Selbst dem routinierten Henker William Marwood, der von 1874 bis 1883 amtierte, passierte das. Über die Hinrichtung eines gewissen Brownless in Durham berichtete ein Zeuge: „Als wir in die Grube sahen, in der der Körper hing, bemerkten wir, daß die Füße ein und ein halbes inch (1 inch = 2,54 cm) über dem Boden waren; der Strick hatte sich in den Nacken eingeschnitten, das Blut rann langsam die Brust hinab."

Nebenbei bemerkt: Es war Marwood, der sich rühmte, Erfinder des long drop zu sein, wenngleich die Iren dieses Verdienst für sich beanspruchten. Ein anderes Mal, bei der Hinrichtung eines Patrick Harnet, bemerkten die Anwesenden: „Als der Körper zum Stillstand kam, hörte man einen schweren, gurgelnden Laut, und bald floß das Blut in Strömen auf den Steinflur herunter. Die Mütze wurde abgenommen und man fand, daß die Enthauptung fast vollkommen war, der Kopf hing nur noch an einem kleinen Stück Haut am Nacken. Während der halben Minute oder auch etwas länger, in der das Herz schlug, spritzte das Blut aus der offenen Wunde."

Manchmal mißlingt das Hängen so gründlich, daß daraus eine Enthauptung wird. Das kennt man auch von Selbsttötungen. Es geschieht, wenn der Hals einer übermäßigen Zugbelastung ausgesetzt wird. Bei einer Zugkraft von etwa 4000 Newton reißt die Halswirbelsäule ab, was bei einer 75 Kilogramm schweren Person einer Fallhöhe von etwa einem Meter entspricht. Damit ist der Gehängte aber noch nicht geköpft. Wegen der großen mechanischen Belastbarkeit der Halshaut ist mit der Möglichkeit eines vollständigen Abreißens ab etwa 4500 Newton und damit bei einer Fallhöhe von etwas mehr als einem Meter zu rechnen. Außerdem haben die anatomische Beschaffenheit des Halses und die Art des verwendeten Strangwerkzeuges – man denke an ein dünnes Drahtseil – Einfluß auf die Schwere der Verletzung.

Marwoods Nachfolger James Berry, von 1884 bis 1892 im Amt, kannte die Tücken des long drop. In seinen Memoiren „My Experiences as an Executioner" schrieb er: „Die größte Aufmerksamkeit bei einer Hinrichtung verlangt das Ausrechnen des passenden Falles; und die Lösung dieser Aufgabe ist nicht entfernt so einfach wie ein Außenseiter sich das vorstellen mag. Natürlich muß der Fall lang genug sein, um sofortigen Tod zu verursachen; und andererseits darf der Fall nicht so groß sein, daß er das Opfer äußerlich verstümmelt. Es wäre sehr leicht, die passende Fallänge zu finden und immer anzuwenden, wenn alle Mörder, die gehängt werden, dasselbe Gewicht und den selben Körperbau hätten, aber in Wirklichkeit sind sie ungeheuer verschieden.“

Sofort nach seinem Amtsantritt ging Berry daran, für den Tod am Galgen solide wissenschaftliche Grundlagen zu erarbeiten. Er fertigte ausführliche Tabellen an, die nach britischen Maßeinheiten aufgebaut sind: 1 Stein (stone) umfaßt 14 Pfund (lbs.), was einem Gewicht von 6,35 Kilogramm entspricht; 1 Fuß (ft.) setzt sich zusammen aus 12 Zoll (inch.), was 0,3048 Meter ausmacht. Berry schreibt: „Mein erster Auftrag war, Robert Vickers und William Innes, zwei Bergleute, die wegen Mordes an zwei Wildhütern zum Tode verurteilt waren, hinzurichten. Die betreffenden Gewichte waren 10 stone 4 lbs. und 9 stone 6 lbs., ihr Fall war 8 ft. 6 inch. und 10 ft. In beiden Fällen trat der Tod sofort ein, und der Gefängnisarzt gab mir ein Zeugnis, daß die Hinrichtung in jeder Beziehung befriedigend war. Auf diese Erfahrungen baute ich eine Tabelle von Gewichten und Fällen auf. Ich nahm einen Mann von 14 stone als Grundlage und gab ihm einen Fall von 8 ft., der für nötig befunden wird. Ich berechnete, daß jedes Halbstone weniger einen um 2 inch. längeren Fall erforderte. Diese Tabelle berechnete ich für Personen mit ‚durchschnittlichem‘ Körperbau, und deshalb konnte man nicht mit Sicherheit starr an ihr festhalten.

So habe ich z. B. mehr als einmal Personen hinrichten müssen, die bei einem Selbsmordversuch ihren Hals durchschnitten hatten oder die sonst am Hals verwundet waren; um zu verhindern, daß ihre Wunden sich wieder öffneten, habe ich den Fall ungefähr um die Hälfte vermindert. Auch wenn es sich um fleischige Leute handelte, die oft schwache Knochen und Muskeln am Hals haben, habe ich den Fall um ein Viertel oder die Hälfte der durch die Tabelle vorgeschriebenen Fallhöhe vermindert. Hätte ich das nicht getan, wären zweifellos zwei oder drei der Leute, die ich gehängt habe, die Köpfe einfach abgeschnitten worden, was in einem Fall passierte, auf den ich später zurückkommen will."

Eigenen Angaben zufolge ließ Berry einen Mann von rund 90 Kilogramm Körpergewicht reichlich 2,40 Meter tief fallen; für je 3 Kilogramm weniger an Gewicht verlängerte er den Absturz um 5 Zentimeter. Für die Kollegen, die sich auf sein Tabellenwerk nicht verlassen wollten, gab er die Formel zur Berechnung des long drop bekannt:

$$\text{Länge des Falls in feet} = \frac{4^{12}}{(\text{Gewicht des Körpers in stone})2}$$

Bis zum 30. November 1885 hängte Berry nach den Werten seiner Tabelle und, wie er schrieb, „ziemlich zufriedenstellend". An diesem Tag ereignete sich ein Zwischenfall, der ihn zwang, „die Sache noch einmal zu überdenken und eine neue berichtigte Tabelle auf einer, wie ich glaube, ganz wissenschaftlichen Basis aufzustellen. . . . Es geschah mit Robert Goodale, den ich in Norwich Castle hinrichtete. Er wog 15 stone und der nach der ersten Tabelle ausgerechnete Fall war demnach 7 ft. 8 inch.; aber da seine Halsmuskeln nicht stark und gut entwickelt zu sein schienen, verminderte ich ihn auf 5 ft. 9 inch. Aber es zeigte sich, daß auch das nicht kurz genug war, und das Erlebnis war einer der peinlichsten Unfälle, die mir je passierten. Wie man aus dem genauen Bericht über diesen Fall sehen kann, sprach der Coroner (kronamtlicher Leichenbeschauer – d. A.) mich von jeder Schuld frei und bezeugte, daß ich meine Arbeit sehr sorgfältig gemacht hatte; aber ich fühlte, daß es notwendig war, jede mögliche Vorsichtsmaßregel gegen die Wiederholung eines solchen Vorkommnisses zu ergreifen. Ich arbeitete deshalb eine Tabelle der Landungskraft fallender Körper verschiedenen Gewichts durch verschiedene Entfernungen aus. Mit ihr berechnete ich, daß ein ,Durchschnittsmann‘, wieviel er auch wiegt, einen Fall braucht, der mit einer Landungskraft von 24 cwt. (1 cwt. = 50,802 kg) endet, und wenn der Gefangene weniger zu brauchen scheint (was man ihm bei einiger Übung ansehen kann), bilde ich mir innerlich ein Urteil über die notwendige Landungskraft; wenn ich dann auf der Tabelle nachsehe, kann ich sofort die nötige Fallänge finden.“

Noch eine Reihe weiterer Verfeinerungen des Hinrichtens mit dem Stang sind Berrys Verdienst. So fand er heraus, daß ein Strick von ³/₄ inch Dicke aus fünf Fäden italienischen Hanfes das Beste sei, um Männer zu hängen. Für Frauen genügten vier Fäden und für Kinder drei. Berry war es auch, der als erster eine Messingeinlage in der Schlinge gebrauchte.

Manchmal wurde der ordnungsgemäße Ablauf der Hinrichtung dadurch gestört, daß der Verurteilte nicht mehr in der Lage war, die Stufen zum Schafott hinaufzugehen. Deshalb regte Berry den Einsatz einer Laufplanke an, die erstmalig am 15. April 1890 im Kirkdale-Gefängnis in Liverpool bei der Hinrichtung von William Chadwick angewandt wurde. „Es war nur eine einfache Verbesserung, aber es hat sich gezeigt, daß sie sehr nützlich war", so das Urteil des Erfinders. Während er der leiblichen Existenz der Delinquenten ein schnelles Ende zu machen trachtete, kümmerte sich Berry um ihr ewiges Seelenleben. Zur Vorbereitung auf die Hinrichtung pflegte er dem Todeskandidaten ein frommes Gedicht zu überreichen, das er selbst verfaßt hatte. Später wurde ihm dies verboten.

Als Berry 1892 in den Ruhestand trat, hatte er 200 Personen gehängt. Nach seinem Ausscheiden aus dem Scharfrichteramt wurde er Laienprediger und ein entschiedener Gegner der Todesstrafe.

Alle englischen Henker nach Berry haben sich an seiner Table of Drops orientiert. Nicht durchsetzen konnte sich seine Art, die Schlinge anzulegen. Berry ging so vor: „Der Strick, den ich verwende, ist 13 Fuß lang, in sein eines Ende ist ein Messingring von einem Zoll eingearbeitet, durch den das andere Ende des Strickes geführt wird, um die Schlinge zu bilden. Ein lederner Dichtungsring, der dem Strick ziemlich eng anliegt, wird hinter dem Metallring angebracht, um zu verhindern, daß die Schlinge rutscht oder schlaff wird, nachdem sie angebracht ist. Den Strick bringe ich immer so an, daß der Ring genau hinter dem linken Ohr sitzt."

Berry war der letzte britische Henker, der sein Handwerkszeug noch selbst mitbringen mußte. Er galt als sparsam: Einen seiner Stricke soll er sechzehnmal verwendet haben. Erst ab 1890 stifteten die Behörden den Hanf. Der verwendete Strang mußte jedesmal nach der Hinrichtung verbrannt werden.

Die Henker-Dynastie Pierrepoint, der mehrere Scharfrichter Englands aus dem 20. Jahrhundert angehörten, bevorzugte eine andere Technik als Berry. Dazu der vorletzte britische Henker, Albert Pierrepoint: „Die Schlinge muß am linken Kieferwinkel sitzen, denn durch das Gewicht des fallenden Körpers dreht sie sich um 90 Grad im Uhrzeigersinn, und der Zug des Seiles wirkt dann genau unter dem Kinn, reißt den Hals zurück und bricht die Wirbelsäule etwa am dritten Wirbel." Der bei Hinrichtungen in Irland verwendete Knoten unter dem Kinn war in England unüblich.

Die Lage des Knotens beziehungsweise des Gleitringes ist durchaus bedeutsam. Denn die jeweils resultierende Krafteinwirkung auf den Hals beim Absturz verursacht ganz unterschiedliche Verletzungen. Der Engländer Frederic Wood-Jones untersuchte 1913 die Halswirbelsäulen-Präparate Hingerichteter aus dem Britischen Museum. Er fand zwei verschiedene Verletzungstypen, abhängig von der Art, wie die Schlinge angelegt worden war: Bei der Position hinter dem Ohr einen Schädelbasisbruch und bei Lokalisation unter dem Kinn eine Zerreißung zwischen dem zweiten und dritten Halswirbel mit symmetrischen Axisbogenbrüchen. Dieser zweite Typ wird als hangman's fracture bezeichnet. Axis ist der anatomische Name für den zweiten Halswirbel.

Pierrepoint erkundigte sich hin und wieder nach dem Erfolg seiner Arbeit. Von den Obduzenten erfuhr er, daß bei den Hingerichteten nicht das Vollbild einer hangman's fracture, sondern nur eine Zerrung zwischen dem zweiten und dritten Halswirbel mit Rückenmarkverletzung regelmäßig festgestellt werden konnte. Nur einmal, als durch die heftige Gegenwehr des Verurteilten die Schlinge über den Mund gerutscht war, lag die Verletzung der Wirbelsäule etwas tiefer: zwischen dem fünften und sechsten Halswirbel.

Im Jahr 1953 veröffentlichte die Königliche Kommission zur Überprüfung der Todesstrafe einen Bericht über ihre Verhandlungen. Darin heißt es: „Nach § 5 des ‚Abänderungsgesetzes über die Todesstrafe' von 1868 muß innerhalb von 24 Stunden nach der Hinrichtung eine gerichtliche Untersuchung durchgeführt werden; dabei kann der Coroner eine Leichenöffnung anordnen, um Gewißheit über die genaue Wirkung des Hängens zu erlangen. Eine wertvolle Denkschrift wurde uns von Mr. Bentley Purchase überreicht, dem Coroner für den nördlichen Distrikt von London, auf dessen Veranlassung zahlreiche derartige Untersuchungen nach Hinrichtungen im Gefängnis von Pentonville von Sir Bernard Spilsbury und anderen hochqualifizierten Gerichtsmedizinern vorgenommen wurden. Mr. Purchase waren überdies die Berichte zugänglich, die Sir Bernard Spilsbury nach Hinrichtungen im Gefängnis von Wandsworth verfaßt hatte. Seine Denkschrift zeigt, daß die effektive Todesursache bei 58 in diesen beiden Gefängnissen vollzogenen Hinrichtungen Verrenkungsbrüche der Halswirbel mit Zerreißung oder Quetschung des Rückenmarks war."

Nicht ohne britischen Stolz berichtet Albert Pierrepoint in seinen Memoiren „Executioner: Pierrepoint" über sich und die englische Methode des Hängens. Für die amerikanische Art hat er dagegen nicht viel übrig: „Bringt man die Schlinge rechts an, dann dreht sie sich beim Fall zum hinteren Teil des Halses, drückt den Kopf nach vorn, ohne das Genick zu brechen, und der Tod tritt allmählich durch Ersticken ein. Das sollte man den Amerikanern überlassen."

Knotentechnik für Nürnberg

In Großbritannien ist die Todesstrafe seit 1969 abgeschafft – außer für besondere Tatbestände wie Hochverrat. In den USA-Gefängnissen steht noch in drei

Staaten ein Galgen; Montana und Washington bieten die Giftinjektion und Utah das Erschießen als Alternative. Für die Hinrichtungen im kalifornischen Staatsgefängnis San Quentin gibt es heute eine Gaskammer, früher wurde gehängt. Clinton T. Duffy, von 1940 bis 1952 Direktor in San Quentin, erinnert sich:

„Wenn der Henker am Tage vor der Hinrichtung die Maße des Verurteilten genommen hatte, erhielt dieser ein weißes Hemd, ‚Blue jeans' und ein Paar Slipper ausgehändigt. Diese Kleidungsstücke waren zuvor gründlich nachgesehen worden. Wenn bis zu dem Zeitpunkt kein Hinrichtungsaufschub bekanntgegeben worden war, bereitete man den Verurteilten für die Exekution durch den Strang vor. Vor Verlassen der Todeszelle wurden ihm die Handgelenke mit festen Riemen aneinandergeschnallt. Um seine Taille befestigte man einen breiten Ledergurt. Erst dann brachten ihn drei Wachoffiziere zur Richtstätte und führten ihn die dreizehn Stufen hinauf, ein Offizier zur Rechten, einer zur Linken des Verurteilten. Sie hielten seine Arme mit festem Griff fest, der dritte ging hinter ihm und hielt den Ledergurt. Der Mann zur Linken war der Henker.

War der Verurteilte oben angelangt und stand nun auf der Falltreppe, dann legte der Henker ihm die Schlinge um den Hals, die er hinter dem linken Ohr verknotete und befestigte. Gleichzeitig kniete sich ein anderer Offizier hin und schloß einen engen Lederriemen um die Fußknöchel, und der dritte stülpte ihm die schwarze Haube über den Kopf, die mit Hilfe eines Zugbandes festgezogen wurde. Waren diese letzten Vorbereitungen beendet, sah der Henker zum Direktor hinüber, der dann das Zeichen zur Exekution gab. Der Henker gab das Signal des Direktors weiter an die drei Männer am Tisch, die daraufhin die Schnüre durchtrennten – die Falltür öffnete sich.

Auf der Falltür, Montana 1896

Unmittelbar auf den Fall folgte heftiges Rucken und
Ziehen. Unterhalb des Galgens hatte ein Offizier seinen Platz, um den am Seil hängenden Körper so zu
steuern, daß das Seil nicht riß. Minuten später, wenn
die konvulsivischen Zuckungen abklangen, öffnete er
das Hemd des Hingerichteten, und der Arzt hielt das

Stethoskop an die Brust des Bewußtlosen, diktierte einem Assistenten die Herzschläge und andere medizinische Einzelheiten. War der Tod eingetreten – zehn oder fünfzehn Minuten nach dem eigentlichen Erhängen –, gab der Arzt dem Direktor durch Kopfnicken zu verstehen, daß die Exekution abgeschlossen war. Der Direktor forderte dann die Zeugen auf, den Raum der Hinrichtung zu verlassen."

Gemeinsam haben die englische und die amerikanische Methode die Falltür und den long drop. Um die notwendige Länge des Strickes zu ermitteln, war in San Quentin neben dem Galgen eine Meßeinrichtung in die Wand eingelassen, die das Verhältnis von Stricklänge zu Größe und Gewicht des Verurteilten angab.

Verwendete der englische Henker einen Gleitring für die Schlinge, so bevorzugte man in den USA einen Knoten. Obwohl auch Pierrepoint vor der Königlichen Kommission von einem Knoten sprach, hat er in seinen Memoiren ausdrücklich vermerkt: „In England läuft das Seil frei durch eine Metallöse." Dieser Ring wurde von ihm stets unter dem linken Kieferwinkel mit einem Gummistopper fixiert, während der Henker in San Quentin die Schlinge hinter dem linken Ohr des Verurteilten verknotete und befestigte.

Auf welchen Ort sich Pierrepoints Bemerkung vom Anbringen des Knotens auf der rechten Halsseite bei den Amerikanern bezog, ist nicht bekannt. Zu Beginn seiner Amtszeit war noch in 17 Bundesstaaten der USA das Erhängen als Todesstrafe gebräuchlich, wobei die Hinrichtungen auf unterschiedliche Weise erfolgten. Anders als in San Quentin wurde bei der New Yorker Methode der Körper des Verurteilten durch ein herabfallendes Gegengewicht plötzlich in die Höhe gerissen.

Neben weiteren Unterschieden in Einzelheiten, wie einer weißen Kapuze für den Kopf des Delinquenten in

England statt einer schwarzen in den USA, ist noch ein Detail der Urteilsvollstreckung in San Quentin hervorhebenswert: „An einer Ecke der Galgenplattform befand sich der schmale Raum, in dem die drei Wachoffiziere an einem langen schmalen Tisch ihren Platz hatten und auf ein Zeichen des Henkers die vor jedem auf den Tisch herabhängende Schnur durchschnitten. Nur der Henker wußte, welcher der drei Fäden die Falltür öffnete."

Das Verfahren des long drop wurde in den ersten Nachkriegsjahren auch bei den Hinrichtungen deutscher Kriegsverbrecher angewandt. In Nürnberg verhandelte vom 20. November 1945 bis 1. Oktober 1946 das Internationale Militärtribunal gegen 22 Angeklagte. Zwölf von ihnen wurden zum Tod durch den Strang verurteilt, der NSDAP-Reichsleiter Martin Bormann in Abwesenheit. Hermann Göring, einst der zweite Mann im Dritten Reich, nahm sich wenige Stunden vor der Urteilsvollstreckung das Leben. Er zerbiß eine Giftkapsel, die er während der ganzen Gefangenschaft vor den Wachen hatte verbergen können.

Die Hinrichtung der verbliebenen zehn Hauptkriegsverbrecher erfolgte in der Nacht zum 16. Oktober 1946. Gegen Mitternacht erhielten sie ihre Henkersmahlzeit. Anschließend verkündete der Gefängniskommandant jedem noch einmal die Urteilsformel. Dann nahm der Exekutionstrupp der Dritten Amerikanischen Armee seine Tätigkeit auf.

Die Vollstreckung der Todesurteile fand in einer Turnhalle statt, in der drei grün gestrichene Galgen aufgebaut waren. Als Henker fungierte Master-Sergeant John C. Wood, unterstützt von einem Gehilfen. Um 1.15 Uhr begannen sie in der Reihenfolge des Urteilsspruchs mit den Hinrichtungen. Zuerst wurde der frühere Reichsaußenminister Joachim von Ribbentrop die dreizehn Stufen zum Galgen hinaufgeführt. Der Gehilfe

Die Anklagebank im Kriegsverbrecherprozeß von Nürnberg. In der hinteren Reihe, Vierter von links: Fritz Sauckel.

band ihm die Beine zusammen. Wood zog eine schwarze Kapuze über den Kopf des Todeskandidaten, verschnürte die Bänder unter dem Kinn und legte ihm die Schlinge um den Hals. Dann trat er zurück und betätigte den Mechanismus, der die Falltür öffnete. Zehn Minuten später stellten die anwesenden Ärzte, zwei Amerikaner und ein Russe, den Tod des Gehängten fest.

Als zweiter kam Wilhelm Keitel an die Reihe. Er trug seine Uniformhose mit den roten Generalsstreifen. Es folgten – wechselweise an zwei Galgen – Ernst Kaltenbrunner, Alfred Rosenberg, Hans Frank, Wilhelm Frick, Julius Streicher, Fritz Sauckel, Alfred Jodl und Arthur Seyß-Inquart.

Genau 103 Minuten dauerten die zehn Hinrichtungen. Einige der Gehängten hatten blutige Gesichter. Frick war im Gesicht und am Nacken verletzt. Der Hen-

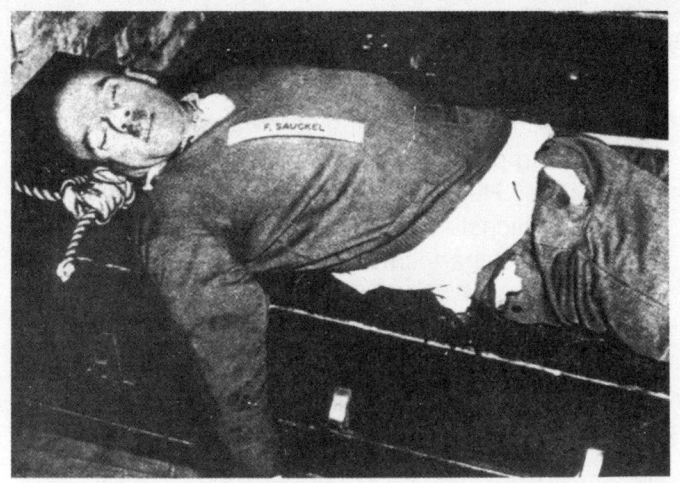

Der hingerichtete Sauckel

ker erklärte die Blutverschmierungen damit, daß sich die Delinquenten „im Moment des Falles auf die Zunge gebissen" hätten. Andere dagegen meinten, es seien Hautabschürfungen im Gesicht der Toten zu erkennen gewesen. Möglicherweise waren auch die Falltüren zu klein beziehungsweise die darüber angebrachten Stricke nicht richtig plaziert.

Kurz vor 3.00 Uhr wurde dem Exekutionstrupp die Leiche Görings übergeben. Wie für die zehn Gehängten stand auch für ihn eine einfache Holzkiste bereit. Ein Angehöriger der US-Armee fotografierte die elf in einer Reihe liegenden Toten. Auf zwei Militärlastwagen brachten amerikanische Soldaten die Kisten mit den Leichen nach München in ein Krematorium, wo sofort die Einäscherung erfolgte. Noch am 16. Oktober 1946 wurde die Asche in den Conwentzbach geschüttet.

k. u. k. Henker mit Glacéhandschuhen

Grundverschieden vom angloamerikanischen Verfahren des long drop entwickelte sich die österreichische Methode des Hängens in allerlei Varianten. Einer ihrer leidenschaftlichsten Anhänger war Josef Lang, der letzte k. u. k. Scharfrichter in Wien. Seine Ernennungsurkunde vom 27. Februar 1900 verpflichtete ihn, in ganz Österreich-Ungarn, mit Ausnahme von Böhmen, Bosnien und Herzegowina, die Hinrichtungen vorzunehmen. Für das Königreich Böhmen war der Scharfrichter von Prag zuständig, und auch die beiden anderen Länder beschäftigten eigene Henker.

Sein Debüt als Scharfrichter hatte Lang in Rudolfswerth in Krain (Slowenien). Dort lieferte er am 3. März 1900 den ersten Beweis für seine Tüchtigkeit: „Schon nach 45 Sekunden konnte der neue Scharfrichter vortreten und dem Leiter der Exekution die vollzogene Hinrichtung melden, welche Meldung die Gerichtsärzte als richtig bestätigten. Der Gerichtsarzt des Wiener Landesgerichtes Professor Haberda war dem neuen Scharfrichter zu seiner ersten Hinrichtung nachgereist, er hatte dem Akte inspizierend beigewohnt, und als alles beendet war, trat er, froh, das Amt in den Händen eines Tüchtigen zu wissen, an den Neuen heran und klopfte ihm anerkennend auf die Schulter: ‚Bravo Lang!' Die Methode des neuen Scharfrichters hatte sich bewährt."

Über die Methode ist an anderer Stelle in „Scharfrichter Josef Lang's Erinnerungen" zu lesen: „Zirka 10 Minuten vor 7 Uhr morgens betrat dann Lang mit seinen Gehilfen und dem Kerkermeister die Armesünderzelle, wo schon ein Priester – oft die ganze Nacht – Trost spendend bei dem dem Tode Verfallenen weilte. Er band dessen beide Hände mit einer gar nicht dicken schwarzen Seidenschnur. Um jeden Arm wurde jedoch ein schwarzer Riemen gespannt, welcher auf dem Rücken des Delinquenten zusammengeschnallt ward. Sonst bestand keine besondere Bekleidungsvorschrift, doch drang Lang darauf, daß die Weste geöffnet sei und auch der Hals mußte frei sein, der gesteifte Kragen eventuell vorne aufgeknöpft. Nach der Fesselung verließ der Scharfrichter die Zelle und begab sich in den Galgenhof, wo er den Verurteilten, hinter dem Galgen stehend, erwartete.

Während seiner Amtshandlungen war Lang mit einem schwarzen Salonanzug bekleidet, er trug einen Zylinder und an den Händen schwarze Glacéhandschuhe, die er nach vollzogener Hinrichtung unter den Galgen warf. Auch die Gehilfen hatten schwarze Kleider. Ein spezielles Dienstesabzeichen hatten die Henker nicht.

Bald nachdem ihn Lang verlassen hatte, erschien der Verurteilte, von den zwei Gehilfen, einem Priester und dem Kerkermeister begleitet und links und rechts von einem Spalier von je vier Justizwachsoldaten mit aufgepflanztem Bajonett flankiert, im Galgenhof. Im Hofe traten diese zur Seite, der Kerkermeister und der Priester geleiteten den armen Sünder unter den Galgen, die Gehilfen stellten sich seitwärts auf.

Die Verlesung des Todesurteils durch den Exekutionsleiter geschah sehr rasch. ‚Scharfrichter! Walten Sie Ihres Amtes!' rief zum Schlusse der Exekutionsleiter.

Im nächsten Augenblick hatten die beiden Gehilfen die Riemen von dem Verurteilten gelöst und hoben ihn zum Galgen empor. Lang stand auf einer Treppe hinter dem Richtpflock und legte sofort eine kurze Doppelschnur um den Hals. Die Schnur war aus gutem Hanf, sehr weich und eingeseift und stammte vom Hofseiler. Das Ende dieser Schnur wurde an einem Haken am oberen Ende des Galgens befestigt. Auf einen Wink zogen die Gehilfen an den Füßen des Verurteilten – ein jäher, plötzlicher Ruck und nach wenigen Sekunden war dem Gesetze Genüge getan.

War der Tod offenkundig eingetreten, dann trat der Scharfrichter vor und erstattete die Meldung, daß das Urteil vollstreckt sei. Obliegenheit der bei der Kommission anwesenden Ärzte war es, auch nach den Regeln der Wissenschaft den Tod zu konstatieren. Über die Exekution wurde ein genaues Protokoll aufgenommen, welches alle Beteiligten, selbst die Gehilfen des Henkers, unterfertigten."

Die Langsche Methode glich dem alten Verfahren, das in England vor der Einführung des long drop praktiziert wurde. Entscheidend für den Eintritt des Todes war die Strangulation, also das Abschnüren des Halses. Beim Erhängen wird – im Unterschied zum Erdrosseln – das Strangwerkzeug durch das Eigengewicht des hängenden Körpers zugezogen und so der Hals abgeschnürt. Mitunter haben Langs Gehilfen auf sein Zeichen hin mit aller Kraft an den Füßen des Verurteilten gezogen, um die Strangulation zu verstärken. Das Festhalten der Beine sollte zugleich Abwehrbewegungen verhindern und die später auftretenden konvulsivischen Bewegungen des Gehängten mindern. Falls das Körpergewicht des Verurteilten allein nicht ausreichend schien, konnten zusätzlich Gewichte an seine Beine gehängt werden. Gebräuchlich war sogar, daß die Gehilfen sich an den Delinquenten hängten oder der Scharfrichter seinem Opfer auf die Schultern stieg.

Ähnliches taten mitunter auch die französischen Henker, obwohl ihre Methode darauf abzielte, dem Verurteilten das Genick zu brechen. Dieser mußte sich auf eine Leiter stellen und bekam die Schlinge so um den

Hals gelegt, daß sich der Knoten unter dem Kinn befand. Die Hände des Verurteilten waren auf dem Rücken zusammengebunden. Der Henker stand hinter ihm auf den Sprossen und stieß ihn mit dem Knie von der Leiter herab. Im nächsten Augenblick stieg er auf die zusammengebundenen Hände wie in einen Steigbügel und vermehrte dadurch das Gewicht am Strang.

Lang war ein entschiedener Gegner des angloamerikanischen Verfahrens. „Würden Sie", sagte er einmal einem Besucher, „einen nach der amerikanischen Methode Gehängten gesehen haben, dann würden Sie bemerkt haben, daß die Haut am Halse, wo das Seil durch die Schwere des Körpers sich zusammengezogen hatte, weggerissen worden war und einen tiefen Einschnitt in das Fleisch verursacht hatte. Dies soll und darf nicht sein, es ist eine beispiellose Grausamkeit!"

Schwere Verletzungen des Halses wurden vereinzelt auch bei Erhängten beobachtet, die nach der österreichischen Methode hingerichtet worden waren. Es handelte sich vorwiegend um Schäden an den Halsweichteilen, beispielsweise um Muskelzerreißungen.

Der Wiener Professor Albin Haberda arbeitete zugleich als Landesgerichtsarzt. In dieser Eigenschaft erlebte er verschiedentlich Hinrichtungen durch den Strang. Ein 1903 von ihm veröffentlichter Bericht vermittelt einen Eindruck vom Sterben am Galgen. „In den von mir beobachteten Fällen kam es nach einer nicht ganz eine Minute während Periode völliger Ruhe des Körpers zu dyspnoischen Athembewegungen mit Heben des Brustkorbes und der an diesen angeschlossenen Arme ohne gleichzeitig wahrnehmbare Krämpfe. Dieses ‚dyspnoische Stadium' währte nur ganz kurze Zeit, etwa 1–2 Minuten, so dass der Körper des Delinquenten zu der Zeit, da der Scharfrichter von

Sturz durch die Falltür. Hinrichtung eines deutschen Kriegsverbrechers nach der angloamerikanischen Methode des long drop

ihm abliess, irgend welche Bewegungserscheinungen nicht aufwies. Erst nach einer Pause von 2–3 Minuten traten die sogenannten terminalen Athmungen auf, 3–4 an der Zahl, die mit Heben der Brust und Schultern und Zusammenkrümmen des Rumpfes einhergingen. . . . Weiterhin blieb der Körper ganz ruhig, wenn auch das Herz noch arbeitete. Das anfänglich blasse Gesicht wurde in allen Fällen während der dyspnoischen Athmungen bläulich, in einem Falle sah ich auch die Venen in den Schläfen anschwellen; nach Aufhören der Dyspnoe blasste das Gesicht ab und blieb blass und fahl, nur die Lippen behielten eine blaugraue Färbung."

Hängen im Selbstversuch

Die Beobachtungen von Haberda zeigen, daß der Erhängungsvorgang mehrere Stadien durchläuft. Nachdem die Schlinge zugezogen ist, tritt eine kurzzeitige Phase absoluter motorischer Ruhe ein. Darauf folgt eine krampfhafte Starre der Muskulatur von etwa einer halben Minute Dauer. In Abständen von etwa 15 bis 30 Sekunden setzen dann fünf bis zehn krampfartige Zuckungen des Körpers ein. Mitunter bewegen sich die mimische Muskulatur und die Zunge und Speichel tritt aus. Wenn der Gehängte sich auf die Zunge beißt, kann der Speichel blutig sein. Schließlich hört nach einer Phase terminaler Atembewegungen das Herz auf zu schlagen und der sogenannte klinische Tod tritt ein.

Als Kriterien für den klinischen Tod gelten Atem- und Herzstillstand. Die zahlreichen Muskelgruppen, die den Atemvorgang bewirken, werden von zentral-

nervösen Strukturen im verlängerten Mark, dem sogenannten Atemzentrum, reguliert. Folglich führt eine
Verletzung in diesem Bereich oder eine anderweitige
Schädigung, beispielsweise durch Sauerstoffmangel,
zu einer Störung der Atemfunktion, unter Umständen
bis zum Stillstand.

Das Herz benötigt für die Aufrechterhaltung seiner
Tätigkeit eine solche zentrale Stelle nicht. Die Erregung für die Herzaktion wird innerhalb des Herzens
selbst gebildet. Es ist ein automatisch tätiger Muskel.
Daraus erklärt sich, daß bei Hinrichtungen durch den
Strang das Herz nach dem Eintritt des Hirntodes noch
eine Zeitlang weiterschlägt.

Die abrupte Unterbrechung des Blutzustroms zum
Gehirn durch die plötzlich einsetzende Strangulation
führt in kürzester Zeit zu Funktionsausfällen und irre-
versiblen Schäden. Wenn die Hirnfunktion erliegt, tritt
der Hirntod ein. Vom Beginn der örtlichen Blutleere bis
zum Erlöschen der Wiederbelebungsfähigkeit bleiben
der Hirnrinde nur drei bis fünf Minuten und dem verlängerten Mark acht bis zehn Minuten.

Eine Bewußtlosigkeit ist die erste, fast momentane
Folge der Funktionsbeeinträchtigung des Gehirns
beim Erhängen. Den Bericht eines Überlebenden hat
bereits 1797 der berühmte Mediziner Christoph Wilhelm Hufeland in seinem bekanntesten Werk „Die
Kunst das menschliche Leben zu verlängern" wieder-
gegeben: „Einer, der sich erhängt hatte und wieder
zum Leben gebracht wurde, erzählte, daß er, so wie
der Strick sich zusammengezogen habe, sogleich in
einen Zustand der Bewußtlosigkeit gerathen sey, wo er
nichts gefühlt habe; nur das erinnere er sich dunkel,
daß er Blitze gesehen und dumpfes Glockengeläute
gehört habe."

Weitere Erscheinungen wurden aus Schilderungen

anderer Personen bekannt, die das Hängen überlebten. Sie berichteten, daß ihnen jede Erinnerung daran fehle, am Strick gehangen zu haben. Meist reichte die Erinnerungslücke sogar noch in die Zeit vor dem Hängen zurück und hellte sich später nicht oder nur unvollkommen auf.

Um die Empfindungen beim Erhängen zu studieren, wurden wiederholt Selbstversuche unternommen. Eines dieser riskanten Experimente beschrieb 1897 Paul-Camille-Hippolyte Brouardel. Der Mann, der an sich selbst ausprobieren wollte, ob ein Gehängter leidet, legte sich eine Schlinge um den Hals mit der Absicht, sobald es gefährlich würde, sich daraus zu befreien. Dies war ihm aber unmöglich, denn er wurde sofort nach dem Aufhängen bewußtlos und wäre ohne das rasche Eingreifen eines Bekannten unbeabsichtigt zu Tode gekommen. Schmerzen hat der Mann, wie er angab, nicht verspürt.

Diese Schilderung steht im Widerspruch zu den Selbstversuchen des rumänischen Gerichtsmediziners Nicolae S. Minovici, deren Ergebnisse er 1905 veröffentlichte. Gleich von Beginn des Hängens an empfand Minovici erhebliche Schmerzen, besonders im Gesicht, berichtete er. Je nach Erhängungssituation war die Zeit bis zum Eintreten der Bewußtlosigkeit verschieden lang. Wenn die Füße nicht frei hingen, konnte er bis zu 26 Sekunden aushalten und erst dann begann ihm das Bewußtsein zu schwinden, bei freiem Hängen aber bereits nach fünf bis sechs Sekunden.

Anders verlief ein Selbstversuch von Josef Lang. Sein Biograph Oskar Schalk schrieb darüber: „Um die Empfindungen zu erproben, hat Lang einmal an sich selbst durch einen Gehilfen einen Strangulierungsversuch mit einer für eine Hinrichtung bestimmten Schnur vornehmen lassen. Nach Zuziehung des Strickes entstanden zwar Atembeklemmungen, doch ließen dieselben fast gleich nach; er hörte Orgelspiel und Gesangsklänge. Als Lang einmal einen Selbstmordkandidaten, der sich durch Erhängen in den Tod befördern wollte, noch rechtzeitig abgeschnitten hatte, hat dieser, zum Bewußtsein gekommen, ihn arg beschimpft und sich unter lautem Fluchen beschwert, daß er ihn abschneide, wo sich ihm gerade so angenehme Illusionen eingestellt hätten."

Auch aus anderen Mitteilungen geht hervor, daß sich unter der Einwirkung des Strangwerkzeugs eine Empfindungslosigkeit ebenso wie ein Gefühl der Glückseligkeit einstellen kann, das zumindest in manchen Fällen eine erotische Komponente beinhaltet. Dieser Umstand macht das sexuell motivierte Selbstaufhängen verständlich, bei dem sich Männer durch dosiertes oder rhythmisches Zuziehen der Schlinge stimulieren. Zumeist werden derartige Sexualpraktiken erst nach Todesfällen, den sogenannten autoerotischen Unfällen, entdeckt, wenn durch ein zu starkes Strangulieren oder durch eine Unvorsichtigkeit der Bewußtseinsverlust die Selbstbefreiung aus der Schlinge verhindert hat.

Einzelnen Berichten zufolge soll bei Gehängten eine Erektion des Penis beobachtet worden sein. Ein französischer Militärarzt, der auf Martinique bei der Hinrichtung von 14 Farbigen anwesend war, schrieb dazu: „Ich begab mich an den Ort der Hinrichtung und sah, wie im Moment der Strangulation sofort bei allen Verurteilten das Glied mächtig steif wurde (diese Neger waren alle mit einem ganz dünnen Gewebe weißer Farbe bekleidet), und fast sogleich hatten fünf von ihnen uriniert, so daß die Flüssigkeit zu Boden lief. Eine Stunde nach der Exekution begab ich mich an das Meeresufer, wo die Leichen eingescharrt werden sollten. Ich fand bei den ersten neun die Rute in einem Zustand der Halberektion und die Harnröhre überfließend von einer Flüssigkeit, mit der das Hemd zu sehr imprägniert war, als daß sie nur aus der Prostata hätte stammen können. Von den fünf letzten zeigten nur zwei Spuren von Ejakulation, und auch diese waren ziemlich zweideutig." Nach dieser Mitteilung kam es zwischen Gerichtsmedizinern zu einer Kontroverse über die Peniserektion beim Erhängen. Während die einen dieses Phänomen nicht beobachten konnten, wurde es von anderen als erwiesen angesehen.

Weniger zweifelhaft ist der reflektorische Samenerguß beim Erhängen, der verschiedentlich festgestellt wurde. Zwei amerikanische Ärzte schilderten 1978 ihre Eindrücke von Hinrichtungen auf der Insel Ceylon. Die Todesurteile wurden in Sri Lanka, das früher britische Kronkolonie war, nach der englischen Methode des Hängens vollstreckt. In zwei der veröffentlichten Studien findet sich die Bemerkung, daß die Untersuchung der Hingerichteten „eine Ablagerung frischen Samens" in dem sonst sauberen Kaliko-Anzug ergeben hatte.

Die voreiligen Scharfrichter

Der Zeitpunkt, wann der Tod am Strang eintritt, ist schwer zu bestimmen. Ein Medizinalbeamter hat 1933 einige Protokolle von Hinrichtungen in Litauen aus den Jahren 1917/18 veröffentlicht. Die Vollstreckung erfolgte auf einem Schafott mit einem vier Meter hohen Galgengerüst und einer Falltür, unter der sich eine größere, durch eine Seitentür zugängliche Kammer befand. Über eine am Querbalken des Galgens angebrachte Rolle lief ein im Durchmesser etwa zwei Zentimeter starker Hanfstrick. Vor der Hinrichtung wurde die Größe des Verurteilten bestimmt und danach der Strick so eingestellt, daß nach dessen Befestigung am senkrechten Galgenbaum das abrollende Ende mit der Schlinge einen Spielraum von der Größe des Verurteilten plus 30 Zentimeter hatte. Mit dem Öffnen der Falltür fiel der Gehängte in den Raum darunter und hing, da das Schlingenende des Strickes 30 Zentimeter länger als die eigene Körpergröße war, um diese Distanz unterhalb der Schafottplattform.

In seinem Bericht hebt der Arzt hervor, daß die Verurteilten „mit einer außerordentlichen Wucht" in die Schlinge hineinstürzten, wodurch der ganze Galgen erschüttert wurde. Dennoch gehörten ein Bruch der Halswirbel oder eine Verrenkung „zu den seltensten Ausnahmen". Häufiger wurden „schwerste Verletzungen der Halseingeweide" festgestellt.

Eines der ärztlichen Protokolle lautet wie folgt: „Raubmörder L., Sturz in die Schlinge 8 Uhr 15 Min., Beginn der Beobachtung 8 Uhr 17 Min. Starke Streckkrämpfe der Arm-, Bein- und Rumpfmuskeln. Schnappende Atembewegungen des Brustkorbes. Durch Kombination der Krämpfe und Rumpfbewegungen wird das Bild von Hampelmannbewegungen dargestellt, Kopf zur Seite geneigt, Gesichtshaut bläulichrot, stark gedunsen, starker Speichelfluß, untermischt mit etwas Blut, Pupillen mittelweit, auf Licht nicht reagierend.

Prüfung des Pulses:

8 Uhr 20 Min. voller, etwas unregelmäßiger Puls, 60 Schläge.

8 Uhr 22 Min. dasselbe.

8 Uhr 24 Min. 80 Schläge, Puls wird etwas dünner und noch unregelmäßiger.

8 Uhr 26 Min. Puls 50, sehr unregelmäßig, nur noch schwach fühlbar.

8 Uhr 28 Min. Puls nicht mehr fühlbar.

Die gleichzeitige Herzkontrolle ergibt dem Puls entsprechende Ergebnisse. Jedoch erfolgt der endgültige Herzstillstand nach langen Pausen scheinbaren Stillstandes erst 3 Min. später. Feststellung des Todes 8 Uhr 35 Min. Dauer des Absterbens 20 Minuten. Kein unwillkürlicher Abgang von Kot und Urin. Kein Samenerguß. Verletzung der Wirbelsäule nicht feststellbar.

Nach Abnahme aus der Schlinge wird der Hingerichtete in der Kammer eingesargt."

Der (klinische) Tod wurde von dem Arzt erst nach dem Aufhören der Herzaktion bescheinigt. Bei den 24 Gehängten, über deren Hinrichtung er berichtet hat, trat der Tod frühestens nach fünf, spätestens nach 20 Minuten ein. Dieses Untersuchungsergebnis entspricht der Feststellung, daß sich mit dem Elektrokardiographen noch bis zu 20 Minuten nach dem Aufhängen schwache Aktionspotentiale am Herzen nachweisen lassen.

Keineswegs selten gibt es Abweichungen vom typischen Ablauf des Erhängens. So ist ein sofortiger Todeseintritt infolge eines reflektorischen Herzstillstands möglich. Andererseits kann sich der Erhängungsvorgang wesentlich verlängern, weil aufgrund bestimmter äußerer Umstände oder bedingt durch den Körperbau des Gehängten der Sauerstoffmangel im Gehirn erst ganz allmählich entsteht.

Im allgemeinen meldeten die Scharfrichter den Vollzug der Todesstrafe viel früher als die anwesenden Ärzte beim Hingerichteten den Todeseintritt feststellen konnten. Josef Lang schrieb beispielsweise, keine seiner Exekutionen habe länger als 65 Sekunden gedauert, die kürzeste sogar nur 42 Sekunden. Dazu bemerkte Albin Haberda: „Es hängt ja eigentlich ganz von seiner (des Scharfrichters – d. A.) Willkür ab, wann er von dem Delinquenten ablassen will, und in laienhafter Unkenntniss über die Vorgänge beim Sterben verleitet ihn die Eitelkeit dazu, möglichst bald vom Strafgerüste weg vor den Executionsleiter zu treten und diesem den Strafvollzug zu melden, weil er dessen gewiss sein kann, dass der Laie nach der Länge, resp. der Kürze der Zeit, die er sich mit dem Delinquenten zu schaffen macht, seine Geschicklichkeit taxiert. Uebrigens kann man da den Henker ruhig gewähren lassen, weil der Sträfling ohnehin ohne seine Beihilfe am Strange stirbt und der Henker nichts zur Beschleunigung des Todeseintritts thun kann."

Hin und wieder ereigneten sich bei Hinrichtungen unliebsame Zwischenfälle, die vom Scharfrichter schnelles Reagieren verlangten. Lang erlebte so etwas bei der Exekution des Raubmörders Anton Schönekl am 25. April 1903 in Wien. „Vor der Ausführung der Exekution muß dem Delinquenten noch einmal das Urteil vorgelesen werden. Als der Gerichtsbeamte, bedeutend aufgeregter als Schönekl selbst, langsam und mit viel Pathos die lange Litanei herunterlas, wurde dieser ungeduldig: ‚Leckt's mich im A...' rief er den Funktionären mit Götz von Berlichingen zu; sein Zuruf war von augenblicklicher Wirkung. Während der durch das rohe Zitat nur immer mehr außer Fassung gebrachte Gerichtsbeamte seinen Text noch stotternd weiter buchstabierte, hatte sich schon längst die Schlinge um Schönekls Hals zugezogen, ja sie hatte ihm förmlich das letzte Wort im Munde erstickt, so geistesgegenwärtig hatte Lang seines Amtes gewaltet."

Für seine bravouröse Leistung stellte Lang der Staatskasse in Rechnung:

„24. April 1903.   Bestellter Wagen von
Felsgasse 5 nach dem k. k.
Landesgerichte für den
Scharfrichter und die beiden
Gehilfen samt Gepäck.......K   4,80
25. April 1903.   Für die Justifizierung des
Anton Schönekl dem
Scharfrichter......................K 50,00
Den beiden Gehilfen ....K 20,00
An Diäten für die beiden
Gehilfen............................K 10,00
25. April 1903.   Bestellter Wagen vom k. k.
Landesgerichte nach
Felsgasse 5 für den
Scharfrichter und die
beiden Gehilfen ....K   4,80
Summe   K 89,60"

In den Jahren nach der Hinrichtung Schönekls hatte Lang nur noch selten zu tun. Zwischen 1903 und 1914 bestätigte Kaiser Franz Joseph bloß zwei Todesurteile, eines 1909 und eines 1913. Erst der Krieg brachte wieder reichlich Arbeit für den Wiener Scharfrichter.

Aus der k. u. k. Doppelmonarchie ging nach dem Kriegsende die erste Republik Österreich hervor, in der 1919 die Todesstrafe im ordentlichen Verfahren, nicht im Standrecht, abgeschafft wurde. Nach dem Inkrafttreten des Gesetzes vom 19. Juni 1934 über die Wiedereinführung der Todesstrafe übte ein Neffe von Josef Lang das Amt des Scharfrichters aus. Zwei Jahre später erhängte sich der alte Lang, vereinsamt und verarmt, an einem Fensterkreuz in seiner Wiener Wohnung. Die Todesstrafe wurde in Österreich 1968 für alle Delikte abgeschafft.

Zu Zeiten, als in der Donaumonarchie noch die Scharfrichter tätig waren, mußte nach der österreichischen Strafprozeßordnung von 1853 der Gerichtete einen ganzen Tag am Galgen hängen bleiben. Die Neufassung des Gesetzes von 1873 enthielt eine entsprechende Bestimmung nicht mehr. Statt dessen war die Anwesenheit eines Gerichtsarztes bei der Exekution gefordert, der zu bestimmen hatte, wann der Hingerichtete vom Galgen abgenommen werden durfte.

Welch unliebsame Folgen eine zu kurz bemessene Wartezeit haben konnte, zeigte 1880 ein Vorkommnis in Raab (Ungarn), das damals viel Aufsehen erregte. Der Raubmörder Takacs sollte am 12. April morgens um 8.00 Uhr mit dem Strang hingerichtet werden. Nachdem er etwa zehn Minuten gehangen hatte, wurde die vermeintliche Leiche abgenommen und zur Obduktion in ein Krankenhaus überführt. Dort kehrte er nach einer halben Stunde „zum Leben und theilweisen Bewusstsein zurück". Takacs starb schließlich doch am Morgen des 15. April „unter Erscheinungen des Lungenödems und nachdem wiederholt Konvulsionen aufgetreten waren".

Das Geschehene kommentierte Eduard Hofmann in einer späteren Arbeit so: „Die einfachste Erklärung für die Wiederbelebung des T. finde ich darin, daß dieser zu früh abgenommen wurde ... Es ist möglich, daß im vorliegenden Fall noch andere Verhältnisse mitgespielt haben und zwar insbesondere Drüsengeschwülste am Halse und ein Wolfsrachen, welche den präzisen Verschluß der Luftwege und der großen Halsgefäße, wie er sonst erfolgt, beeinträchtigt und dadurch den Eintritt des Todes verzögert haben konnten."

In älterer Zeit scheinen Wiederbelebungen Gehängter nicht ganz selten vorgekommen zu sein. Überliefert sind Fälle wie das Schicksal der Anne Green, die am 14. Dezember 1650 in Oxford hingerichtet werden sollte. Nach einer halben Stunde am Galgen wurde sie in einen Sarg gelegt und dabei bemerkte man, daß sie noch atmete. Mit ärztlicher Hilfe kam sie bald wieder zu sich, überlebte und soll später noch einige Kinder geboren haben. Eine Erklärung für die merkwürdige Errettung der Frau ist in keiner der vielen Darstellungen dieses Falles zu finden.

Aus Turin wurde berichtet, daß 1853 ein Gehängter während der Überführung zum Begräbnisplatz zu husten begann. In Berlin soll Mitte des 18. Jahrhunderts ein Gehängter wieder erwacht sein, worauf der Anatom Johann Friedrich Meckel der Ältere ihn entkommen ließ. Der Betreffende habe sich nach Jahren mit einer großen Summe für die Gefälligkeit erkenntlich gezeigt. Eine glaubwürdigere Version der Geschichte besagt, daß Meckel bei der Sektion eines Hingerichteten noch Herzbewegungen festgestellt hat. Über eine postmortale Herztätigkeit liegen zuverlässige Beobachtungen von verschiedener Seite vor. Noch mehrere Stunden nach dem Tod lassen sich manchmal Herzaktionen auslösen, wenn das Herz mit der Hand berührt wird.

Die Schlußfolgerung aus dem Vorkommnis in Raab lautete: „Es ist zu verfügen, daß die Leiche eines Hingerichteten vor Ablauf einer gewissen, die Wiederbelebung absolut ausschließenden Zeit, nicht abgenommen werden dürfe. Die Fixierung dieser Zeit auf eine Stunde würde allen Anforderungen Rechnung tragen."

Eine entsprechende Vorschrift gab es auch in England, wo der anwesende Medizinalbeamte den Hingerichteten untersuchen mußte, „um sich zu vergewissern, daß der Tod eingetreten ist. Den Körper des Delinquenten läßt man eine Stunde hängen, bevor er abgenommen wird."

Selbst bei der englischen Methode des Hängens war eine derartige Sicherheitsmaßnahme notwendig, um den Erfolg nicht zu gefährden. Über vier Farbige, die paarweise an den Galgen kamen, berichtete ein ehemaliger Kolonial-Arzt 1927 im „British Medical Journal": „Nachdem das erste Paar gehängt war, wurde ich gerufen, um ihren Tod zu bestätigen. Im allgemeinen hört man das Herz beim Auskultieren noch etwa 10 Minuten nach dem ‚Fall' schlagen; als in diesem Fall die Schläge aufgehört hatten und nichts mehr verriet, daß noch Leben in den Männern sei, wurden die Leichen nach 15 Minuten abgeschnitten und in einem Vorzimmer niedergelegt. Plötzlich begann einer der Totgeglaubten zu keuchen und krampfhafte Atmungsversuche zu machen, offensichtlich eine Einleitung zur Wiederbelebung. Die beiden Körper wurden schnell für eine weitere Viertelstunde aufgehängt. – Was bedeutet das? – Der durchaus erfahrene Henker hatte seine Arbeit absolut einwandfrei gemacht, und die dort angewandte Methode des ‚Falls' war die übliche, die man bei normalen Körpern anwendet. Das erstrebenswerte Ideal ist Verrenkung des Genicks, aber nach dem reichen Material, das ich geprüft habe, muß ich sagen, daß es leider höchst selten erreicht wird."

Wohin mit der Leiche?

Das Hängen als Strafe ist zwar uralt, doch scheint es ursprünglich nur als Nachstrafe bei zuvor auf andere Weise Getöteten angewandt worden zu sein. Erst seit dem Ende des Mittelalters war es ausschließlich Hinrichtungsart für Lebende.

In der Gerichtssprache hieß das Erhängen früher „das Richten mit trockener Hand", weil dabei im Unterschied zu den „nassen", also blutigen Hinrichtungsarten kein Blut vergossen wurde. Charakteristisch für den Vollzug der Todesstrafe durch den Strang war bis in die Neuzeit, daß der Gehängte nicht beerdigt werden durfte. Der Verstorbene mußte am Galgen hängen, bis die Leichenzersetzung soweit fortgeschritten war, daß sein Körper von selbst herabfiel. Erst dann durften die Henkersknechte die Überreste auf dem Richtplatz begraben. Als 1471 in Augsburg die Gruben unter dem Galgen geöffnet wurden, fand man 250 Schädel, während zur selben Zeit 32 Diebe am Galgen hingen.

An der Zerstörung der Leichen Gehängter waren auch Vögel beteiligt. In einem alten Galgenlied heißt es:

„Wann einer sein Geld verspilt,
So fängt er an und stilt,
Alsdan muß er an den golgen
Und dem henker folgen,
Dann fressen ihn die Raben
Und der Teufel muß ihn haben."

In Naumburg mußten 1583 zwei Gehängte vom Galgen abgenommen werden, weil der eine von streunenden Hunden angefressen worden war. Den anderen fielen die Tiere nicht an, angeblich „weil er sonst ein frommer und unbeschriehener Mann gewesen".

Die bekanntesten Galgen von Paris standen in Montigny und in Montfaucon, zu deutsch Falkenstein. Während der zeitweiligen Besetzung der Stadt durch die Engländer im Hundertjährigen Krieg 1337 bis 1453 starben täglich etwa drei Dutzend Menschen am

Galgen. Die Leichen hingen auf der Höhe von Mont-faucon in Ketten, bis sie zerfielen. Ein besonderes Detachement der Stadtwache hatte Tag und Nacht dafür zu sorgen, daß keine gestohlen oder für aber-gläubische Zwecke verstümmelt wurde. Am eifrigsten sollen sich die Studenten der Pariser Universität als Leichendiebe betätigt haben, denn ihnen wurden all-jährlich nur zwei Leichen für den Anatomieunterricht bewilligt. Am Nachbargalgen in Montigny hingen all jene, für die sich am großen Galgengerüst kein Platz mehr gefunden hatte. Wenn der Wind aus Nordosten wehte, trug er den Gestank der zerfallenden Leichen über die Stadt bis an die Seine.

Das Hängen galt seit jeher als ehrlos und schändlich. Das heimliche Abnehmen eines Verstorbenen vom Gal-gen, beispielsweise durch Verwandte, war verboten und bedeutete einen Eingriff in den Strafvollzug, denn das Hängenlassen des Leichnams war Bestandteil der Strafe. Im Gegensatz dazu erhielt der Enthauptete ein Begräbnis, so daß es als Gnade angesehen wurde, mit dem Schwert hingerichtet zu werden.

Über Generationen hinweg konnte es von Nachteil sein, wenn ein Familienmitglied einstmals gehängt worden war. „Dem schuldlosesten Urenkel gereicht es, wenigstens seit dem Ende des 30jährigen Krieges, zum Anstoß, wenn sich aufgeknüpfte Personen an sei-nem Stammbaume befinden, und manche in vielfacher Hinsicht glückliche Heirath zerschlug sich, weil einer von den Parthien ins Ohr gesagt wurde, der Großvater der andern sey – gehenkt", schrieb 1820 der Göttinger Jurist Georg Wilhelm Böhmer.

Das Hängen war die Strafe „für das lichtscheue, un-ehrliche Gesindel, das Mein und Dein nicht unterschei-den konnte". So wurde es im Mittelalter zur meistge-brauchten Todesstrafe für Diebe. Im Volksmund sprach

Anatomen bemächtigen sich eines Gehängten (Darstellung aus dem 18. Jahrhundert)

man vom Diebsgalgen, und jeder Gehängte wurde zwangsläufig als Dieb angesehen. Allerdings war das Hängen damals den Männern vorbehalten. Wurde eine Frau des Diebstahls überführt, begnügte sich das Gericht meist damit, daß Mann oder Vater die Diebin durch eine angemessene Bußgeldzahlung auslöste.

Weshalb Frauen nur ausnahmsweise gehängt wurden, ist umstritten. Von manchen Autoren werden die Umstände der Hinrichtung als Begründung angeführt. Im christlichen Mittelalter sei es undenkbar gewesen, eine Frau hoch oben am Strick hängend zur Schau zu stellen, und dabei womöglich bloß im Hemd oder völlig unbekleidet. Als 1619 in Hamburg eine Frau gehängt werden sollte, zog man ihr Männerhosen an. In England bat eine Verurteilte darum, sie nicht zu hoch zu hängen, damit ihr niemand unter die Röcke sehen könne. Mit der Zeit entfiel die Strafbeschränkung, doch blieb die Zahl der Frauen, die am Galgen starben, immer beträchtlich niedriger als die Anzahl gehängter Männer.

Als man den long drop noch nicht kannte, mangelte es an Vorschriften für den Henker. So blieb es ihm selbst überlassen, auf welche Weise er die Todesstrafe durch den Strang vollzog. Allerdings entwickelte auch dieses Handwerk vielfältige Traditionen. Jeder Meister hatte seine Spezialitäten, die der Nachfolger gewöhnlich übernahm.

Häufig wurden auf dem Richtplatz zwei Leitern an den Galgen gelegt, mitunter eine Doppelleiter. Als erster stieg der Henker die Sprossen hinauf und befestigte den Strang am Querbalken des Galgens. Der Verurteilte mußte die für ihn bestimmte Leiter nach oben klettern, wo ihm die Schlinge um den Hals gelegt wurde. Dann stieg der Henker herab und stieß die Leiter weg.

In anderen Fällen wurde der Todeskandidat von den Gehilfen des Scharfrichters emporgehoben oder an Seilen hinaufgezogen. Oben angekommen, legte ihm der Henker den Strang um den Hals. Daraufhin wurde der Verurteilte fallengelassen. Oder man löste die Seile, so daß sein Körper am Hals frei in der Schlinge hing.

Ein weiteres Verfahren war das Hochziehen am Galgen. Dabei legte der Henker dem Verurteilten, der noch am Boden stand, die Schlinge eines längeren Stricks um den Hals. Das andere Ende wurde über den Galgen geworfen oder durch einen Haken am Querbalken geführt. Auf ein Zeichen des Henkers zogen seine Gehilfen oder ein angetriebenes Pferd den Verurteilten am Strick in die Höhe.

Gebräuchlich war auch, den Delinquenten mit der Schlinge um den Hals auf einen Karren zu stellen, der dann unter seinen Füßen weggezogen wurde. Mitunter stieß der Henker den Verurteilten unvermittelt vom Karren herunter.

Findige Scharfrichter entwickelten Verfahren, den Kampf des Gehängten mit dem Tod zu verlängern. Die Schlinge eng um den Hals, die Hände nicht gefesselt, zogen sie ihr Opfer an Stricken in eine ausreichende Höhe, so daß es sich am Querbalken des Galgens festhalten konnte. Früher oder später verließen den Verurteilten die Kräfte, und er fiel in den sicheren Tod.

Zum Hängen gehörte im weitesten Sinne auch die Strafe der Haken. Dem Todeskandidaten wurden rechts und links neben der Wirbelsäule Eisenhaken in den Rücken gespießt, die mit Stricken am Galgen befestigt waren. Mit einem beweglichen Galgenarm zog man das Opfer in die Höhe. Hatten die Haken beim Einstechen beide Brusthöhlen geöffnet, war dem Gehängten ein baldiger Tod gewiß. Die Türken spießten die Haken in eine Hand und einen Fuß und hängten den Verurteilten quer zwischen die Galgenpfähle.

Auch Hunde mußten hängen

Der Begriff Galgen stammt ab von dem althochdeutschen Wort galgo. Das war die Bezeichnung für den Ast eines Baumes. Die Natur lieferte in der Frühzeit das Instrumentarium für das Hinrichten.

Die Germanen straften nicht ohne Symbolik. Nach Möglichkeit sollte es ein abgestorbener, laubfreier Baum sein, weil ihren religiösen Vorstellungen zufolge von Leblosem eine lebenshemmende Kraft, also die Kraft zum Töten ausging. Bevorzugt wurde der trockene Ast einer mächtigen Eiche. So gab es vielerorts in den nordischen Ländern Hängeeichen, auch Diebseichen genannt, weil vor allem Diebe daran ihr Leben ließen.

Im Frühmittelalter wurde von Karl dem Großen die Errichtung künstlicher Galgen angeordnet. Die Relikte überlieferter Kultvorstellungen bestimmten noch lange Zeit die Vorschriften zum Galgenbau. Die verwendeten Balken mußten aus Eichenholz sein, das auch für andere Strafinstrumente bevorzugt wurde. Die Stämme sollten entrindet und ohne Astloch sein, und Eisennägel durften nicht verwendet werden.

Welches die älteste Galgenform ist, läßt sich nicht mit letzter Sicherheit bestimmen. Am ehesten dürfte es der Kniegalgen, heute meist als bildliches Symbol für den Galgen verwendet, gewesen sein. Das ist deshalb naheliegend, weil seine Form dem vom Baumstamm wegragenden Ast am nächsten kommt. Ein Kniegalgen wurde gebildet von einer Säule, in deren oberes Ende ein Balken rechtwinklig eingelassen war. Diese Bauart hatte allerdings den Nachteil, daß der Galgenarm nur für einen einzigen Delinquenten ausreichte.

Weiter verbreitet war deshalb der Gabelgalgen, der aus zwei Pfosten mit einem von Astgabeln getragenen oder andersartig gelagerten Querbalken als obere Verbindung bestand. Je nach Länge des Querträgers konnten mehrere Verurteilte gleichzeitig gehängt werden. Zudem hatte das zweibeinige Modell eine bedeutend größere Stabilität als der Kniegalgen, der später auch halber Galgen hieß. Schließlich gab es noch das sogenannte Dreiholz, bei dem drei senkrechte Pfeiler im Dreieck angeordnet standen und oben mit Querbalken verbunden waren.

Als Zeichen der Hohen Gerichtsbarkeit, die über Leib und Leben entschied, entstand die für das Spätmittelalter und die frühe Neuzeit typische Galgenstätte, das Hochgericht. Es lag meist auf einer kahlen Anhöhe weit außerhalb der Stadt. Durch seinen exponierten Platz sollte es weithin sichtbar sein und abschreckend wirken. Das Hochgericht bestand im allgemeinen aus einem gemauerten, runden Sockel als Unterbau, der drei starke Säulen – häufig ebenfalls gemauert – trug, die oben durch Querbalken verbunden waren. Erwies sich das Galgengerüst als zu klein, wurde es vier- oder mehrsäulig gebaut. Nicht selten waren die Hochgerichte zweistöckig konstruiert, mit einem oberen Galgen auf dem Querträger des unteren. Der obere Galgen diente dem Vollzug der verschärften Strafe des Höherhängens. So wurde bei der Hinrichtung einer Räuberbande der Anführer an dem erhöhten Galgen gehängt, seine Komplizen unter ihm.

Im Mittelalter galt das Höherhängen auch als eine besondere Judenstrafe. Deshalb wurde das obere Stockwerk des Hochgerichts oft Judengalgen genannt. Mitunter ließ das Gericht für jüdische Verurteilte einen anderen Galgen aufstellen, um sie von den Christen getrennt hinzurichten. Oder die Juden wurden abseits an einem überstehenden Ende des Galgenquerholzes aufgehängt.

Es gab auch bewegliche Galgen. Zu Kriegszeiten, wenn ein Heerlager aufgeschlagen wurde, war es üblich, sogleich einen Galgen zu errichten. In Garnisonstädten stand meist ein Kniegalgen auf dem Marktplatz, an dem man Soldaten, vor allem Deserteure, aufhängte. Zu Beginn des 18. Jahrhunderts wurden die Grenzen einiger Länder mit Kniegalgen ausgestattet. Die 1710 an der ostpreußischen Grenze aufgestellten Galgen erhielten die Inschrift: „Straffe des Diebs- und Zigeunergesindels".

Von den unzähligen Hochgerichten in Deutschland hat eines die Jahrhunderte nahezu unbeschadet überdauert. Es steht einen Kilometer nordwestlich von Beerfelden im Odenwald. Auf einer Anhöhe erhebt sich ein dreibeiniger Galgen aus Steinsäulen, die oben durch eiserne Querstreben verbunden sind. Hier soll noch 1945 in den letzten Kriegstagen ein Mann gehängt worden sein.

Der moderne Galgen unterscheidet sich kaum von seinen Vorgängern. Da Hinrichtungen heute fast ausschließlich innerhalb der Gefängnismauern erfolgen, sind die Galgengerüste in einem gesonderten Exekutionsraum des Todestrakts fest installiert. Häufig zu finden ist die Bauart mit einem beidseits fixierten Querträger. Verwendet werden auch Konstruktionen, die nur noch wenig mit einem Galgen gemeinsam haben. Im Staatsgefängnis von Washington in Walla Walla ist im Hinrichtungsraum über der Falltür an der Decke ein Ring angebracht, an dem der Henker den Strick befestigt.

Die Strangulation ebenso wie der long drop beim modernen Hängen sind spätere Milderungen. Die alten Hinrichtungsprozeduren sollten das Sterben am Galgen nicht abkürzen, sondern verlängern. In früherer Zeit galt das Lebendighängen als Strafverschärfung. Allerdings wurde es nicht am Hals vollzogen. Gebräuchlich war das Aufhängen an einem Strick, der unter den Armen hindurchlief. Das Sterben des so Gehängten zog sich unter Umständen über viele Tage hin, abhängig von seiner körperlichen Verfassung und von den Verhältnissen an der Richtstätte. Es galt als Gnade, wenn der Verurteilte vor dem Aufhängen mit einem Strick erdrosselt wurde. In Deutschland und in anderen europäischen Ländern praktizierte man diesen Strafvollzug bis zum Beginn der Neuzeit. Auffallend häufig waren Juden die Opfer.

Um möglichst qualvoll zu strafen, sperrte man den Verurteilten in einen aufgehängten Käfig. Mitteleuropa kannte diese Bestrafung weniger. In einer Stadtchronik wird über einen Fall berichtet: „Nach dem großen Brand in Einbeck 1540, der fast die ganze Stadt und über 300 Tote zum Opfer fielen, geriet Heinrich Dieck auf die Aussage eines geistesschwachen, dem Trunk ergebenen Hirten in den Verdacht der Täterschaft. Die Folter erpreßte ihm auch ein Geständnis, das er zwar später widerrief ... Er wurde nackend ausgezogen, mit glühenden Zangen gerissen und mit Honig bestrichen in einem eisernen Käfig am Benser Tor aufgehängt. Drei Tage lebte der Unglückliche noch unter den sengenden Strahlen der sommerlichen Sonnenglut von zahlreichen Wespen und Fliegen umschwärmt. ... Schließlich soll sein eigener Bruder den Qualen durch einen Meisterschuß ein Ende gemacht haben."

Bekannter geworden ist ein anderes Opfer verschärften Hängens: Joseph Süß Oppenheimer, Geheimer Finanzrat am Hof Karl Alexanders von Württemberg. Nach dem plötzlichen Tod des Herzogs 1737 wurde Süß noch in derselben Nacht verhaftet und bald darauf wegen Hochverrats zum Tod durch den Strang verurteilt. Der Richterspruch stützte sich weniger auf konkrete Vorwürfe als vielmehr auf den Haß, den er sich durch die Finanzgeschäfte im Dienst seines Gönners zugezogen hatte. Jud Süß wurde am 4. Februar 1738 in einem Eisenkäfig an dem „obern eisernen Galgen" gehängt.

Im alten Rom hängte man Verurteilte meist an den Füßen oder an den Armen auf und beschwerte freie Körperteile mit Gewichten. Eine Strafverschärfung bedeutete das Aufhängen an nur einem Bein, ebenfalls ein Lebendighängen. Die römische Tradition lebte gegen Ende des zweiten Weltkriegs in Italien für kurze Zeit wieder auf. Der faschistische Diktator Benito Mussolini und seine Geliebte Claretta Petacci wurden am Nachmittag des 28. April 1945 auf der Flucht von Partisanen erschossen. Um 23 Uhr hingen ihre Leichen mit dem Kopf nach unten am Mast einer Tankstelle auf dem Piazzale Loreto in Mailand, mit ihnen die Leichen der anderen in Dongo hingerichteten Parteiführer.

Als besonders schimpflich galt es ebenfalls, den Verurteilten zwischen Hunden aufzuhängen. Auch dies tat man bevorzugt bei Juden. In Frankfurt am Main starb 1588 ein Jude, der wie die Hunde an den Beinen aufgehängt worden war; eins der Tiere war vor ihm tot. In Dortmund 1486 und in Neiße 1624 bissen mitgehängte Hunde die Juden zu Tode.

Bezeichnend ist eine alte Urteilsformel der Freien Städte im schweizerischen Aargau: „Will er ein Jude bleiben und will den christlichen Glauben nicht annehmen, so wird er geurteilt, wie hier nach folgt." Nämlich, „daß man diesen jüdischen Dieben einen besonderen Galgen aufrichte und ihn daran mit gebundenen Händen und Füßen, an die Füß zwischen zweier wütenden und beißenden Hunden, an ein Strick aufhenke zwischen Himmel und Erden so hoch, daß unter ihm mag Laub und Gras wachsen und allda den Hunden, auch den Vögeln der Luft befohlen und dem Erdenreich entfrömbte werden . . . so lang, bis er am Galgen verdorben und gestorben."

Die tödlichen Kräfte der Natur

Die Kreuzigung, der Tod, den Jesus starb, war im gesamten Mittelmeerraum verbreitet und eine oft vollzogene Hinrichtungsart. Bei den Römern kamen hauptsächlich Sklaven und Aufständische an das Kreuz. Bekanntes Beispiel sind die Mitkämpfer des Spartacus. Entlang der Via Appia, der Verbindungsstraße zwischen Rom und Capua, sollen 6000 Sklaven gekreuzigt worden sein.

Historisch gesehen, bestehen enge Beziehungen zwischen dem Hängen und der Kreuzigung. Nach Ansicht des Kriminologen Hans von Hentig ist die Kreuzigung „eine Strafe höchsten Alters und ging aller Wahrscheinlichkeit nach dem Hängen voran, mit dem sie eng verwandt ist und zu dessen Verständnis sie beiträgt. Wie beim Hängen vermied die Kreuzigung die direkte Verursachung des Todes. Es wird kein Blut vergossen, . . . Das einzige, was geschieht, ist, den tödlichen Kräften der Natur freien Lauf zu lassen, nachdem das Entkommen mit mechanischen Mitteln abgeschnitten ist."

Als das Römische Reich zusammengebrochen war, wurde kaum noch gekreuzigt. An einem gewöhnlich Sterblichen, noch dazu an einem Verbrecher, den Tod Christi nachzuvollziehen, wäre im christlichen Abendland einer Gotteslästerung gleichgekommen. Aus Ehrfurcht vor dem religiösen Symbol wurde in der Gesetzessammlung Justinians I. das Wort Kreuz durch die Bezeichnung Gabel ersetzt. Ganz verschwand die Kreuzigung jedoch nicht. Während der Napoleonischen Kriege in Spanien und noch zu Anfang des 20. Jahrhunderts in Marokko wurde diese Strafe wieder angewandt.

Über den Vollzug liegen nur ungenaue Überlieferungen vor, wohl deshalb, weil ihr äußerst schändlicher Charakter selbst die Augenzeugen entehrte. Die unzähligen Kreuzigungsdarstellungen in der christlichen Kunst entstanden nicht nach eigener Anschauung, sondern resultierten aus der Phantasie der Künstler und sind somit für eine rechtshistorische Betrachtung ungeeignet. Zudem existierten keine genauen Vorschriften, wie eine Kreuzigung auszuführen war. Ein verurteilter Sklave wurde dem Henker übergeben, und dieser konnte nach Belieben mit ihm verfahren. Ob der Henker ein Kreuz oder einen einfachen Pfahl verwendete, ob er den Verurteilten mit Weidenzweigen festband oder gar annagelte, blieb seinem Ermessen überlassen.

Woran ein Gekreuzigter starb, hing entscheidend von der Art und Weise des Strafvollzugs ab. Handelte es sich um ein freies Hängen ohne Strangulation und ohne anderweitige Verletzungen, etwa indem der Verurteilte mit Zweigen an das Kreuz gebunden wurde, könnten zwei verschiedene Mechanismen den Tod verursacht haben.

Durch die aufrechte Zwangshaltung droht dem Organismus ein langsam entstehender Kreislaufkollaps. Das Blut versackt in den unteren Körperpartien, und das Gehirn wird nicht mehr ausreichend mit Blut versorgt. Zugleich kann in dem freihängenden Körper, der an den seitwärts gebundenen Armen am Kreuz fixiert ist, durch eine erschwerte Atmung im Laufe der Zeit ein Sauerstoffmangel entstehen, der zur Erstickung führt.

Wenn aber der Betreffende sich auf einem Sitzpflock oder mit den Füßen abstützen konnte, verlängerte sich das Sterben. In solchen Fällen „handelte es sich um einen tagelang anhaltenden, langsamen Verfall der Lebensfunktionen", auf dessen Verlauf die Witterungsbedingungen einen Einfluß hatten. Der Mangel an Flüssigkeit und Nahrung kam hinzu, wobei durch Trinken der Tod nur hinausgezögert wurde.

Ging der Kreuzigung ein Geißeln voraus, verlor der Körper je nach Größe der Wunden eine gewisse Menge an Blutserum. Außerdem konnte durch Einblutungen in das verletzte Gewebe ein nicht unerheblicher Blutverlust eintreten. Wurden dem Verurteilten mit einem Holzscheit oder einer Eisenstange die Beine gebrochen, verkürzte sich das Sterben. Zu einem schnellen Tod infolge Verbluten hat das Abschlagen der Beine geführt, das in Jerusalem vorkam, wie Skelettfunde vermuten lassen. Auch eine Wundinfektion, denkbar bei Nagelung, könnte tödlich verlaufen sein. Der Lanzenstich verursachte nicht den Tod, sondern diente, zumindest nach römischem Recht, der Bestätigung des Todeseintritts.

Über den Tod des Jesus von Nazareth läßt sich nichts Näheres sagen, weil die Berichte über die Kreuzigung erst Jahrzehnte später entstanden und sich untereinander in wichtigen Einzelheiten widersprechen.

Als strafverschärfend galten das Verbrennen am Kreuz oder die Steinigung des Gekreuzigten. Kaiser Nero ließ nach dem Brand Roms im Juli 64 viele Christen am Kreuz verbrennen.

In alten Schriften wurden die Bezeichnungen Pfahl und Galgen häufig gleichbedeutend mit Kreuz verwendet. „Auf das Kreuz setzen" hieß eine Hinrichtungsart orientalischen Ursprungs. Der Henker trieb einen zugespitzten Pfahl durch den After in den Körper des Verurteilten, bis die Spitze an der Brust herauskam. Danach richtete man den Pfahl auf und rammte ihn in den Boden. Das Aufspießen wurde im Nahen Osten noch im vorigen Jahrhundert angewandt.

Das Gesetz verweigerte den Gekreuzigten im allgemeinen ein ehrendes Begräbnis, genauso wie den Gehängten. Wächter blieben auf dem Richtplatz, damit kein Verwandter oder Freund den Getöteten abnahm und beerdigte. So zerfielen die Leichen nach und nach am Kreuz. Eine altrömische Richtstätte dürfte denselben Gestank verbreitet haben wie ein mittelalterliches Hochgericht.

Garotte und Seidenschnur

Die Hinrichtungswerkzeuge Galgen und Strang weisen manche Gemeinsamkeit mit der Garotte auf. Deren Konstruktion ist ebenfalls relativ einfach: ein Pfahl mit einem daran befestigten Sitz und einem in Halshöhe angebrachten Eisenband. Der Verurteilte mußte sich hinsetzen und wurde angeschnallt. Dann legte man ihm das Halseisen um. An einer Schraubvorrichtung hinter dem Pfahl konnte der Henker die Eisenklammer so lange anziehen, bis der Tod eintrat.

Folglich ähneln sich Garotte und Strang auch in der Wirkungsweise. Während beim Erhängen die Schlinge durch das Körpergewicht des Hängenden zugezogen wird, verursacht bei der Garotte das festgeschraubte Halseisen die Strangulation und führt

Hinrichtung mit der Garotte in Kuba um 1900

zum Tod durch Erdrosseln. Gerichtsmedizinisch sind die gebräuchlichen Umschreibungen Würgschraube und Würgeisen für die Garotte nicht korrekt, weil als Würgen das Zusammendrücken des Halses allein mit den Händen bezeichnet wird.

Die Garotte war in Spanien seit dem 18. Jahrhundert das hauptsächliche Hinrichtungsinstrument, wurde ebenso in Portugal verwendet und gelangte von Spanien nach Kuba, Puerto Rico und Südamerika. Die Spanier verbrannten dort indianische Stammesfürsten. Gelegentlich erwies man ihnen die Gande, den Tod durch die Garotte zu wählen. Atahuallpa, der letzte Herrscher des Inkareiches, entschied sich im Jahr 1533 dafür, getauft und erdrosselt zu werden.

Auf den Philippinen wurde die Garotte noch zur letzten Jahrhundertwende eingesetzt, wie ein Bericht von 1903 über mißlungene Hinrichtungen belegt. In Manila drosselte der Henker vier wegen Mordes verurteilte Verbrecher mit dem Halseisen. Danach wurden die leblosen Körper in eine Kirche gebracht. Dort stellten Polizeibeamte Stunden später fest, daß drei der vier noch lebten. Einer von ihnen verstarb nachträglich an den Folgen der Strangulation, während die beiden anderen sich erholten und zu ihren Familien zurückkehren durften.

In Spanien starben noch in den siebziger Jahren angebliche Terroristen und Verschwörer gegen die Franco-Diktatur durch die Garotte. Letztes Opfer wurde im März 1974 in Barcelona der sechsundzwanzigjährige Student Salvador Puig Antich.

Eine andere Art des Erdrosselns beschrieb ein Reisender im vorigen Jahrhundert nach einem Besuch auf den Sandwich-Inseln, den heutigen Hawaii-Inseln: „Zwei Pfosten von der Größe eines Mannes werden in die Erde gerammt. Der Verurteilte wird aufrecht stehend mit dem Rücken gegen den einen Pfahl gelehnt und um seinen Hals eine Schlinge mit einem beweglichen Knoten gelegt. Ein anderer Mann, der zu den Kräftigsten des Stammes gehört, bindet sich die zwei Enden der Schnur um den Leib, und indem er sich fest an den gegenüberliegenden Pfahl anklammert, zieht er in zwei, drei und manchmal selbst vier Stößen die Schnur heftig zusammen, so daß der Delinquent in den seltensten Fällen am Leben bleibt."

Im Gegensatz zum Erhängen hatte das Erdrosseln ursprünglich einen eher geheimen Charakter. Der Scharfrichter waltete seines Amtes in der Abgeschiedenheit eines Verlieses. Gelegentlich erwies man einem zum Feuertod Verurteilten die Gnade, daß der Henker ihn unauffällig vor der Entzündung des Scheiterhaufens mit einer dünnen Schnur erdrosselte. Die letzte Feuerstrafe in Preußen wurde am 28. Mai 1813 in Berlin an den Brandstiftern Johann Horst und Friederike Delitz vollzogen. Zuvor war durch ein Ministerialreskript verfügt worden, „daß selbige auf eine den Zuschauern unmerkliche Art erdrosselt werden".

Gleichfalls im Geheimen geschah das erzwungene Selbsterdrosseln. In der Türkei, im Iran und in China gab es Eunuchen, die einem Todgeweihten die Seidenschnur zu überbringen hatten. Das war die unmißverständliche und unwiderrufliche Aufforderung, sich selbst zu richten.

Pannen unterm Galgen

Das Hanfseil ist das Hauptwerkzeug des Henkers, nur selten eine Kette. In frühen Zeiten nahm man statt des Strickes einen Reisigstrang, der aus Eichen- oder Buchenzweigen, Weidenschößlingen oder Bast angefertigt war. Wegen der geringen Festigkeit rissen solche Zweigschlingen leicht, und der Gehängte fiel lebend zu Boden. Auch beim Seil passierte das immer wieder.

Für den Delinquenten muß ein gerissener Strick nicht zwangsläufig die Rettung bedeuten. Als im Mai 1701 ein englischer Piratenkapitän gehängt werden sollte, riß der Strang, und der Seeräuber fiel zu Boden. Unverzüglich wurde ihm eine andere Schlinge um den Hals gelegt. Man hängte ihn erneut.

Durch den long drop wird der Strick besonders stark beansprucht. In Durham mußte ein Bergmann zweimal gehängt werden. Beim ersten Sturz in die Schlinge war ein Knarren und Krachen und schließlich ein dumpfer Aufprall zu hören. Der Verurteilte lag, an Armen und Beinen gefesselt, mit zerschundenem Gesicht und bei vollem Bewußtsein in der Grube unter der Falltür. Nach 24 Minuten war der Galgen wieder hergerichtet, und, so schließt der offizielle Parlamentsbericht, „die zweite Hinrichtung war erfolgreich".

Noch unglücklicher verlief eine andere Exekution. Der Ire Charles Duff hat 1928 das Mißgeschick beschrieben: „Beim Fall riß der Strick entzwei und der Körper fiel auf den Boden. Der arme Mann brach sich nicht den Hals, aber das Blut schoß aus seinen Ohren hervor. Er wurde zurückgetragen, und, während man den Strick ausbesserte, erlangte er das Bewußtsein wieder und bat, daß man ihm die Kappe wegnähme, weil er reden wollte. Der Strick riß ein zweites Mal, aber der Körper wurde aufgefangen, bevor er auf den Boden fiel. Er wurde von den Deputy Sheriffs hochgehoben und gehalten, während die Schlinge noch einmal geflickt wurde. Das dritte Mal endlich hielt der Strick und Coffey starb in zwölf Minuten."

Lange Zeit wurden die Todesurteile in der Öffentlichkeit vollstreckt. Unterlief dem Henker ein Fehler, drohte ihm, daß die enttäuschten Zuschauer über ihn herfielen. Zudem mußte er mit einer Bestrafung durch die Obrigkeit rechnen. Das konnte noch um 1800 eine bis zu zweijährige Zuchthaus- oder Festungshaft bedeuten.

Manchmal führte die Hysterie des Publikums dazu, daß der Henker die Nerven verlor und eine Hinrichtung verpfuschte. Des öfteren war er an seinem Versagen selbst schuld, wie ein Bericht aus der „Times" von 1864 zeigt: „Noch ehe die schwachen, langsamen Zuckungen des Körpers endeten, regierten Raub und Gewalttat, lautes Lachen, Flüche, Raufen, schändliches Benehmen und schmutzige Reden rund um den Galgen, nah und fern. Und dabei blieb es mit wenig oder keiner Unterbrechung bis der alte Henker (Calcraft) wieder unter Pfeifen und Johlen und höhnischen Fragen, was er an diesem Morgen zu trinken gehabt habe, zum Fallbrett schlingerte. Nachdem es ihm zuerst nicht gelang, das Seil zu kappen, machte er einen zweiten erfolgreicheren Versuch und die Leiche verschwand außer Sicht."

Betrunkene Henker waren früher gar nicht so selten, da ihnen auf Kosten des Verurteilten oder des Gerichtsherrn meist ein Mahl mit Getränken zustand. In den Bänden des britischen „Newgate Calendar" aus dem vorigen Jahrhundert sind viele Beispiele zu finden. Über die Hinrichtung zweier Einbrecher heißt es: „Der Henker, von Alkohol umnebelt, bildete sich ein, daß drei exekutiert würden und war drauf und dran, dem Pfarrer, der auf dem Schinderkarren stand, die Schlinge um den Hals zu legen und konnte nur mit viel Mühe vom Kerkermeister daran gehindert werden."

Einige Delinquenten ersannen raffinierte Tricks für ihre Rettung in letzter Minute. Über die Exekution eines besonders erfinderischen Verbrechers hat 1768 die „Vossische Zeitung" berichtet: „Zu Armagh in Irland wurde im vorigen Dezember ein Pferdedieb im Beyseyn des Sheriffs gehenkt. Als er ohngefähr eine halbe Stunde gehangen hatte, bemerkte der Sheriff, daß er den Kopf bewegte, als wenn er nicht bequem genug hinge. Er ließ ihm darauf Rock und Weste ausziehen, und ob sich gleich, nachdem solches geschehen, nichts zeigte, das seinen Argwohn bestärken konnte, so befahl er doch, ihm auch das Hemde auszuziehn, welches der Nachrichter, weil es unanständig und die Zeit, die der Delinquent hängen müßte, bald vorbey wäre, zu thun sich weigerte. Allein der Sheriff bestand darauf, und als es geschehen, zeigte es sich, daß der Gehängte ein eisernes Halsband um den Hals hatte, woran zwei Riemen waren, die ihm unter die Arme gingen und an vier andern Riemen befestigt waren, die um den Leib angebracht waren, woran wieder zwei andere festsaßen, die bis auf die Füße gingen und an eisernen Platten unter den Fußsohlen angemacht waren, von welchen wieder ein paar Riemen um den Leib gingen. Der Sheriff ließ sofort alle diese Riemen zerschneiden und blieb vier Stunden auf dem Gerichtsplatz, ließ auch den nunmehr wirklich Gehängten die ganze Nacht durch bewachen, ihn den andern Morgen abschneiden und sogleich begraben. Diese Erzählung ist um so glaubwürdiger, da sie von einem Augenzeugen herkommt."

Über Jahrhunderte hinweg blieben Galgen und Hängen mit abergläubischen Vorstellungen verbunden. Der römische Gelehrte Plinius der Ältere empfahl, den Strick, an dem einer gehängt worden war, als Mittel gegen Kopfschmerzen weiterzuverwenden. Über das Mittelalter hinaus bis in die Neuzeit versprach man sich vom Galgenstrick Abhilfe bei Zahnschmerzen, Rheuma, Gicht und Pferdekrankheiten. Ebenso sollte ein Henkersstrang Diebe fernhalten und vor Blitzschlag schützen. Die seltener benutzte Galgenkette wirke noch besser. Ein Span vom Galgenholz, unter der Schwelle eingegraben, bringe Glück beim Kartenspielen und beim Kegeln.

Besonders begehrt waren der Diebsdaumen oder eine Alraunenwurzel, die, so glaubte man, unter dem Galgen aus dem Samenabgang Gehängter entstehe. Beinahe endlos ist die Liste der Wundermittel, zu deren Verbreitung die Henker selbst kräftig beigetragen haben. Auf diese Weise konnten sie, von den Mitmenschen verachtet und ausgestoßen, wenigstens einen kleinen Gewinn aus ihrem Handwerk ziehen. Vieles aus dem Volksglauben hat Karl Huß, Scharfrichter in Eger, gesammelt und in seinem Buch „Vom Aberglauben" niedergeschrieben. Es erschien erst 1910, rund sieben Jahrzehnte nach seinem Tod.

Die Zahl der Hinrichtungen durch den Strang verringerte sich in der Neuzeit. Viele Delikte, die einen Verbrecher im Mittelalter an den Galgen gebracht hätten, wurden nur noch mit Freiheitsstrafen bedroht. Während das Mittelalter unzählige Formen verschärfter Todesstrafen kannte, verschwanden unter dem Einfluß der Aufklärung die nutzlosen Grausamkeiten.

Trotzdem wurde weiter gehängt. Offenbar glaubte man, auf „die entehrendste Form der Hinrichtung" nicht verzichten zu können. Selbst in England, wo jahrhundertelang die Todesstrafe durch Erhängen vollzogen wurde, galt der Tod am Galgen als besonders entwürdigend.

In Deutschland ging man im ersten Drittel des 19. Jahrhunderts davon ab. Die vorläufig letzte Hinrichtung durch den Strang fand 1833 in Weimar statt. Nach dem Reichsstrafgesetzbuch von 1871 wurden Todesurteile durch Enthaupten – nach dem Militärstrafgesetzbuch durch Erschießen – vollstreckt. Nur in den Kolonien gab es Ausnahmen. Eine Verordnung Kaiser Wilhelms II. vom 9. November 1900 erlaubte in den „deutschen Schutzgebieten" neben den beiden anderen Hinrichtungsarten ausdrücklich auch das Hängen.

Canaris, Slánský, Eichmann

Die Nationalsozialisten führten die Todesstrafe durch den Strang in Deutschland wieder ein. Durch ein Gesetz vom 29. März 1933 wurde die Regierung ermächtigt, „bei Verbrechen gegen die öffentliche Sicherheit" die Vollstreckung eines Todesurteils durch Erhängen anzuordnen.

In der Strafanstalt Berlin-Plötzensee erhielt die Hinrichtungsstätte, untergebracht in einem Ziegelschuppen, im Dezember 1942 eine „gleichzeitige Erhängungsmöglichkeit für acht Personen". Dort wurden am 22. Dezember die ersten elf Mitglieder der Widerstandsgruppe Rote Kapelle, darunter ein Ehepaar und eine Frau, hingerichtet. Die rasch steigende Zahl von Todesurteilen führte dazu, daß immer mehr angebliche Volksschädlinge an den Galgen kamen. Allein in der Nacht vom 7. zum 8. September 1943 starben in der Zeit von abends 19.30 Uhr bis morgens 8.30 Uhr 186 Menschen in Gruppen von je acht Personen. Dieser Massenexekution fielen auch Häftlinge zum Opfer, deren Verfahren noch nicht rechtskräftig abgeschlossen waren.

Auf persönlichen Befehl Adolf Hitlers wurden die Todesurteile gegen die Männer des 20. Juli durch Erhängen vollstreckt. Gegen acht der am mißlungenen Attentat beteiligten Offiziere erging das Todesurteil am 8. August 1944. Noch am selben Abend wurde es in Plötzensee vollstreckt, weitere Todesurteile folgten. Hitler hatte verlangt, daß die Hinrichtungen gefilmt werden. Ein Kameramann berichtete: „Der Raum bekam nur durch zwei kleine Fenster etwas Tageslicht. Unmittelbar vor diesen beiden Fenstern befanden sich an der Decke acht Haken, woran die Verurteilten aufgehängt werden sollten. . . . Der Angeklagte ging mit erhobenem Haupte, zwar von den Henkern eines schnelleren Schrittes genötigt, zum Ende des Raumes. Dort angekommen, mußte er eine Kehrtwendung machen, und dann legte man ihm die Hanfschlinge um den Hals, worauf der Angeklagte von den Henkern hochgehoben und die obere Schlinge des Hanfstricks in den Haken an der Decke eingehängt und der Delinquent nun mit großer Wucht fallengelassen wurde, so daß ihm die Schlinge sofort sehr stark den Hals zuschnürte. . . . Die Urteilsvollstreckung ging in sehr rascher Folge vor sich."

Zu den Verhafteten nach dem Juliattentat gehörte Admiral Wilhelm Canaris, langjähriger Chef des militärischen Geheimdienstes im Oberkommando der Wehrmacht. Welche Rolle er im deutschen Widerstand wirklich gespielt hat, ist schwer zu sagen. Er wurde am 9. April 1945 im Konzentrationslager Flossenbürg wegen Beteiligung an der Verschwörung zum Tode verurteilt und noch am selben Tag gehängt. Zusammen mit ihm starben der evangelische Theologe Dietrich Bonhoeffer und der General Hans Oster.

In der Sowjetunion wurde für die Kriegszeit die Todesstrafe durch Erhängen wieder eingeführt. Bis in die ersten Nachkriegsjahre hat man diese Hinrichtungsart beibehalten.

Unter den Gehängten befanden sich viele, die wegen Kollaboration mit den Deutschen die Todesstrafe

General Andrej Wlassow (hier in einem Ausbildungslager für russische Kollaborateure) trat in der Kriegsgefangenschaft zu den Deutschen über. Er wurde 1945 von den Amerikanern ausgeliefert und in der Sowjetunion gehängt.

erhalten hatten. Einer der prominentesten war der russische General Andrej Wlassow. Im Jahr 1942 in deutsche Kriegsgefangenschaft geraten, entschied er sich für den Kampf gegen das Stalin-Regime und baute die sogenannte Wlassow-Armee auf. Bei Kriegsende suchte er die amerikanische Gefangenschaft, wurde aber wie Tausende von Angehörigen der russischen Freiwilligenverbände an die Sowjetunion ausgeliefert.

Am 2. August 1946 meldete die Moskauer Zeitung „Iswestija" die Hinrichtung Wlassows und acht seiner Mitarbeiter: „In Übereinstimmung mit dem Punkt 1 der Verordnung des Präsidiums des Obersten Sowjets der UdSSR vom 19. April 1943 verurteilte das Militärkollegium des Obersten Gerichts der UdSSR die Angeklagten zum Tod durch den Strang. Das Urteil wurde vollstreckt."

Wenige Monate später, im Januar 1947, berichtete die Parteizeitung „Prawda", daß fünf Kosakengenerale für schuldig befunden wurden, „im Auftrag des deutschen Nachrichtendienstes mit Hilfe der von ihnen formierten Verbände gegen die UdSSR gekämpft und aktive Spionage sowie terroristische Akte begangen zu haben". Das Urteil lautete Tod durch den Strang und wurde am 17. Januar 1947 in Kiew vollstreckt.

Wegen Kollaboration mit den Deutschen fanden auch in anderen europäischen Ländern zahlreiche Gerichtsverfahren statt. In der Tschechoslowakei standen der Führer der Sudetendeutschen Partei,Konrad Henlein, und sein Stellvertreter Karl Hermann Frank auf der Kriegsverbrecherliste.

Henlein, ab Mai 1939 Reichsstatthalter im Sudetenland, wurde noch in den letzten Kriegstagen in Abwesenheit zum Tode verurteilt. Am 10. Mai 1945 nahm er sich in einem amerikanischen Kriegsgefangenenlager in Pilsen das Leben. Er zersplitterte seine Brillengläser und schnitt sich mit einer Scherbe die Pulsadern an den Handgelenken auf.

Anders erging es Frank. Er war während der deutschen Besetzung der Tschechei Staatssekretär, später Reichsminister für das Protektorat Böhmen und Mähren. Ihn lieferten die Amerikaner aus, und ein tschechisches Gericht verurteilte ihn zum Tode. Vor Tausenden von Zuschauern wurde Frank am 22. Mai 1946 in Prag gehängt.

Im April 1947 stand der slowakische Nationalist Jozef Tiso vor Gericht. Der katholische Geistliche war 1938/39 Regierungschef und danach bis Kriegsende Präsident des selbständigen slowakischen Staates gewesen. Das Gericht verurteilte ihn „wegen seiner Verbrechen am Volk" zum Tode. Am 18. April 1947 wurde Tiso in Bratislava gehängt.

Ein Jahr später kam aus London Albert Pierrepoint in die britische Besatzungszone Deutschlands. Im Gefängnis von Hameln hängte er an einem einzigen Tag 27 Kriegsverbrecher. Pierrepoints Kommentar: „Das war für mich ein Job wie jeder andere."

Obwohl anfänglich in der Deutschen Demokratischen Republik die Todesstrafe im allgemeinen durch Enthaupten vollzogen wurde, gab es auch Hinrichtungen durch Erhängen. Im April 1950 begannen die sogenannten Waldheimer Prozesse. Von den 3324 Strafverfahren endeten 33 mit einem Todesurteil. Davon wurden 24 in der Nacht zum 4. November 1950 in einem Kellerraum des Zuchthauses Waldheim durch den Strang vollstreckt. Man stellte den Todeskandidaten auf einen Stuhl, legte ihm die Schlinge um den Hals und stieß den Stuhl weg.

Die Schnellverfahren von Waldheim gingen als Kriegsverbrecherprozesse in die DDR-Geschichte ein. Heute werden einigen der damals beteiligten Juristen schwerwiegende Verstöße vorrangig gegen das Strafverfahrensrecht zur Last gelegt.

Um 1950 waren in Osteuropa die stalinistischen Säuberungen in vollem Gange. Begonnen hatte die Reihe der großen Schauprozesse in Albanien mit der Geheimverhandlung gegen den gestürzten Innenminister Koči Xoxe und seine, wie es offiziell hieß, „Bande jugoslawischer Agenten und Saboteure". Der Volksgerichtshof verkündete am 8. Juli 1949 das Todesurteil gegen den Hauptangeklagten. Am selben Tag wurde Xoxe gehängt.

Im Mai 1949 setzte in Ungarn eine Verhaftungswelle ein, und im September 1949 standen acht Angeklagte in Budapest vor dem Volksgericht. Sie wurden beschuldigt, einen Staatsstreich vorbereitet zu haben. Die „Verhandlung der Strafsache László Rajk und Konsorten" endete mit dem Todesurteil gegen den ehemaligen Innenminister und zwei der Mitangeklagten. Alle drei wurden am 15. Oktober 1949 gehängt.

Kaum zwei Monate später fand in Sofia der „Prozeß Nr. 1891/1949 gegen die Hochverräter, Spione und Saboteure der Gruppe Traitscho Kostow" statt. Gemeinsam mit Kostow, dem zweiten Mann in der Bulgarischen Kommunistischen Partei, saßen zehn Spitzenfunktionäre auf der Anklagebank. Das Gericht verurteilte den Hauptangeklagten am 14. Dezember 1949 zum Tod durch den Strang. Am übernächsten Tag wurde Kostow gehängt.

Wiederum mit großem Aufwand vorbereitet, begann am 20. November 1952 in Prag der „Prozeß gegen die Leitung des staatsfeindlichen Verschwörungszentrums mit Rudolf Slánský an der Spitze". Die 14 Angeklagten waren führende Kommunisten, von denen elf die Todesstrafe erhielten. Sie wurden am 3. Dezember 1952 gehängt.

Weltweites Aufsehen erregte 1961 der öffentliche Prozeß in Jerusalem gegen Adolf Eichmann, der während des zweiten Weltkriegs als Leiter des Judenreferats im Reichssicherheitshauptamt für die Deportation und Massenvernichtung europäischer Juden verantwortlich war. Eichmann hatte Anfang 1946 aus einem Internierungslager der US-Armee fliehen können. Danach hielt er sich im Westen Deutschlands verborgen. Mit Hilfe von Vatikankreisen floh er 1950 über Rom nach Argentinien. Im Mai 1960 spürten israelische Geheimagenten den unter falschem Namen lebenden Eichmann in einem Vorort von Buenos Aires auf und entführten ihn nach Israel. Für seine Verbrechen ge-

*Adolf Eichmann, Organisator millionenfachen Juden-
mords, hört 1961 in Jerusalem sein Todesurteil.*

gen das jüdische Volk und gegen die Menschlichkeit
erhielt er die Todesstrafe. Eichmann wurde am 1. Juni
1962 im Gefängnis von Ramleh bei Tel Aviv gehängt.

Long drop für Drogenhändler

Gegenwärtig halten weltweit mehr als 70 Staaten an der Todesstrafe durch Erhängen fest. Dazu gehören Polen und Albanien, jedoch ist in Polen derzeit ein inoffizielles Hinrichtungsmoratorium in Kraft. In manchen Ländern Asiens und Afrikas werden Galgen und Strick häufig eingesetzt. Nicht selten sind es Regimegegner oder politisch Verfolgte, die ein Todesurteil trifft. Im Februar 1979 bestätigte in Pakistan der Oberste Gerichtshof mit vier zu drei Stimmen das Todesurteil gegen den ehemaligen Premierminister Zulfikar Ali Bhutto, dessen Regierung 1977 durch einen Militärputsch gestürzt worden war. Trotz zahlreicher internationaler Gnadenappelle starb Bhutto am 4. April 1979 am Galgen.

Ein besonders großes Risiko gehängt zu werden, besteht heutzutage in einigen Staaten Asiens für Drogenhändler. Vor allem Singapur und Malaysia gehen dabei voran. Nach malaysischem Recht gilt jeder, dem der Besitz bestimmter Mindestmengen an Drogen nachgewiesen wird, als Rauschgifthändler. Seit April 1983 ist Drogenhandel zwingend mit dem Tod zu bestrafen. Der Tatbestand gilt als erfüllt, wenn jemand mit 15 Gramm Heroin oder Morphin, 200 Gramm Haschisch oder 1000 Gramm Opium von der Polizei gestellt wird.

Vom Inkrafttreten der verschärften Gesetzgebung bis Mitte 1988 sind mindestens 51 wegen Rauschgifthandels zum Tod durch den Strang Verurteilte hingerichtet worden.Der Vollzug der Todesstrafe erfolgt in Malaysia, das lange Zeit unter britischem Einfluß stand, nach der englischen Methode des long drop.

Auch bei Ausländern kennen die Richter keine

Gnade. Als erste nichtasiatische Delinquenten wurden die Australier Kevin Barlow und Brian Chambers am 7. Juli 1986 in Kuala Lumpur gehängt, weil sie 174 Gramm Heroin bei sich getragen hatten.

Allein 1987 endeten wegen Drogenbesitzes 14 Todeskandidaten am Galgen, darunter eine 65 Jahre alte Malaysierin, die drei Jahre zuvor wegen Besitzes von 55 Gramm Morphin zum Tod durch den Strang verurteilt worden war.

Seither gingen die Hinrichtungen unvermindert weiter. Gleich drei Männer starben in den Morgenstunden des 18. Juni 1993 im Kajang-Gefängnis bei Kuala Lumpur am Galgen. Zusammen mit zwei Malaysiern wurde der Australier Michael Denis McAuliffe gehängt. Er war am 29. Juni 1985 auf dem Flughafen von Penang festgenommen worden. Die dortigen Sicherheitsorgane beschlagnahmten bei ihm 141,89 Gramm Heroin. Das Rauschgift war in 14 Kondome verpackt, die er um seine Hüften gebunden hatte.

Vor dem Obergericht in Penang erklärte er, bei dem Fund handele es sich um ein Aphrodisiakum, das unter dem Namen Bang-Bang-Pulver bekannt sei. Er habe es von einer Hosteß in Bangkok erhalten. Doch das Gericht befand ihn des Rauschgiftschmuggels für schuldig und verurteilte ihn zum Tode. Sämtliche Berufungsversuche scheiterten, zuletzt im Mai 1992. Auch ein Gnadengesuch, das McAuliffes Anwalt noch am Tag vor der Exekution an König Sultan Aslan Schah richtete, blieb erfolglos.

Erstmals seit 28 Jahren wurde am 5. Januar 1993 in den USA wieder ein Todesurteil durch den Strang vollstreckt. An diesem Tag starb im Staatsgefängnis des Bundesstaates Washington in Walla Walla der dreifache Knabenmörder Westley Allan Dodd. Er hatte das

Erhängen der Giftspritze vorgezogen, um wie sein drittes Opfer durch den Strick zu sterben.

Durch ein abgeblendetes Fenster im Obergeschoß des Hinrichtungsraumes beobachteten 16 Zeugen den Henker, wie er Dodd den Strang um den Hals legte und die Schlinge hinter dem linken Ohr zuzog. Kurz darauf öffnete sich die Falltür. Dodds Anwalt sagte über die Hinrichtung seines Mandanten: „Er krümmte sich nicht, er zuckte nicht mit den Beinen, nichts von alledem – er war sofort tot, sauber und effizient."

Das Kopfabschlagen

Charles-Henri Sanson, seit Januar 1754 Henker von Paris, liebte Hauskonzerte. Beim Kauf von Musikinstrumenten lernte er den deutschen Feinholztischler und Klavierbauer Tobias Schmidt kennen, der in der französischen Metropole lebte. Bald trafen sich die beiden Männer fast täglich, um gemeinsam zu musizieren. Der Henker ließ seine Violine oder sein Violoncello erklingen, während Schmidt auf dem Klavier begleitete.

Zwischen den Musikstücken schilderte Sanson seinem deutschen Freund des öfteren die Mühen seines verantwortungsreichen Amtes. Wohl ließ sich ein Körper leicht am Galgen hinaufziehen oder auf das Rad binden, doch um wieviel schwerer war es, einen Verurteilten fest und unbeweglich auf die Knie zu zwingen, um den Kopf mit einem einzigen Schwertstreich vom Rumpf zu trennen. Dem Todeskandidaten selbst fehlte oft die Kraft, reglos zu verharren. Für die Henkersknechte war es schwierig, den Oberkörper des Verurteilten so festzuhalten, daß sie nicht bei der Exekution vom Henker verletzt wurden.

Seit langem hatte Sanson eine Möglichkeit gesucht, „den Hinzurichtenden in eine waagerechte Lage zu bringen, welche ihm das Gewicht seines Körpers zu tragen erspare und gleichzeitig die Freiheit seiner Bewegung verhindere". Aber ihm fiel nichts Rechtes ein.

Freund Schmidt nahm sich der Sorgen des Henkers an. Nach einiger Zeit gemeinsamen Musizierens präsentierte der vielseitig begabte Mechaniker seine Idee: „Eines abends, gerade nach einer Arie aus ‚Orpheus' und vor einem Duett aus der ‚Iphigenie in Aulis‘, kam man, das heißt mein Großvater, auf den sehr beliebten Instrumentenwechsel, wenn ich dies schreckliche Wortspiel hier anwenden darf; man vertauschte nämlich Klavier und Geige mit der fraglichen Enthauptungsmaschine, deren Gestalt Charles-Henri Sanson mit so fieberhafter Hast und Ungeduld Tag und Nacht in Erwägung zog. ‚Hören Sie, ich glaube, daß ich eine Maschine nach Ihrem Wunsch erfinden könnte‘, antwortete Schmidt, nahm einen Bleistift und entwarf schnell mit einigen Strichen eine Zeichnung. Dies war die Guillotine! Die Guillotine war es mit ihrer breiten, scharfschneidenden Stahlklinge, welche zwischen zwei Balken hing und vermöge eines einfachen Seiles leicht bewegt werden konnte. Da lag auch der Delinquent seiner ganzen Leibeslänge nach auf ein Schaukelbrett derartig gebunden, daß, wenn sich das Brett senkte, der Hals gerade auf die Stelle kam, wo das Messer im Fallen ihn treffen mußte.“

Sanson war begeistert. Die Köpfmaschine entsprach vollkommen seinen Wünschen. Auf einem Brett festgeschnallt, vermochte der liegende Todeskandidat nicht mehr durch eine plötzliche Bewegung die Arbeit des Henkers zu beeinträchtigen. Sanson konnte, so heißt es, „einen Ausruf der Überraschung und Genugtuung nicht zurückhalten“. Doch Freund Schmidt wies das Lob zurück und erklärte: „Ich wollte mich eigentlich in die ganze Sache nicht einmischen, und zwar – sehen Sie, weil das den Tod eines Mitmenschen anbetrifft; aber ich habe es endlich satt, Sie ewig und immer so zerstreut zu sehen. So, nun ist die Frage abgetan, und wir können diese kleine Arie aus ‚Armide‘ wieder beginnen, welche wir gestern und vorgestern eingeübt haben.“ Es war eine große Stunde in der Geschichte der Hausmusik. „Klavier und Violoncello klangen so schön zusammen wie nie vorher. So wurde also die Guillotine inmitten eines Konzertes erfunden."

Die Prinzipien des Dr. Guillotin

Von Historikern wird diese Schilderung bezweifelt, denn es hat sich herausgestellt, daß die „Tagebücher der Henker von Paris", der die Geschichte entnommen ist, nicht aus der Feder von Henri Sanson stammen. Er war offenbar nur der Stofflieferant für die Memoiren, die andere literarisch bearbeitet haben.

Zweifellos ist die Guillotine ein Produkt der Französischen Revolution. Zu den ersten Maßnahmen der jungen Verfassunggebenden Nationalversammlung gehörte am 26. August 1789 die Erklärung der Menschen- und Bürgerrechte. Ihr revolutionäres Gedankengut machte ein neues Strafrecht notwendig, das die Bürger künftig vor Willkürmaßnahmen der Justiz schützen sollte. Zur Debatte stand auch der Vollzug der Todesstrafe.

Der Pariser Arzt Joseph-Ignace Guillotin unterbreitete dem Parlament am 10. Oktober und noch einmal am 1. Dezember 1789 seinen sechs Artikel umfassenden Reformvorschlag, dessen Hauptforderung darin bestand, daß die Enthauptung ohne vorherige Folter alleinige Hinrichtungsart werden sollte:

„1. Vergehen der gleichen Art werden durch die gleiche Strafe geahndet, welchem Rang und Stand die Schuldigen auch immer angehören mögen.

2. In allen Fällen, in denen das Gesetz die Todesstrafe für eine angeklagte Person vorsieht, soll die Strafart die gleiche sein, welcher Art Verbrechen sie sich auch

Joseph-Ignace Guillotin (1738–1814)

immer schuldig gemacht hat; der Verbrecher soll enthauptet werden; das wird ausschließlich vermittels einer
einfachen mechanischen Vorrichtung durchgeführt.

3. Im Hinblick auf den individuellen Charakter eines
Verbrechens soll die Bestrafung des Schuldigen jeden
möglichen Nachteil für seine Familie ausschließen. Die
Ehre seiner Sippe soll in keiner Weise befleckt werden,
und jeder Angehörige des Verbrechers darf unbe-
schränkt jeden Beruf, jede Beschäftigung und jedes öffentliche Amt ausüben.

107

4. Niemand darf einem Bürger gegenüber abfällige Äußerungen tun, weil einer seiner Sippe bestraft worden ist. Wer es trotzdem unternimmt, der soll vor Gericht öffentlich verwarnt werden. Diese Verwarnung ist an der Haustür des Schuldigen anzuschlagen. Weiterhin ist die Verwarnung am Pranger auszuhängen, wo sie drei Monate lang zu verbleiben hat.

5. Das Vermögen eines Verurteilten ist in keinem Falle einzuziehen.

6. Die Leiche eines Hingerichteten ist seiner Familie auf deren Verlangen zu übergeben. In jedem Fall ist dem Toten ein normales Begräbnis gestattet, und im Register ist kein Vermerk über die Art seines Todes zu machen."

In seiner zweiten Parlamentsrede beschrieb Guillotin auch den Mechanismus der vorgeschlagenen Enthauptungsmaschine, allerdings ist dem Bericht nicht zu entnehmen, wie detailliert sein Plan ausgearbeitet war. Lediglich Guillotins Worte über die Wirkung der Maschine sind überliefert: „Der Mechanismus wirkt wie der Blitz; der Kopf rollt, das Blut sprudelt, der Mensch ist nicht mehr."

Die Reaktionen auf Guillotins Rede waren unterschiedlich. Eine Zeitung tadelte, er habe seine Würde als Gesetzgeber leichtfertig aufs Spiel gesetzt, eine andere lobte seine „großartigen Prinzipien kriminologischer Rechtsgelehrsamkeit". Ein Kommentator schrieb, daß von Guillotins Genialität sowohl der Verbrecher als auch der Scharfrichter profitieren würden.

Welcher Art die Schwierigkeiten waren, mit denen Henker und Opfer zu kämpfen hatten, erläuterte Charles-Henri Sanson in einer Denkschrift an den Justizminister: „Nach jeder Exekution ist das Schwert unbrauchbar für eine weitere Hinrichtung; es ist absolut notwendig, das schartig gewordene Schwert erneut zu schärfen und zu schleifen, wenn mehrere Personen nacheinander hinzurichten sind; daraus ergibt sich die Notwendigkeit, einen ausreichenden Vorrat an einsatzbereiten Schwertern zur Verfügung zu haben. Das bereitet sehr große und nahezu unüberwindliche Schwierigkeiten.

Es muß ferner darauf hingewiesen werden, daß Schwerter bei solchen Exekutionen gelegentlich zerbrochen sind . . .

Aufmerksamkeit sollte auch der Möglichkeit geschenkt werden, daß bei der aufeinanderfolgenden Hinrichtung mehrerer Personen der durch die Exekution hervorgerufene Schrecken – im Hinblick auf die ungeheure Menge des verspritzenden Blutes – Furcht und Schwäche selbst in den Unerschrockensten der noch auf die Hinrichtung Wartenden hervorrufen muß. Solche Schwäche wird ein kritisches Hindernis für die Abwicklung der Exekution bilden . . .

Die Exekution wird zum Kampf und zum Massaker."

Aber es dauerte noch mehr als zwei Jahre, ehe sich Guillotin durchsetzen konnte. Am 3. Juni 1791 stimmte das Parlament einem Gesetzentwurf zu, aufgrund dessen „jedem zum Tode Verurteilten der Kopf abzutrennen ist", und am 20. März 1792 wurde die Verordnung erlassen, daß die Enthauptung von nun an mit einer Maschine auszuführen ist.

„Wenn wir die Struktur des Nackens studieren..."

Die Nationalversammlung erteilte Antoine Louis, Sekretär der Akademie der Wundärzte in Paris, den Auftrag, ein Gutachten über die Herstellung einer Köpfmaschine auszuarbeiten. Am 17. März 1792 legte er das Schriftstück mit dem Titel „Begründete Stellungnahme zur Methode der Enthauptung" vor. Sein sachkundiges Urteil lautete: „Wenn wir die Struktur des Nackens studieren, dessen Zentrum die Wirbelsäule ist, die aus einer Reihe von Knochen besteht, deren verbindende Gelenke nicht ohne weiteres zu erkennen sind, wird uns klar, daß eine schnelle und vollkommene Abtrennung nicht möglich ist, wenn man mit dieser Aufgabe Menschen betraut, die aus moralischen und physischen Gründen unterschiedlich handeln. Für eine vollkommene Prozedur ist es absolut notwendig, sich eines unveränderlichen mechanischen Werkzeugs zu bedienen, dessen Kraft und Wirkung sich genau bestimmen lassen. ...

Die Konstruktion einer solchen Maschine ist sehr einfach, ihre Wirkung ist einwandfrei; die Enthauptung wird auf der Stelle vollzogen, was im Einklang mit Geist und Absicht des neuen Gesetzes steht."

Nur wenige Tage später arbeitete Louis einen detaillierten Plan für den Mechaniker Guidon aus, der bis dahin für den Staat die Schafotte gebaut hatte und nun auch die neue Enthauptungsmaschine herstellen sollte. Über die Konstruktion schrieb Louis: „Diese Maschine besteht aus mehreren Teilen, und zwar:

1. Zwei parallele, zehn Fuß hohe Eichenpfosten, die oben durch einen Querbalken verbunden und unten auf einem soliden Balken aufmontiert sind, der seitlich und nach hinten durch Streben abgestützt ist.

Die beiden Pfosten haben einen Abstand von einem Fuß und sind sechs Zoll stark; an den Innenseiten der Pfosten laufen quadratische, einen Zoll tiefe Rillen von oben nach unten, in denen der Block mit dem Beil gleitet. Oben an jedem Pfosten, und zwar unterhalb des Querbalkens, sind Messingrollen eingelassen.

110

2. Die gut getemperte Schneide, von der Qualität bester Hackmesser und von einem befähigten Messerschmied hergestellt, ist konvex. Diese Schneide ist acht Zoll breit und sechs Zoll hoch. Oben weist das Blatt die Stärke eines Beils auf. Unter dem oberen Rand bohrt der Mechaniker Öffnungen, so daß das dreißig oder mehr Pfund schwere Gewicht mit Hilfe von Eisenbändern befestigt werden kann; sollte es sich während der Testversuche als wünschenswert erweisen, die Schwere dieser ‚Ramme‘ zu vergrößern, wird in deren Mitte ein eiserner Ring angebracht.

Der Querbalken mit dem Beil gleitet in den Nuten der beiden vertikalen Pfosten; er ist einen Fuß breit und weist an jeder Seite einen vierkantigen Zapfen auf, der in die Nute paßt.

3. Ein ausreichend starkes und langes Seil, das durch den Ring geführt wird, hält den Block mit dem Beil am oberen Querbalken fest; dieses Seil läuft über die Messingrollen und ist unten an den Außenseiten der vertikalen Pfosten befestigt.

4. Der Holzblock, auf den der Nacken des Opfers gelegt wird, ist acht Zoll hoch und vier Zoll stark. Seine untere Länge beträgt einen Fuß, was dem Abstand der beiden Seitenpfosten entspricht; der Block wird durch Bolzen mit den Seitenpfosten verbunden. Oben ist der Block nur acht Zoll breit. Er weist an der Oberseite einen Einschnitt auf, der den Zweck hat, die Schneide des konvexen Beilblatts aufzunehmen. Entsprechend verlaufen die beiden Nuten an den Innenseiten der Vertikalpfosten nicht tiefer als dieser Einschnitt, um zu vermeiden, daß die Schneide den Block beschädigt. Der Block weist oben eine Einbuchtung auf, die eine bequeme Lagerung des Nackens des Opfers ermöglicht.

5. Um den Kopf jedoch in seiner festen Position zu halten und jede Bewegung im Augenblick der Hinrich-

tung zu verhindern, sollte der Nacken des Opfers am Schädelansatz durch einen hufeisenförmigen eisernen Bügel umfaßt werden. Die beiden Enden dieses Bügels sollten Löcher aufweisen, damit man ihn mit Bolzen am Block befestigen kann.

Das Opfer hat das Gesicht zur Erde gewandt; seine Ellenbogen stützen die Brust, und sein Nacken schmiegt sich ohne Schwierigkeit in den Einschnitt des Blocks. Wenn alles ordnungsgemäß vorbereitet ist, läßt der an der Maschine stehende Scharfrichter die beiden Seilenden gleichzeitig aus der Hand, der Querbalken mit dem Beil stürzt nieder und trennt mit Blitzesschnelle durch sein Eigengewicht und die Fallgeschwindigkeit den Kopf vom Rumpf."

Nach Louis' Beschreibung erstellte der Mechaniker Guidon einen Kostenvoranschlag, der ihn um den lukrativen Auftrag brachte. 5660 Livres sollten ihm für ein Exemplar aus der Staatskasse gezahlt werden, und das bei einem Bedarf von 83 Stück, denn jedem französischen Departement stand eine eigene Guillotine zu. Das aber hätte den knappen Etat der Revolutionsregierung zu stark belastet.

In dieser Situation erinnerte man sich des deutschen Tobias Schmidt, den Louis selbst dem Generalstaatsanwalt kurz zuvor als eifrigen und befähigten Mechaniker empfohlen hatte. Schmidt kalkulierte einen Stückpreis von 960 Livres, in dem sogar eine zusätzliche Leistung enthalten war. Als Verbesserung beabsichtigte der versierte Mechaniker, einen Lederbeutel für den herabfallenden Kopf am Gestell anzubringen. So erhielt Schmidt am 10. April 1792 den Auftrag, nach dem Plan von Louis die Guillotine zu bauen.

Um sich von der Brauchbarkeit der neuen Enthauptungsmaschine zu überzeugen, ließ Louis Mitte April den Prototyp von Meister Charles-Henri erproben. Er wählte für die Versuche das Gefängniskrankenhaus Bicêtre, in dem es offenbar an Leichen nicht mangelte. „Monsieur", schrieb der Chefarzt der Anstalt an Louis, „Sie werden in Bicêtre alles finden, was Ihnen zur Erprobung einer Maschine wesentlich erscheint, die die Menschheit nur mit Schauder betrachten kann, die aber für die Gerechtigkeit und das Wohlergehen der Gesellschaft notwendig ist. Ich werde für Sie die Leichen jener Unglücklichen, die zwischen heute und Montag sterben, zur Verfügung halten."

Die Enthauptungsversuche verliefen zur vollen Zufriedenheit des vierzigköpfigen Publikums. „Eine schöne Maschine – solange ihre Möglichkeiten nicht mißbraucht werden", soll Charles-Henri Sanson prophetisch verkündet haben, und Louis berichtete an den Generalstaatsanwalt: „Die Versuche mit der Maschine Schmidts wurden am Dienstag in Bicêtre an drei Leichen vollzogen. Die Maschine enthauptete diese Leichen so sauber, daß man von der Gewalt und Schnelligkeit überwältigt war."

Vor der überaus erfolgreichen Generalprobe hatte man einige Experimente mit lebenden Schafen und Kälbern vorgenommen, deren Köpfe vom herabfallenden Beil ebenfalls glatt abgehackt worden waren. Auch die Leichen von Frauen und Kindern ließen sich problemlos mit der neuen Maschine enthaupten, doch die Hälse dreier Männer widerstanden im ersten Versuch der Schneide. Die Kraft des Fallbeils hatte sich an den Halswirbeln aufgebraucht. Die Konstruktion mußte überdacht werden. Auf Empfehlung von Louis wurde das Beil höher angebracht und die Schneidenform verändert. Danach war die neue Enthauptungsmaschine einsatzbereit.

Ihre Premiere hatte die Guillotine am 25. April 1792 bei der Hinrichtung von Nicolas-Jacques Pelletier auf der Place de Grève. Im Dezember 1791 wegen bewaffneten Raubes zum Tode verurteilt, mußte er Monate auf die Fertigstellung der Guillotine warten. Am Nachmittag des 25. April war es dann soweit, und der Sträfling wurde, mit einem roten Hemd bekleidet, um 15.30 Uhr auf das Schafott geführt.

Zum ersten Mal durfte Charles-Henri Sanson an diesem Tag im Namen des Gesetzes das Beil der Guillotine in Bewegung setzen. Pelletiers Kopf fiel auf einen Streich. Das neue Hinrichtungsgerät hatte die Erwartungen ihrer Schöpfer und der „gewaltigen Menschenmenge" um das Schafott nicht enttäuscht. Seinem weiteren Einsatz stand nichts mehr entgegen.

Die Köpfmaschine revolutionierte die Technik des Hinrichtens. Aber eine wirkliche Neuheit war die Guillotine zur Zeit der Französischen Revolution nicht. Es existierten mehrere Vorgänger. In Frankreich selbst hatte man in der ersten Hälfte des 16. Jahrhunderts ein Instrument zum mechanischen Köpfen entwickelt. Es war unter der Bezeichnung Doloire bekannt und wurde 1632 zur Enthauptung von Marschall Henri de Montmorency, Anführer einer Verschwörung gegen Kardinal Richelieu, in Toulouse eingesetzt. In einem Bericht heißt es: „Er schritt zum Blutgericht, das er durch ein Fenster betrat, denn in jenem Lande benutzten sie ein Beil, das sich zwischen zwei Holzstücken befindet, und wenn das Haupt auf den Block gelegt ist, läßt man einen Strick fahren, und das Beil fällt und trennt den Kopf vom Rumpf."

Seit dem 16. Jahrhundert gab es in Italien die Mannaia, die weitgehend dem französischen Modell entsprach. Hauptsächlich „scheint sie im Kirchenstaate gegen Verbrecher aus den privilegirten Ständen üblich gewesen zu seyn", schrieb 1822 Georg Wilhelm Böhmer.

Noch früher verfügten die Iren über eine Enthauptungsmaschine, die man bereits am 1. April 1307 zur Hinrichtung eines gewissen Murcod Ballagh verwendet hat. In England wurde seit der Regierungszeit Eduards III. (1327–1377) mechanisch enthauptet, allerdings nur an wenigen Orten. Der Gebrauch des sogenannten Köpfgalgens, meinte Böhmer, scheint sich „auf die 18 Städte und Dörfer beschränkt zu haben, welche mit Einschluß von Halifax den Umkreis des Waldes von Hardwick oder Sowerbyshire bildeten". Das als Halifax Gibbet berühmt gewordene Fallbeil diente den Schotten als Vorbild für ihre Maiden, auch Schottische Jungfrau genannt. Einer verbreiteten Deutung zufolge sei dieser seltsame Name für ein Hinrichtungsgerät damit zu erklären, daß die Maschine nach ihrer Fertigstellung lange Zeit unbenutzt blieb. Dem ersten Einsatz am 2. Juni 1581 bei der Hinrichtung des Grafen von Morton in Edinburgh sollen etwa 120 weitere gefolgt sein, meistens „bei Verbrechern von Adel". Die Ähnlichkeit der Maiden, die im National Museum of Antiquities in Edinburgh steht, mit der späteren Guillotine ist unverkennbar.

Sowohl die Maiden als auch der Halifax Gibbet blieben bis zum 18. Jahrhundert in Gebrauch. Dagegen geriet die Doloire in Frankreich nach und nach in Vergessenheit, bis dann die Stunde des Joseph-Ignace Guillotin schlug.

Prägnant hat der Engländer Alister Kershaw die Geschichte der Guillotine zusammengefaßt: „Der Arzt Dr. Guillotin schlug sie vor, Dr. Louis entwarf sie, der deutsche Klavierbauer Tobias Schmidt konstruierte sie; aber keiner von ihnen ist ihr wahrer Vater. Die Guillotine hat eine erheblich erlauchtere Abstammung: Montesquieu, Rousseau, Voltaire, die Enzyklopädisten, keine Geringeren waren die Geister, die die ‚machine à décoller' zeugten."

115

Die roten Messen von Paris

Den politischen Rang der Guillotine beschrieb am treffendsten der Kriminologe Hans von Hentig: „Die Revolution kehrte zum Fallbeil zurück, um den Klassenunterschied der Strafen auszugleichen, das proletarische Hängen und das aristokratische Strafmittel des Schwertes abzuschaffen und ohne Ermüdung Massenexekutionen vornehmen zu können. Es war die industrielle Revolution auf dem Gebiete der Todesstrafen."

Anfänglich war die Guillotine bei weitem nicht ausgelastet. Nur hin und wieder fiel das Haupt eines Kriminellen oder eines Royalisten. Für Charles-Henri Sanson gab es wenig Gelegenheit, sich mit dem Instrument vertraut zu machen. Dennoch waren er und seine Gehilfen bereit, als „la grande terreur", der große Schrecken, begann.

Zunächst wurde die Guillotine zur Place du Carrousel gebracht. Ab Mai 1793 stand das Schafott für mehr als ein Jahr auf der Place de la Révolution. Auf diesem Platz haben – einem zynischen Wort jener Zeit zufolge – etwa 1100 Franzosen „ihren Kopf in den Korb gespuckt". Im Juli 1794 wurde die Guillotine an die Stadtgrenze zur Barrière du Trône-Renversé geschafft. Dort starben mehr als 1300 Menschen in der letzten Phase der Schreckensherrschaft.

In der Nationalversammlung nannte man die täglichen Hinrichtungen rote Messen und das Schafott den Altar des Vaterlandes. Geopfert wurden auf diesem Altar all jene, die die neue Zeit nicht zu brauchen glaubte. Es starben

am 21. Januar 1793: Ludwig XVI., der gestürzte König;

Der Pariser Henker Charles-Henri Sanson zeigt den Kopf von Ludwig XVI., enthauptet am 21. Januar 1793

am 16. Oktober 1793: die Witwe Ludwigs XVI. Marie Antoinette;

am 31. Oktober 1793: 20 Führer der oppositionellen Girondisten;

am 6. November 1793: Philippe Égalité, der frühere Herzog von Orléans;

am 8. Dezember 1793: die Gräfin Dubarry, einst Mätresse Ludwigs XV.;

am 24. März 1794: Jacques-René Hébert, Führer des linken Flügels der Jakobiner (Hébertisten) und 17 seiner Anhänger;

am 5. April 1794: Georges-Jacques Danton und mit ihm 14 Dantonisten;

am 28. Juli 1794: Maximilien de Robespierre, Führer der Jakobiner, anfangs eloquentester Befürworter einer Abschaffung der Todesstrafe, später maßgeblicher Initiator der Schreckensherrschaft.

117

Einst hatte Louis-Antoine de Saint-Just, der engste Mitarbeiter Robespierres, verfügt: „Die Friedhöfe haben überfüllt zu sein, nicht die Gefängnisse." Saint-Just selbst hat schließlich dazugehört; er wurde gemeinsam mit Robespierre guillotiniert.

Einer amtlichen Erklärung aus dem Jahr 1793 zufolge konnten „33 Personen in einer Stunde mit diesem Werkzeuge nach der neuern Form von einem und eben demselben Strafvollzieher ihres Lebens beraubt werden, mithin erforderte die Hinrichtung einer Einzigen kaum zwei Minuten. Rechnet man hiervon die bei jedem Hinzurichtenden unmittelbar nöthigen Vorkehrungen ab, so dürften für die Hinrichtung selbst nur wenige Augenblicke erfordert werden." Ein deutscher Paris-Besucher schwärmte nach einer Hinrichtung durch die Guillotine: „Kein Faden zerreißt so schnell, als jäh der Tod hier das Leben verschlingt."

Die Massenexekutionen bereiteten den Stadtoberen auch einige Sorgen. Am Schafott hielten sich streunende Hunde auf, „die sich durch das Auflecken des verspritzten Blutes ergötzten". Wegen der Guillotine, die im Juli 1794 zur Barrière du Trône-Renversé geschafft worden war, beschwerten sich die Anwohner. In einem Polizeibericht vom 9. Juli hieß es, daß die Grube, in der sich das Blut der Opfer sammelte, bis zum Rand gefüllt sei und bei der sommerlichen Hitze „einen pestilenzartigen Gestank verbreitet, über den sich die Bewohner der benachbarten Häuser bitterlich beklagen".

Trotz des technischen Fortschritts durch die Guillotine reichte ihre Kapazität noch lange nicht aus. Um die Anzahl der Hinrichtungen weiter zu steigern, wurden Enthauptungsmaschinen mit mehreren zugleich arbeitenden Beilen gebaut. Bei einem Modell mit vier Köpfplätzen verbesserten die Konstrukteure auch das

Schafott, auf das die Guillotine montiert wurde. „Das Gerüst wies Falltüren auf, durch die die Leichen auf wartende Karren fielen, die, wenn sie voll waren, durch ein weiteres Tor an der einen Seite davonfuhren." Im Jahr 1793 experimentierte ein Erfinder, wiederum in Bicêtre, mit einer Maschine, die mit neun Beilen versehen war. Allerdings verliefen die Versuche erfolglos, und der Prototyp blieb schauriger Beweis für menschliche Erfindungsgabe.

Nicht nur Franzosen versuchten sich mit Verbesserungen an der Tötungsmaschine. Der Münchener Anthropologe Franz von Paula-Gruithuisen entwarf eine Guillotine, „die durch den Kopf selbst ein Beil so führte, daß die beiden Markschenkel des großen Hirns in der variolischen Brücke abgeschnitten werden". Selbst diese Konstruktion war noch ausbaufähig: „Ein anderes Beil kann durch den Hals und, wenn man will, ein drittes durch die Brustwirbelsäule gehen, damit das Rückenmark und das Herz oder wenigstens die Aorta irgendwo, der schnelleren Verblutung wegen, zerteilt werde." Obwohl der Erfinder angeboten hatte, eine solche Maschine selbst zu liefern, fand sich kein Interessent.

Leben Geköpfte weiter?

Was passiert im menschlichen Körper, wenn das Schwert oder das Beil den Hals trifft? Verspürt der Todeskandidat im Moment der Enthauptung Schmerzen, wenn die Schneide Haut, Muskulatur, Halswirbelsäule, Rückenmark, Schlund, Kehlkopfknorpel, Schilddrüse, Blutgefäße und Nerven durchtrennt? Sieht oder hört

119

oder riecht der vom Rumpf abgeschlagene Kopf noch etwas? Auf solche Fragen versuchen Mediziner seit langem, überzeugende Antworten zu finden.

Die spezifischen Lebensäußerungen eines Menschen sind abhängig von der Funktion verschiedener Hirnregionen. Einige Abschnitte des Zentralnervensystems besitzen die Fähigkeit, Signale aus den Sinnesorganen aufzunehmen, weiterzuleiten und zu bewußten Empfindungen und Wahrnehmungen zu verarbeiten. All diese zentralnervösen Strukturen werden bei der Enthauptung nicht direkt geschädigt. Bleibt folglich ihre Funktionsfähigkeit erhalten?

Eine Antwort auf diese Frage gab schon 1776 der Pariser Arzt Pierre Gautier: „Der abgetrennte Kopf verfügt noch einige Sekunden lang über die Fähigkeit zu fühlen und zu denken." Zu bestätigen schien sich seine Ansicht bei der Hinrichtung der Charlotte Corday. Am 17. Juli 1793 mußte die junge Frau das Schafott besteigen, weil sie den Revolutionsführer Jean-Paul Marat erstochen hatte. Die Exekution verlief ohne Zwischenfälle. Als aber einer der Umstehenden den abgehackten Kopf der Attentäterin aufhob und ihn unter dem Grölen der Menge ohrfeigte, passierte es. Ein Augenzeuge will beobachtet haben: „Lange nachdem Charlotte Cordays Kopf vom Rumpf getrennt worden war, verriet er den Ausdruck unmißverständlicher Entrüstung . . . Beide Wangen waren wahrnehmbar gerötet . . . Man kann nicht argumentieren, daß der Schlag dieses Erröten verursachte, denn man kann die Wangen von Toten schlagen, ohne diese Wirkung zu erzielen; sie verfärben sich niemals. Überdies hatte der Schlag nur eine Wange getroffen, trotzdem verfärbte sich auch die andere Wange . . .".

Ob Schamröte oder Erröten durch die Ohrfeige, beides ist nicht erklärbar. Aber zu dieser Zeit entstanden viele solcher Geschichten. Der deutsche Anatom Samuel Thomas Sömmering berief sich 1795 auf Kollegen: Ein Arzt „sah selbst an einem abgehauenen Menschenkopfe sich die Lippen bewegen", ein anderer hörte, „daß die getrennten Köpfe mit den Zähnen knirschten". Schlußfolgernd stellte Sömmering fest: „Wenn also das Hirn im getrennten Menschenkopfe eine Zeitlang in so hohem Grade wirksam blieb, daß es sogar die Gesichtsmuskeln in Bewegung zu setzen vermochte, so läßt sich wohl gar nicht zweifeln, daß es so lange ebenfalls Empfindungen und Bewußtseyn behält; wie lange dieses anhält, ist noch nicht entschieden."

Den Anatomen Sömmering beschäftigte der Gedanke, „daß der Hals diejenige Stelle unseres Körpers ist, die unter allen übrigen wegen der meisten an ihm liegenden Nerven gerade die bey weitem allerempfindlichste ist. . . . folglich ist auch der Schmerz bey Zertrennung, oder nach dem wie ich die Guillotine wirken sah, möchte ich lieber sagen, bey Zermalmung oder Zerquetschung, des Halses (denn an eine Abschneidung läßt sich schon blos wegen der knöchernen Wirbelsäule gar nicht denken!), der allerheftigste, allergrößte, der sich nur denken läßt."

Sömmerings Überlegungen, veröffentlicht in der Pariser Tageszeitung „Le Moniteur", riefen den Widerspruch französischer Kollegen hervor. Vielleicht deshalb, weil es sich nicht nur um medizinische Ansichten, sondern zugleich um einen scharfen Angriff gegen die Guillotine gehandelt hat. „Sie sind selbst Zeuge der schrecklichen Zuckungen guillotinierter Personen gewesen", schrieb Sömmering den Franzosen. „Sie haben diesen entsetzlichen Apparat gesehen, die grausamen Fesseln, den häßlichen Haarschnitt, die unsittliche Nacktheit, das Blut, das den verstümmelten Körper und den fluchwürdigen Henker besudelt. Sie haben alle barbarischen Schrecken dieser Metzelei erlebt, die Infamie, die die Menschheit entehrt und die diese grausame und schmerzliche Art der Hinrichtung begleitet. Solch verabscheuungswürdiges Schauspiel sollte selbst unter Wilden nicht stattfinden. Und jene, die es vollführen und die ihm beiwohnen, nennen sich Republikaner!!!"

Mit großem Aufgebot trat die Medizinische Fakultät der Pariser Universität gegen Sömmering an. Am schärfsten konterte Jean Sédillot. „Wenn das bewußte Fühlen schon beim normalen Schlaf aufhört", argumentierte er, „wie kann es jemand geben, der sich ein bewußtes Fühlen im Tode vorstellen kann, nachdem die Todesstrafe alle lebenswichtigen Funktionen auf einen Streich abgeschnitten hat – wie kann sich jemand vorstellen, daß es in einem vom Rumpf getrennten Kopf noch bewußte Gefühle, ein Schmerzgefühl geben kann, das notwendigerweise das Produkt der kombinierten Tätigkeit vitaler Funktionen in ihrem vollkommensten und zusammengefaßten Zustand ist?"

Weil sich allein durch wissenschaftliche Disputation solche Fragen nicht klären ließen, gingen interessierte Mediziner zu Versuchen mit den Köpfen Enthaupteter über. In Breslau nutzte Johannes Wendt eine Hinrichtung am 25. Februar 1803, um zu experimentieren. „Um 9 Uhr 17 Minuten geschah der tödtliche Streich; . . . sanft wurde das Tuch von den Augen abgenommen, und der Kopf dem Versuchenden übergeben. . . . Während ich die Zinkplatte an einem der vordern durchschnittenen Muskeln anlegte, berührte ich mit der Silberplatte einige Male nach einander den hintern Theil des Halses; es erfolgten die stärksten Zusammenziehungen der Muskelfasern."

Wendts Versuchsergebnis war keineswegs überraschend und die Versuchsanordnung schon länger bekannt. Ein Zufall hatte 1789 zur Entdeckung der galvanischen Elektrizität geführt. Der italienische Arzt Luigi Galvani beobachtete, daß frisch präparierte Froschschenkel in dem Moment zucken, wenn die Muskeln mit einem Kupferdraht an einem Eisengitter aufgehängt werden. Nach Wiederholung der Versuche deutete der italienische Physiker Alessandro Volta im Gegensatz zu Galvani diese Beobachtung richtig und stellte 1793 die elektrochemische Spannungsreihe der Metalle auf.

Die praktische Anwendung von Galvanis Experimenten an der menschlichen Leiche beschrieb 1796 Carl Caspar Créve, Professor der Medizin an der Universität Mainz. Er empfahl zur Prüfung der Reaktionsfähigkeit der Muskulatur einen einfachen Bügel aus Silber mit einer Zink- und einer Silberplatte an den Enden. Heute wird bei der gerichtsärztlichen Leichenuntersuchung als Spannungsquelle für die sogenannte galvanische Reizung, eines von vielen Kriterien für die Todeszeitschätzung, eine Taschenlampenbatterie eingesetzt. Bis maximal vier Stunden nach Eintritt des Individualtodes kann damit eine Muskelzuckung erzeugt werden. Möglich ist das, weil Gewebe und Organe entsprechend ihrer Empfindlichkeit gegenüber einem Sauerstoffmangel unterschiedlich lange bestimmte Überlebensreaktionen zeigen.

Wendt ging „augenblicklich zum Versuch über die Fortdauer der Empfindungen über" und prüfte unter anderem die Reaktionsfähigkeit der Augen. „Ich fuhr ihm mit den Spitzen meiner Finger schnell gegen die Augen, und dieser unglückliche Kopf suchte mit den sie schließenden Augendeckeln der Gefahr, die seinen Augen drohte, zuvorzukommen." Im Anschluß daran ließ Wendt den Kopf in die Höhe heben „und richtete das Antlitz gegen die auf uns herabscheinende Sonne, und in dem nehmlichen Moment schloß der Kopf das

Auge, welches gegen die Sonne gerichtet war. Um zu untersuchen, ob die Thätigkeit im Organe des Gehörs eben so fortdaure, wie sie in dem Sehorgane fortzudauern schien; so rufte ich mit erhabener Stimme zweimal den Nahmen ‚Troer' in das Ohr des unglücklichen Kopfes, . . . nach jedem Rufe öffnete der Kopf die sich schließenden Augen, drehte sie sanft nach der Seite, woher der Schall kam, und öffnete dabei einige Male den Mund; in dem Mechanismus dieses Oeffnens wollten einige das wirkliche Streben zum Sprechen selbst bemerkt haben. Dieser Versuch schien Sömmering's Satze einiges Gewicht zu geben, welcher behauptet: daß ein abgehauener Kopf reden würde, wenn man ihm nur eine künstliche Lunge anpassen könnte."

Seine Versuchsergebnisse interpretierte Wendt zurückhaltend: „Zweifelhaft bleibt es nun zwar immer, ob ein wahres, mit Bewußtseyn verbundenes Leben des Kopfes nach der Enthauptung angenommen werden könne . . .".

Wendts Versuche veranlaßten den Preußenkönig Friedrich Wilhelm III. einzugreifen. Am 21. März 1803 richtete er ein Kabinettsschreiben an seinen Großkanzler: „Wenn die in Nro. 33. der hiesigen Nachrichten von Staats- und gelehrten Sachen aufgenommene Anzeige von den, nach der zu Breslau vollstreckten Enthauptung des von Troer, mit dessen Kopfe gemachten Versuchen gegründet ist, so verdient das Benehmen der die Execution dirigirenden Gerichtspersonen, welche diese Versuche zugelassen haben, eine ernstliche Rüge. Solche Versuche sind in den Gesetzen nirgends erlaubt."

Sofort wurden Erkundigungen eingeholt, und es zeigte sich, daß Wendt die Justizbehörden übergangen hatte. Der König erhielt einen amtlichen Bericht über die Vorgänge in Breslau. Daraufhin wandte er sich erneut an den Großkanzler. In dem zweiten Kabinettsschreiben vom 10. April 1803 befahl er, den für die Exekution verantwortlichen Justizbeamten zu verweisen, weil dieser Wendts Versuche nicht an Ort und Stelle verhindert hatte. Abschließend enthält das Schreiben eine Stellungnahme zu den Experimenten, die der Verfasser für Friedrich Wilhelm so formuliert hat: „Die Erzählung von den Resultaten des gegenwärtigen Versuchs beweiset nichts, als daß in dem von dem Körper getrennten Haupte und dessen Theilen auf einige Zeit noch Bewegungskraft fortdaure, enthält aber nichts, wovon auf die Fortdauer des Bewußtseyns ein sicherer Schluß gemacht werden könnte."

Als Konsequenz aus der Affäre erging am 3. März 1804 ein Erlaß zur Preußischen Kriminalordnung, der sämtliche „galvanischen und Reitzungsversuche mit dem Körper enthaupteter Personen und einzelner Theile desselben" verbot.

Zwangsläufig mußten sich die Forscher in Preußen nunmehr auf einfache Versuche beschränken. Als am 8. Mai 1824 in Koblenz ein Raubmörder enthauptet wurde, protokollierten drei Mediziner ihre Feststellungen. „Gleich nachdem einer von uns ihm das Wort Mörder in das Ohr gerufen hatte, öffneten sich die Augen vollkommen, und starr und mit dem Ausdruck der Verwunderung blickten sie ohne Zeichen des Schmerzes auf die Beobachtenden hin. Dies währte mehrere Sekunden, worauf sich das Auge nach oben rollte, so daß die Pupille kaum mehr sichtbar war. Die Augenlieder schlossen sodann das sich senkende Auge und mehrere Thränen liefen über die Wangen. . . .

Durch einen auf das Auge vermittelst Reiben des Augenliedes angewandten Reiz öffnete sich dasselbe wieder, und es trat zuerst eine Erweiterung, dann aber Verengung der Pupille ein.

Zuckungen in den Gesichtsmuskeln waren nicht eher, als nachdem etwas Salmiakgeist in die Nase eingebracht worden, sodann aber auch in einem hohen Grade, besonders in den seitlichen sichtbar."

Am 3. Mai des folgenden Jahres war die Forschergruppe wieder zur Stelle, als in Köln ein dreifacher Mörder enthauptet wurde. Sie begaben sich „unter das Gerüst der Guillotine, wo wir nach etwa zehn Sekunden den Schlag des Messers vernahmen und auch sogleich einige Blutstropfen zur Erde fallen sahen, denen alsbald der Kopf folgte. Ihn erfassend rief ich ihm ziemlich stark den Namen Moll in das Ohr. Obgleich dieser Ruf noch einigemal wiederholt wurde, so war doch weder in dem Auge noch in den übrigen Gesichts-Gebilden das mindeste Zeichen von Wahrnehmen dieser Laute bemerkbar. . . .

Bald danach entfernte sich die bisher fest an dem Oberkiefer angelegene untere Kinnlade von diesem, und ließ die in zitternder Bewegung sich befindende Zunge erblicken, welche dann auch ziemlich weit aus dem krampfhaft zuckenden Munde herausgestreckt, bald aber wieder eingezogen wurde. Dieses Oeffnen des Mundes, so wie das nun nicht mehr so starke Hervorbringen der oscillirenden Zunge wiederholte sich noch einmal."

Etwas ähnliches beobachtete 1857 ein Medizinalbeamter an den abgeschlagenen Köpfen zweier Hingerichteter. Bei einer jungen Frau öffnete sich mehrmals weit der Mund wie bei einem tiefen Atemzug und schloß sich wieder. Nicht ganz so kräftig wiederholte sich diese Erscheinung bei einem Mann, drei Minuten nachdem der Kopf vom Rumpf getrennt worden war.

Weniger zaghaft als in Deutschland gingen die Experimentatoren in Frankreich vor. Im Beisein dreier Ärzte wurde am 13. November 1879 ein 23 Jahre alter Sexualmörder „von stierhaftem Wuchs" hingerichtet. Sein Körper schien wie geschaffen für eine Versuchsserie. Fünf Minuten nach dem tödlichen Streich nahmen die Ärzte ihre Untersuchungen auf. Am Beginn registrierten sie, daß das Gesicht „bleich, glanzlos, völlig blutleer" wirkte. Danach setzten sie den Kopf unterschiedlichen Reizen aus. Man rief ihm seinen Namen wiederholt laut ins Ohr, hielt eine brennende Kerze ganz dicht vor die geöffneten Augen, betupfte die Augenbindehaut mit einem Silbernitratstift, führte eine in konzentriertes Ammoniak getauchte Bürste in die Nase ein und schließlich kniff man ihm kräftig in die Wange. Niemals zeigte der Kopf irgendeine Reaktion, die auf eine akustische, optische oder Schmerzwahrnehmung hingedeutet hätte.

Ohne Zweifel ein Fehlschlag – also mußte ein anderer Versuchsansatz her. Im Jahr darauf, am 7. September 1880, unternahm der Arzt Dassy de Lignières ein neuartiges Experiment. Drei Stunden nach der Enthauptung eines Mörders transfundierte er Blut aus dem Körper eines lebenden Hundes in den abgehackten Menschenkopf. Sogleich soll sich das Gesicht gerötet und gestrafft haben. „Es ist", so schrieb der Arzt, „nicht mehr die leichenblasse und schlaffe Maske, die es noch vor einer Minute war. Dieses Gesicht möchte sprechen, denn es ist soeben durch ein schlagendes Herz belebt worden."

Heutigem Erkenntnisstand zufolge bleiben die Voraussetzungen für eine Wiederbelebung des Gehirns, je nach Hirnregion, nur zwischen drei und zehn Minuten bestehen. De Lignières aber will noch nach drei Stunden beobachtet haben, wie sich plötzlich „zwei Sekunden lang" der Mund bewegte, als wollte er sprechen, und wie die Augenlider zuckten und wie das Gesicht ein verwirrtes Staunen erkennen ließ. „Ich behaupte", folgerte de Lignières, „daß das Gehirn zwei Sekunden lang arbeitete".

Von dem Experiment überzeugt, lautete sein Resümee: „Es gibt keine schlimmere Tortur als die Enthauptung mit der Maschine, ... Wenn das Beil seine Arbeit getan hat, wenn es mit jenem unheimlichen Geräusch, das wir alle kennen, gefallen ist, wenn der Kopf in das Sägemehl gerollt ist, ... dann hört der vom Rumpf getrennte Kopf die Stimmen der Menge. Das enthauptete Opfer fühlt, wie es im Korb stirbt. Es sieht die Guillotine und das Tageslicht."

Dagegen wirken die Ergebnisse des Arztes Gabriel Beaurieux eher bescheiden. Er beobachtete unmittelbar nach der Enthauptung eines Mannes am 28. Juni 1905 in Paris, wie sich Augenlider und Lippen in unregelmäßigen, rhythmischen Zuckungen fünf oder sechs Sekunden lang bewegten. Nachdem Beaurieux mit lauter Stimme den Namen des Mannes gerufen hatte, konnte der Arzt sehen, „wie sich die Augenlider langsam hoben, ohne jede krampfartige Kontraktion, sondern mit einer ruhigen, ganz deutlichen und normalen Bewegung, wie man es täglich erlebt, wenn Leute aus dem Schlaf oder aus ihren Gedanken gerissen werden. Anschließend fixierten Languilles Augen sehr bestimmt die meinen, und die Pupillen verengten sich. Ich hatte es mit keinem vagen, ausdruckslosen Blick zu tun, wie man ihn von Sterbenden kennt, mit denen man spricht – mich blickten unzweifelhaft Augen an, die lebten." Noch einmal rief Beaurieux den Namen und noch einmal blickten ihn die Augen fest an, „und zwar noch durchdringender als beim ersten Mal".

Das Ganze dauerte laut Beaurieux 25 bis 30 Sekunden. Wie einige seiner Kollegen neigte Beaurieux dazu, „die Idee eines höheren Reflexes anzunehmen, der seinen Ausgangspunkt in der Erregung der Gehörnerven hat und der durch das Medium des Sehzentrums in der Erregung der Sehnerven gipfelt. Wenn sich ein solcher Reflex ereignen soll, muß angenommen werden, daß das Hirn als Ganzes und in allen seinen Elementen weiterlebt."

Ganz anders äußerten sich um die Jahrhundertwende einige Autoritäten der Gerichtsmedizin. Die Meinung der Wiener Schule formulierte 1896 Eduard Hofmann: „Die zuerst von Sömmering aufgestellte und auch in neuerer Zeit wieder vorgebrachte Behauptung, dass in dem abgehauenen Kopfe Empfindungen und Bewusstsein durch einige Augenblicke erhalten bleiben, entbehrt jeder Begründung. Empfindung und Bewusstsein sind so innig an die Circulation sauerstoffhaltigen Blutes im Gehirne geknüpft, dass beide sofort schwinden, wenn letztere unterbrochen wird, ... Allerdings werden an abgeschnittenen Köpfen von Menschen und Thieren noch gewisse Bewegungen, und zwar mitunter noch durch mehrere Augenblicke, beobachtet, wie z. B. Verdrehen der Augen, Zucken der Gesichtsmuskeln, Oeffnen und Schliessen des Mundes...; diese Bewegungen haben jedoch mit dem Bewusstsein nichts zu thun, da locale Lebenserscheinungen, sowie gewisse automatische Bewegungen und die Reflexerregbarkeit noch lange nach dem Tode bestehen können."

Georg Puppe, der aus der Berliner Schule hervorgegangen war, erklärte 1910, „dass mit dem Moment der Durchschneidung des Halses unter allen Umständen sofort eine Bewusstlosigkeit erfolgt. Ich habe an anderer Stelle darauf hingewiesen, dass es schliesslich ein ganz ähnlicher Mechanismus ist wie beim Erhängen insofern, als auch bei der Enthauptung momentan die Blutzufuhr aufhört und damit Bewusstlosigkeit eintritt."

Genauso argumentierte der Freiburger Psychiater Alfred Hoche auf einem Fachkongreß im Juni 1932. Er meinte sogar: „Nicht einmal der Akt der Hinrichtung bedeutet ein Leiden, Zahnarzt ist – in diesem Zusammenhang schlimmer als Guillotine."

Im Juni 1956 traten die beiden französischen Ärzte René Piédelièvre und Étienne Fournier mit einem neuen Bericht an die Öffentlichkeit. Sie hatten Enthauptungen miterlebt und im Auftrag der Académie de Médecine die Leichen der Hingerichteten unmittelbar nach der Exekution untersucht. Ihr Resümee lautete: „Für den Arzt bleibt schließlich nur der Eindruck eines grauenvollen Experiments, einer mörderischen Vivisektion." Immerhin reichen die Sauerstoffreserven im Gehirn für etwa zehn Sekunden.

Die verschiedenen Beobachtungen und Versuche an Enthaupteten aus fast zwei Jahrhunderten haben keine übereinstimmenden Ergebnisse erbracht. Ebenso widersprechen sich die Interpretationen. Insgesamt resultieren daraus mehr Fragen als Antworten.

Die Störtebeker-Legende

Verglichen mit den Phänomenen am abgeschlagenen Kopf sind Berichte über Erscheinungen am enthaupteten Körper seltener. Darüber gibt es vor allem Legenden, so die von Klaus Störtebeker, dem Seeräuber aus Wismar. Gefangen nach einem heftigen und verlustreichen Kampf bei der Helgoländer Düne im Oktober 1401, wurden Störtebeker und 70 seiner Getreuen am 10. Juli 1402 in Hamburg enthauptet, und ihre Köpfe an der Elbe, wie für Seeräuber üblich, auf Pfähle gesteckt.

Vor der Hinrichtung soll Störtebeker den versammelten Rat der Stadt Hamburg gebeten haben, all die seiner Kameraden zu begnadigen, an denen er nach seiner Enthauptung vorbeiliefe. Der Rat habe seine Bitte bewilligt. Als aber nach der Hinrichtung der kopflose Körper Störtebekers bei dem fünften Gesellen angekommen sei, habe ihm der Scharfrichter einen Klotz zwischen die Beine geworfen, worauf der Korsar stürzte. Einer anderen Legende zufolge soll nicht der Scharfrichter Störtebekers enthaupteten Körper zu Fall gebracht haben, sondern einer der Gefährten, der mit seinen Kameraden den Freund und Anführer nicht überleben wollte.

Der Hamburger Henker soll bis über die Knöchel im Blut gestanden haben. Doch unverdrossen schwang er sein Schwert, bis alle Köpfe von den Schultern gefallen waren. Als ihm ein Ratsmitglied seine Anerkennung für die grandiose Leistung aussprach, habe der hünenhafte Scharfrichter gelächelt und erwidert, er besitze noch ausreichend Kraft, sofort den ganzen hier versammelten Rat zu köpfen.

In einer anderen Chronik ist von Ritter Diez von Schaumberg die Rede, der 1337 wegen Landfriedensbruchs mit vier seiner Knappen zum Tod durch das Schwert verurteilt wurde. Auf dem Richtplatz soll er darum gebeten haben, seinen Gefolgsleuten das Leben zu schenken, wenn er nach vollzogener Enthauptung an ihnen vorbeiliefe. Der Ritter ließ die Knappen in einer Reihe, jeden vier Fuß vom anderen entfernt, Aufstellung nehmen. „Sofort aber, nachdem das Haupt zu Boden gefallen war, erhob sich der Rumpf, wandelte an der Reihe der Knappen vorüber und sank dann leblos zu Boden."

In einer Sage aus dem Vogtland wird erzählt, daß ein Scharfrichter eine enthauptete Frau über neun Äcker geführt habe, die daraufhin ihm gehörten. In Dresden soll ein Scharfrichter 1647 vom Kurfürsten mit dem Beinamen „von Dreißigacker" geadelt worden sein. Dem Henker sei es gelungen, das Verbluten des geköpften Leibes durch ein Stück ausgestochenen Rasens zu verhindern und dann mit dem Körper an der Hand über 30 Äcker zu gehen.

Von ärztlicher Seite wird allenfalls über automatische Bewegungen kopfloser Körper berichtet. Ziemlich stark müssen die Zuckungen der Leiche eines Mörders gewesen sein, der am 18. März 1878 in Évreux, einer Stadt westlich von Paris, mit der Guillotine hingerichtet worden war. Der Leichnam glitt von der Maschine in den bereitgestellten Sarg und bewegte sich darin noch mehrfach. Der Rumpf richtete sich zuckend halb auf, fiel auf die linke Seite, schnellte erneut hoch und blieb erst nach einer Minute reglos liegen. Das zuckende Aufrichten wiederholte sich ein letztes Mal, als ein Gehilfe des Scharfrichters den Kopf zwischen die Beine des Gerichteten legte.

Unter den Ärzten sind es besonders die Anatomen, die sich für die Körper Enthaupteter interessierten. Ihnen lag daran, ihre wissenschaftlichen Untersuchungen an möglichst frischen Leichen vorzunehmen. Zu den „Aufgaben und Zielen der anatomischen Wissenschaften" bemerkte 1922 Wilhelm von Waldeyer-Hartz, „daß im Bau des menschlichen Körpers bis in die feinsten Einzelheiten hinein Unterschiede von denen auch der nächstverwandten Tiere bestehen. . . . Alle diese Teile sind aber nach dem Tode sehr rasch, oft schon nach 15 bis 20 Minuten eintretenden Veränderungen unterworfen. Je genauer wir aber vom feineren Bau eines Körperteiles unterrichtet sind, desto besser vermögen wir seine Bedeutung für den Körper in gesunden und kranken Zuständen zu beurteilen. Es ist also sehr wichtig, jede Gelegenheit zu benutzen, völlig frische, unversehrte menschliche Körperteile zu bekommen, um sie für sofortige Untersuchung zu verwenden oder, gut konserviert, für später aufzubewahren."

Aus dem Bedarf an frischen Leichenteilen erwuchs eine Allianz zwischen Anatom und Henker. In Posen führte 1942/43 Robert Herrlinger Untersuchungen an acht enthaupteten Männern durch, die ihm „40–80 Sekunden nach dem Tode zur Blutentnahme und Laparotomie (Eröffnung der Bauchhöhle) zur Verfügung standen. Die Entnahme des arteriellen Blutes wurde zuerst und zwar aus den noch pulsierenden Carotiden (Schlagadern am Hals) vorgenommen." Die Blutentnahme an den soeben Enthaupteten verlief nicht immer problemlos: „Manchmal war jedoch durch sofortige Speisebreientleerung aus dem Ösophagus (Speiseröhre) eine einwandfreie Untersuchung des Carotidenblutes unmöglich. Noch während der Pipettierung des Carotidenblutes wurde die Bauchhöhle eröffnet, die Milz so vorsichtig als möglich herausgenommen und durch Absaugen des Blutes die Zählpipetten gefüllt. Diese Blutentnahme fand durchschnittlich 120–180 sec. post mortem (nach dem Tod) statt." Es muß betont werden, daß Herrlinger nicht der einzige Anatom und schon gar nicht der einzige Mediziner war, der auf diese oder vergleichbare Weise „völlig frische, unversehrte menschliche Körperteile" erlangte, ganz zu schweigen von den Menschenversuchen in den Konzentrationslagern.

Medizinische Experimente mit den Körpern Enthaupteter hatte bereits 1893 der französische Physiologe Charles Fayel durchgeführt. Er wollte unter ande-

rem feststellen, wie lange sich bestimmte Reflexe auslösen lassen. Bei einem Enthaupteten erlosch der
Kniereflex nach 3 Minuten 50 Sekunden und der Ellen-
bogenreflex erst nach 5 Minuten 50 Sekunden. Wesentlich länger bleibt die direkte Reizbarkeit der Nerven und insbesondere der Muskeln bestehen. Die Pariser Mediziner Paul Regnard und Paul Loye haben
1885 durch die elektrische Reizung eines großen Ein-
geweidenerven noch 32 Minuten nach der Enthauptung eine Verkleinerung des Lungenvolumens und
weitere drei Minuten später Magen- und Darmbewe-
gungen sowie die Bildung von Magensaft hervorgerufen. Derartige Erscheinungen sind Überlebensreaktionen einzelner Gewebe und Organe, die erst erlöschen,
wenn die örtlichen Energiereserven abgebaut sind. Ihr
Auftreten verdeutlicht, daß der Tod ein prozeßhaftes
Geschehen darstellt.

Beil oder Schwert

Seit der Frühzeit nutzte der Mensch bei der Vollstreckung von Todesurteilen die Kräfte der Natur. Jedes der vier Urelemente der antiken Philosophie fand
seine Entsprechung beim Strafen: Feuer – Verbrennen, Wasser – Ertränken, Luft – Hängen, Erde – Le-
bendigbegraben.
    Anders beim Enthaupten. Das älteste, von Men-
schenhand gefertigte Enthauptungswerkzeug war die
Axt, zuerst aus Stein, später aus Metall. Ursprünglich
als Streitaxt im Kampf verwendet, fand die Waffe bald
Eingang in die Strafgerichtsbarkeit.
    Die Römer richteten ein Jahrtausend lang mit dem

Beil hin. Die spätere Abwandlung des lateinischen poena capitis (Kopfstrafe) zu dem allgemeingültigen Begriff Kapitalstrafe für alle Todesstrafen läßt deren Bedeutung ahnen. Das Enthaupten stand nur römischen Bürgern und freien Nichtrömern zu, Sklaven wurden gekreuzigt.

Das Beil symbolisierte Macht. Die Liktoren, die Staatsdiener, trugen als Zeichen höchster Amts- und Strafgewalt die Fasces, mit Lederriemen umschnürte Rutenbündel, den Konsuln und anderen hohen Beamten in der Öffentlichkeit voran. In den Fasces steckte manchmal ein Beil – Symbol zum Beispiel für die Macht eines Feldherrn über Leben und Tod seiner Soldaten. Innerhalb Roms wurde das Beil herausgenommen, weil hier das Volk die höchste Instanz für Todesurteile war. Später machte der italienische Faschismus die Fasces mit Beil zum Symbol seiner Herrschaft. Daher der Name.

Im antiken Rom verlief die Enthauptung nach einem strengen Ritual: Zunächst wurde der Verurteilte entkleidet, danach fesselte man ihm die Hände, band ihn an einen Pfahl und geißelte ihn mit Ruten. Zur Exekution mußte er sich mit dem Gesicht nach unten auf den Boden legen und wurde mit dem Beil enthauptet. Ob beim Vollzug der Todesstrafe irgendeine Unterlage nach Art eines Richtblocks Verwendung fand, hat sich bisher nicht klären lassen.

Seit der Kaiserzeit wurde anstelle des Beils zunehmend das Schwert eingesetzt. Man vermutet, daß unter dem Einfluß des Kriegsrechts in den besetzten Gebieten die Waffe der Legionäre eher verfügbar war als das Liktorenbeil. Das Schwert blieb ebenfalls den freien Bürgern vorbehalten; das Enthaupten war noch immer eine Strafe der Privilegierten, die den Hingerichteten nicht entehrte. So erklärt sich, daß die Göttin

Justitia neben der Waage, dem Symbol der Gerechtigkeit, das Richtschwert trägt.

Je mehr das Schwert eingesetzt wurde, desto öfter übernahmen Legionäre die Funktion des Scharfrichters. In Rom wurde ein Bataillon der Leibwache, die Speculatores, zu diesem Dienst bestimmt. Die Gardisten hatten sowohl für den raschen Vollzug der ihnen vom Imperator erteilten Hinrichtungsbefehle als auch für dessen persönliche Sicherheit zu sorgen. Ihre Ausbildung erhielten die Speculatores in Schulen, wo ihnen „die verschiedenen Arten der Hinrichtung und namentlich das Köpfen kunstmäßig gelehrt wurden". In den Provinzen des Reiches gab es entsprechende Formationen. Dort mußte jeweils ein ausgewähltes Kommando von Soldaten unter dem Befehl eines Hauptmanns sämtliche Hinrichtungen ausführen. Zu jeder Gruppe gehörten ein oder mehrere an den Schulen der Speculatores ausgebildete Scharfrichter.

Im Laufe der ersten Jahrhunderte nach der Zeitenwende verdrängte das Schwert fast vollständig das Beil. Durch das 529 von Kaiser Justinian I. erlassene Gesetzbuch wurde es als Hinrichtungsinstrument abgeschafft. Nur in einzelnen Fällen kam es weiterhin zur Anwendung.

Die germanischen Völker lernten Beil und Schwert als Hinrichtungswerkzeuge wohl durch die Römer kennen. Das Enthaupten wurde je nach der Art des Delikts unterschiedlich vollzogen. Vielfach fand die Exekution am Ort des Vergehens statt, so bei Baumfrevel. Wer unerlaubt einen Baum gefällt hatte, wurde am Tatort auf dem Stumpf enthauptet. Der Kopf blieb als Opfer für den Baumgeist liegen.

Wer beschuldigt oder überführt war, eigenmächtig den Grenzstein eines Ackers versetzt zu haben, mußte ebenfalls an den Ort des Unrechts zurückkehren. Er wurde bis zum Hals eingegraben, dann pflügte man mit einem Zweispänner gegen seinen Kopf. Überstand er dies je nach Strafmaß ein- oder dreimal, wurde er freigelassen. Gebräuchlich war dieses Abpflügen des Kopfes im Gebiet des heutigen Deutschlands, Österreichs und Mährens.

Am Anfang des germanischen Köpfens stand höchstwahrscheinlich ein anderes Verfahren – das Enthaupten mit Barte und Schlegel. Der Verurteilte mußte seinen Hals auf eine Bohle oder einen Block legen. Dann setzte ihm der Henker die Barte (das Beil) auf den Hals, und ein Gehilfe schlug mit dem schweren Schlegel auf das Beil, bis der Kopf herabfiel. Eine Enthauptung mit dem Steinbeil ließ sich wahrscheinlich nur auf diese Weise ausführen. Deshalb wird dem Verfahren ein sehr hohes Alter zugesprochen. Da die Schneide von Steinbeilen nicht allzu breit war, dürfte es kaum geeignet gewesen sein, damit einen menschlichen Kopf durch einen frei geführten Hieb vom Rumpf abzuschlagen.

Die Germanen verwendeten schon frühzeitig eine primitive Vorform des Fallbeils, das im Gebrauch an Barte und Schlegel erinnert. Die Diele oder Dille, gelegentlich auch Planke genannt, war ein starkes Eichenbrett, das zwischen zwei Pfosten mit Nuten auf und ab bewegt werden konnte. Dazu gehörte ein schwerer, beidhändig zu führender Schlegel. Der Kopf des Verurteilten ruhte meist auf einem Block, hinter dem das Opfer kniete oder lag. Davor stellte sich der Henker und setzte ihm das Brett auf den Hals. Mit dem Schlegel mußte der Henker kräftig zuschlagen, um nach und nach das Brett durch den Hals des Verurteilten zu treiben. In späterer Zeit erhielt das Holz an der Unterkante eine Eisenschneide und schließlich wurde es durch eine zugeschliffene Eisenplatte ersetzt. Das größere

Museumsstücke: ein Stuhl für die Exekution mit dem Schwert und ein Richtblock mit Handbeil

Gewicht des Metalls ermöglichte es bei ausreichender Höhe, ohne den Einsatz eines Schlegels zu enthaupten. Seit dem 13. Jahrhundert wurde dieses frühe Modell eines Fallbeils in einigen Teilen Deutschlands vereinzelt eingesetzt.

Die jahrhundertelange Rivalität zwischen Beil und Schwert dauerte an. Keines der beiden Hinrichtungswerkzeuge konnte sich endgültig gegen das andere durchsetzen. Vor der Erfindung der Guillotine wurde in Frankreich in einigen Provinzen mit dem Schwert, in anderen dagegen mit dem Beil enthauptet. Im Jahr 1652, Frankreich führte zu dieser Zeit Krieg gegen Spanien, erging wegen Konspiration mit dem Feind gegen den Chevalier de Cinq-Mars das Todesurteil. Den Edelmann traf das Schicksal, mit dem Beil geköpft zu werden. „Monsieur de Cinq-Mars", schrieb ein Beobachter, „hatte die Augen nicht verbunden. Er legte seinen Hals richtig auf den Block und wandte sein Gesicht nach der Vorderseite des Gerüsts. Dann schloß er Augen und Mund und erwartete den Schlag. Aber der Henker verwendete zu wenig Schwung darauf. Der Graf wurde nur verletzt und stöhnte laut, doch dieses Stöhnen erstickte sofort in seinem Blut. Er hob die Knie ein wenig, wie um sich zu erheben, fiel aber sofort wieder in seine vorige Lage zurück. Der Kopf war durch diesen Streich nicht völlig vom Hals getrennt worden, und der Henker trat von hinten an ihn heran, faßte den Kopf an den Haaren und löste ihn vollends mit einem Schlachtmesser."

In England, wo über Jahrhunderte das Hängen die gesetzlich vorgesehene Todesstrafe war, konnte durch königliche Gnade das Urteil für Adlige in Enthaupten mit dem Beil umgewandelt werden. Mitunter traf die zweifelhafte Gnade des Beiles Majestät höchstselbst. König Karl I. aus der Stuartdynastie hörte nach langer Haft im Januar 1649 das Urteil: „Für all seine Verrätereien und Verbrechen sei der genannte Karl Stuart als Tyrann, als Verräter, als Mörder und als Staatsfeind mit dem Tode bestraft, indem das Haupt vom Rumpf getrennt werde."

Am 30. Januar 1649 stand er in London vor dem Scharfrichter. In den letzten Minuten seines Lebens sorgte er sich um jede Einzelheit. „Sind meine Haare jetzt in Ordnung?" fragte der König den Scharfrichter, legte den Mantel und das Georgskreuz ab und reichte das Ordensband dem Erzbischof. Danach legte er auch die Oberkleider ab und zog den Mantel wieder an.

Nun fiel sein Blick auf den Richtblock. „Rücken Sie ihn so zurecht, daß er nicht wackelt", sagte er zu dem Henker, der kein professioneller Scharfrichter war, sondern diese eine Hinrichtung gegen ein Honorar von 100 Pfund übernommen hatte.

„Er steht fest, Sir", antwortete der Henker.

Der König fiel auf die Knie und legte den Kopf auf den Richtblock. Als der Scharfrichter ihn berührte, um die Haare wieder unter die Haube zu schieben, glaubte Karl, der tödliche Hieb werde nun fallen, und sagte: „Warten Sie doch auf mein Zeichen."

„Ich werde warten, bis es Eurer Majestät gefällig ist", erwiderte der Henker. Wenige Sekunden später breitete Karl die Hände aus, wie er es zuvor gezeigt hatte, und der Scharfrichter trennte ihm mit einem Hieb den Kopf vom Rumpf. Danach hob er Karls Haupt auf, zeigte es dem Volk und rief: „Dies ist der Kopf eines Verräters."

Karl I. war nicht der erste aus der Stuartdynastie, der den Weg zum Schafott antreten mußte. Als Königin von Schottland im Juni 1567 abgesetzt, floh Maria Stuart im Jahr darauf nach England. Im Schloß Fotheringhay nördlich von London wurde sie von Königin Elisabeth I. interniert. Während der Gefangenschaft konspirierte Maria Stuart mit dem Ziel, die Königin zu ermorden und die Macht in England zu übernehmen. Nach 18 Jahren Haft, dreiundvierzigjährig, wurde sie im Oktober 1586 zum Tode verurteilt.

Nicht wie üblich im Freien, sondern im großen Festsaal des Schlosses sollte die Hinrichtung stattfinden.

Enthauptung der schottischen Königin Maria Stuart am 8. Februar 1587 im Schloß Fotheringhay

Königin Elisabeth selbst hatte es so angeordnet. Am Morgen des 8. Februar 1587, kurz nach 8 Uhr, betrat Maria Stuart den Festsaal. Das Schafott stand in der Mitte des riesigen Raumes, war etwa einen halben Meter hoch und ungefähr drei Meter im Quadrat groß. Um das mit schwarzem Tuch verhüllte Blutgerüst hatten sich rund 300 geladene Zuschauer versammelt.

Ihr Leibarzt Dominique Bourgoing hat in seinem Tagebuch die Hinrichtung Maria Stuarts geschildert: „Nachdem ihre Kammerfrauen ihr die Augen verbunden hatten, erhob sie, ohne irgendwie gefesselt zu sein, den Kopf und streckte den Hals hin, wobei sie wieder betete. Sie erwartete den Todesstreich, ohne sich im geringsten zu bewegen. Sie dachte, daß man ihr einen (Schwert-) Streich versetzen würde, wie es in Frankreich Brauch ist. (Maria Stuart war am französischen Hof erzogen und durch die Ehe mit Franz II. 1559/60 Königin von Frankreich – d. A.)

Aber man ließ sie sich vornüber neigen und den Kopf auf den Klotz legen. Dann wurde ihr mit einer kurzgestielten Axt, wie man sie braucht, um Holz zu spalten, der Kopf abgeschlagen."

In seiner Schilderung verschwieg der Leibarzt, daß die Enthauptung nicht mit einem Mal gelang. Beim ersten Hieb verfehlte der Henker den Hals und traf das Hinterhaupt der Verurteilten. Sie bewegte ein wenig ihre Lippen, und die Kammerfrauen glaubten, die Worte „Sweet Jesus" gehört zu haben. Mit dem zweiten Hieb traf der Henker zwar den Hals, doch der Kopf wurde immer noch nicht vollständig vom Rumpf getrennt. Der Henker mußte die Axt erst wie ein Messer gebrauchen, um die letzten Haut- und Muskelteile zu durchschneiden, ehe der Kopf zu Boden fiel.

An den Haaren nahm der Henker den abgetrennten Kopf hoch und rief: „Gott schütze die Königin!" Wenige Augenblicke später glitt ihm der Kopf aus der Hand und fiel wieder auf den Boden. Was der Henker noch emporhielt, war eine Perücke.

Der Leichnam Maria Stuarts wurde auf dem Kirchhof in Peterborough bestattet. Später ließ Jakob I. seine Mutter in die Westminster Abbey nach London überführen, wo die einstige Königin von Schottland, ebenso wie ihre Rivalin Elisabeth, eine Grabstätte erhielt.

In Deutschland verdrängte unter dem Einfluß des römischen Rechts das Schwert noch vor dem Ende des Mittelalters Barte und Fallbeil. Kaiser Karl V. regelte das reichsrechtlich durch die 1532 erlassene Gerichtsordnung. Selten, so 1565 in Anklam, fanden weiterhin Enthauptungen „mit dem Handbihle" statt. Vor 1600 waren von 100 zum Tode Verurteilten etwa 40 gehängt und 25 enthauptet worden. In der Folgezeit veränderte sich dieses Verhältnis, nur noch 20 von 100 Todeskandidaten starben am Galgen, aber 70 durch das Schwert. Selbst wenn nach dem Gesetz ein Verbrechen mit Hängen, Rädern oder Verbrennen zu ahnden war, begnadigten die Richter, vom Geist des Humanismus ergriffen, die Verurteilten immer häufiger zur Enthauptung.

Als um 1600 in Nürnberg ein Dieb zum ehrlosen Hängen verurteilt, dann aber zum ehrenvollen Tod durch das Schwert begnadigt wurde, freute er sich diebisch. „Darum er so freudig und getrost worden", berichtete ein Geistlicher, „daß er uns die Hand geküßt und fleißig gedanket hat. Vor Gericht, weil man sein Urtheil verlesen, hat er sich des gnädigen Urtheils bedanket und im Hinausgehen den gantzen Weg gesungen."

Das Richtschwert, seit dem 16. Jahrhundert in der Ausführung als Zweihänder, wurde zum Symbol der Hochgerichtsbarkeit überhaupt. Die Scharfrichter betrachteten es als besonders kostbaren Gegenstand, der gepflegt und testamentarisch vererbt wurde. Eine häufig gebrauchte Art des Richtschwerts hatte eine beidseitig geschliffene, gleichmäßig um sechs Zentimeter breite und etwa 85 Zentimeter lange Klinge, die am Ort (Spitze) abgerundet war. Der Schwertgriff schwankte in seiner Länge zwischen 20 und 25 Zentimetern. Die Breite der Parierstange machte um 20 Zentimeter aus.

Im allgemeinen kunstvoll gefertigt und reich verziert, trug das Richtschwert neben Namen und Meisterzeichen des Klingenschmieds den Namen des Besitzers. Als Schmuck waren bildliche Darstellungen, wie Hinrichtungsszenen, Heiligenfiguren oder Allegorien, aber auch Linienornamente, Blumen oder Ranken eingearbeitet. Zur Verzierung gehörten Inschriften auf der Klinge, von denen eine der häufigsten lautete:

„Wenn ich tue das Schwert aufheben,
Wünsch' ich dem armen Sünder das ewige Leben."
Andere Sprüche sollten das blutige Handwerk rechtfertigen:
„Die Obrigkeit steuret dem Unheil,
Ich exequiere ihr Ends Urtheil."
Oder:
„Durch Gerechtigkeit muß das Land bestehn,
Durch Unrecht wird es ganz vergehn."
Oder, so dichtete ein praktisch veranlagter Märker:
„Hängen, Rädern, Köpfen ist kein Sund,
Wär's nicht, wir hätten keinen Bissen im Mund."
Es mangelte auch nicht an frommen Sprüchen:
„An Gottes Segen ist alles gelegen."
Oder:
„O Herr, nimm diesen armen Sünder in dein Reich,
Damit er kann selig werden durch einen glücklichen
Streich."

Auf der Klinge eines Mainzer Richtschwerts ist zu lesen, daß damit 306 Menschen „niedergelegt" wurden. Ein Schwert aus Hamburg schließlich trägt den Wunsch des Scharfrichters und des Opfers zugleich: „Gott stärke mich in dieser Stunde!"
Wenn die Stunde kam, versammelte sich viel Volk auf dem Marktplatz. Später wurden die Richtstätten vor die Tore der Stadt verlegt. Trotzdem fand hin und wieder eine Enthauptung auf dem Marktplatz statt, zum Beispiel in Kriegszeiten oder, wenn ein besonders verhaßter Verbrecher zu richten war, um mit dem Strafvollzug dem Volkszorn Genüge zu tun.
Die Richtstätte in Stadtnähe war meist eine gemauerte Plattform mit viereckigem oder rundem Grundriß. Die Terrasse hatte entweder an der Außenseite oder im Innern einen Aufgang, und der Boden war häufig

mit Gras bewachsen. Auf der erhöhten Plattform konnte die Hinrichtung für die versammelte Menge gut sichtbar, aber zugleich vor ihrem Gedränge geschützt vollzogen werden. Einen solchen Richtplatz, oft unmittelbar neben dem Galgen gelegen, nannte man Rabenstein, weil die enthaupteten Körper auf Räder gelegt und von Raben zerhackt und gefressen wurden. Gab es keine derartige Richtstätte, wurde unter dem Galgen geköpft.

Im 17. Jahrhundert wurde es üblich, daß der Verurteilte vom Schafott herab an die versammelte Menge eine oft einstudierte, mahnende Ansprache hielt. Ein 1802 in Köln hingerichteter Räuber soll mit seiner herzzerreißenden Rede viele der Zuhörer zu Tränen gerührt haben. Ganz anders der 1913 in Frankfurt/Oder enthauptete vielfache Raubmörder und Brandstifter August Sternickel. Auf dem Richtplatz hielt er eine witzige Ansprache, die mit den Worten endete: „Ich danke Ihnen nochmals für Ihr freundliches Erscheinen und wünsche Ihnen nun recht viel Vergnügen."

Volksfest am Schafott

Der Vollzug der Todesstrafe durch das Schwert begann mit einem Gebet des Verurteilten vor dem Kruzifix, das in einer Ecke auf der Plattform des Rabensteins stand. Damit der arme Sünder beim Beten die Hände falten konnte, wurde er nur locker gefesselt. Außer den Hauptakteuren standen auf dem Schafott der Richter, der die Exekution zu beaufsichtigen hatte, die öffentlichen Zeugen und der Priester, der dem Verurteilten bis zum letzten Augenblick Trost zuzuspre-

Rabenstein und Hochgericht im 18. Jahrhundert

chen versuchte. Dem Todeskandidaten wurden die Nackenhaare abgeschnitten und das Hemd weit herabgezogen, um den Hals zu entblößen. Die Augen verband man ihm mit einer weißen Binde. Den Oberkörper aufgerichtet, mußte er sich auf den Boden der Plattform oder auf einem Gestell niederknien. Die Hände waren nun auf dem Rücken gefesselt oder blieben zum Gebet gefaltet. Hatten die Gehilfen alle Vorbereitungen erledigt, trat der Meister vor, der sich bis dahin beobachtend im Hintergrund hielt. Erst jetzt zog er unter seinem Mantel das Richtschwert hervor. Anders als beim Hängen, das meist der erste Gehilfe erledigte, kam beim Enthaupten der Meister selbst zum Einsatz.

Durch ein Zeichen gab oft der Verurteilte zu erkennen, daß er zum Sterben bereit war. In diesem Moment mußte er ein letztes Mal seinen Oberkörper aufrichten und still verharrend den Hals mit hoch erhobenem Kopf dem Scharfrichter ausliefern. Fehlte ihm dazu die Kraft, zog ein Gehilfe den Kopf an den Haaren in die Höhe. Nun legte der Meister seinen Mantel ab und trat hinter den Todgeweihten. Er hob das Richtschwert mit beiden Händen in die Horizontale, visierte den Nacken an und führte den tödlichen Streich.

Hatte sich die Klinge ihren Weg durch den Hals gebahnt, fiel der Oberkörper des Enthaupteten zumeist nach vorn und der Kopf rollte über das Schafott. Im Rhythmus des Herzschlags spritzte das Blut in kräftigem Strahl an beiden Seiten aus dem Halsstumpf, bis der Körper soweit ausgeblutet war, daß das Herz versagte.

Währenddessen trat der Henker vor den Richter, salutierte mit dem blutigen Schwert und fragte: „Herr Richter, habe ich recht gerichtet?" Er erhielt zur Antwort: „Du hast gerichtet, wie Urteil und Recht mitgebracht", worauf der Scharfrichter erwiderte: „Dafür danke ich Gott und meinem Meister, der mich solche Kunst gelehret." Nach dieser Zeremonie war der Scharfrichter von aller Blutschuld frei.

In der Festung Küstrin starb am 6. November 1730 Hans Hermann von Katte durch das Schwert. Der sechsundzwanzigjährige Leutnant war ein Jugendfreund und Vertrauter des Kronprinzen Friedrich, des späteren Preußenkönigs Friedrich II.

Seit November 1729 dachte der Kronprinz daran, ins Ausland zu fliehen, „weil Dero Herr Vater immer ungnädiger auf ihn geworden". Mit Katte beriet Friedrich seinen Plan. Doch der Fluchtversuch im August 1730 mißlang. König Friedrich Wilhelm I. ließ seinen Sohn und dessen Mitwisser in Berlin-Köpenick vor ein Kriegsgericht stellen. Das verurteilte den Leutnant zu lebenslänglicher Festungshaft. Der König setzte sich über den Richterspruch hinweg und verhängte das Todesurteil gegen Katte.

Für die Hinrichtung des Offiziers verfügte der Monarch: „Also wollen Sie hiermit, und zwar von Rechtswegen, daß der Katte, ob er schon nach denen Rechten verdient gehabt, wegen des begangenen Crimen Laesae Majestatis (Majestätsverbrechen – d. A.) mit glühenden Zangen gerissen und aufgehenket zu werden, Er dennoch nur, in Consideration seiner Familie, mit dem Schwert vom Leben zum Tode gebracht werden solle."

Katte wurde am 5. November 1730 nach Küstrin gebracht. Über die Hinrichtung am nächsten Morgen auf der Bastion Brandenburg schrieb der Kommandeur der Wachmannschaft, Major von Schack, in einem dienstlichen Bericht: Katte „entkleidete sich selber bis aufs Hemd, entblößte sich den Hals, nahm seine Haartour vom Haupte, bedeckte sich mit einer weißen Mütze, welche er zuvor zu dem Ende bei sich gesteckt hatte, kniete nieder auf den Sandhaufen und rief: ‚Herr Jesu, nimm meinen Geist auf!' Und als er solchergestalt seine Seele in die Hände seines Vaters befohlen, ward das erlösete Haupt mit einem glücklich geratenen Streich durch die Hand und Schwert des Scharfrichters Coblentz vom Leibe abgesondert; ein Viertel auf acht Uhr, den 6. November 1730."

Gemäß königlicher Order blieb der Enthauptete mit einem schwarzen Tuch bedeckt bis zwei Uhr nachmittags auf dem Richtplatz liegen. Dann wurde der Leichnam Kattes in Küstrin bestattet. Später ließ die Familie den Toten nach Wust, nahe Jerichow in der Mark Brandenburg, überführen. Dort ruht er in der Familiengruft der Dorfkirche noch heute in einem zweigeteilten Sarg: im kleinen Fach am oberen Ende der Schädel, im großen Fach darunter die übrigen Gebeine.

In Göttingen erlebte der spätere Professor für Anatomie Wilhelm von Waldeyer-Hartz als Medizinstudent 1858 eine öffentliche Hinrichtung. Er hat das Ereignis in seinen „Lebenserinnerungen" anschaulich beschrieben: „Auf einem freien Platze in der Nähe der Stadt war ein weithin sichtbares Schaffott aufgeschlagen, auf welchem, außer dem Verurteilten, dem Scharfrichter und seinen Gehilfen und einigen Justizpersonen, auch noch mehrere Zuschauer Platz hatten. . . . Ringsum auf der Richtstätte war eine nach vielen Hunderten zählende Menge versammelt. Der Verurteilte stand im weißen Gewande auf dem Schaffott neben dem Richtstuhle; der Scharfrichter im weiten Mantel, unter dem er das Richtschwert verborgen hielt, neben ihm. Von einem Justizbeamten wurde das vom Könige bestätigte Urteil vorgelesen und dann nach alter Sitte der Stab über dem Verurteilten gebrochen. Darauf reichte der Scharfrichter ihm die Rechte, die dieser auch ergriff und schüttelte. Die Gehilfen führten ihn dann zum Richtstuhle, auf den er sich setzte, zogen ihm eine weiße Mütze über den Kopf und die Augen, banden ihm Arme und Beine am Stuhle fest und legten eine Lederschlinge unter das Kinn, mit der einer der Gehilfen ihm den Kopf straff in die Höhe hielt. Alles dieses wurde rasch und geschickt ausgeführt. Als dem Todeskandidaten die Mütze über die Augen gezogen war, zog der Scharfrichter das große, breite, scharfe, blitzblanke Richtschwert unter dem Mantel hervor, trat damit an die linke Seite des Verurteilten, holte aus und trennte im Nu den Kopf vom Rumpfe, indem er mehr mit einem glatten Zuge, als mit einem Schlage den Hals durchschnitt. Der Kopf blieb in der Lederschlinge, zwei Blutsäulen stiegen aus der Wundfläche fast bis zu einem halben Meter Höhe wie aus einem Springbrunnen hervor, um zurückzufallen und noch ein paarmal

Massenspektakel unterm Galgen wie im Mittelalter, Kentucky 1936

immer niedriger und schwächer mit den nächstfolgenden Herzschlägen wiederzukehren. Der Körper des Gerichteten blieb regungslos. . . .

Die Volksmenge zerstreute sich; viele blieben aber noch in der Stadt und bevölkerten die Gastwirtschaften. Man konnte später eine Menge reichlich Angeheiterter durch die Straßen wanken sehen. Das war die Folge eines so ernsten öffentlichen Aktes!"

Das Enthaupten auf einem Richtstuhl war in früheren Jahrhunderten mehr die Ausnahme. Mitunter mußte die Exekution so erfolgen, weil der Verurteilte sich nicht niederknien konnte. In Weißenhorn wurde 1528 ein Augsburger Patrizier, der wegen seiner Gicht die Knien nicht beugen konnte, „sitzend auf einen Sessel gebunden". Einzelne Scharfrichter bevorzugten es, dem stehenden Verurteilten oder, wie Meister Matthes Hartmann in Augsburg, dem Überraschten im Gehen den Kopf abzuschlagen. Das Enthaupten konnte einem Verbrennen vorausgehen.

Zum alten Zeremoniell gehörte es, das gefallene Haupt in die Höhe zu heben und den Umstehenden zu zeigen. Früher regelmäßig, später häufig, wurde der Kopf auf eine Stange oder einen Speer aufgesteckt. Diesem Brauch lag die Vorstellung zugrunde, der Getötete könnte eine Wächterrolle übernehmen. Deshalb wurden aufgesteckte Köpfe Hingerichteter an Stadttoren, auf Brücken oder an Befestigungsanlagen der Städte aufgestellt. In neuerer Zeit diente das gelegentliche Ausstellen des abgeschlagenen Kopfes einem anderen Zweck. Die Leiche der 1831 enthaupteten Giftmörderin Gesche Margaretha Gottfried kam in die Anatomie. Ihr Körper wurde obduziert, während ihr Kopf, frisch frisiert und in Spiritus eingelegt, im Bremer Museum „zum Vorteil der Taubstummenanstalt" einen Platz fand.

Das erhöht gebaute Schafott bot die Gewähr, daß die Exekutionen ungehindert vollzogen werden konnten. Um die Richtstätte versammelten sich nicht nur Neugierige. Ganz nach vorn drängten oft Kranke. Seit dem frühesten Altertum galt frisches Menschenblut nämlich als heilkräftig. Als Mittel gegen Epilepsie empfahlen manche, „das Blut von einem Decollirten zu trincken". Man glaubte, daß der „furchtsame Archaeus" im Blut eines Hingerichteten den „rasenden Archaeus" des Epileptikers besiegen könnte. Vermeintliche Heilerfolge, wie 1674 in Nürnberg, unterhielten den Wunderglauben.

Gleich wenn der Kopf vom Rumpf getrennt war, füllten die Gehilfen des Scharfrichters möglichst viele Becher mit Blut und verkauften es an die Kranken, oder sie tauchten hinaufgereichte Taschentücher in das Blut, um die blutdurchtränkten Tücher gegen ein Entgeld abzugeben. Als 1864 in Berlin zwei Mörder enthauptet wurden, verkauften die Henkersknechte ungezählte blutige Tücher zu zwei Talern das Stück. Drei Jahre zuvor stürmten in Hanau viele Zuschauer das unzureichend gesicherte Schafott, um vom warmen Blut eines Raubmörders zu trinken. Zu Dutzenden liefen sie mit blutverschmierten Gesichtern davon.

Wenn der Henker patzt

Ausdrücklich wurde in alten Todesurteilen gefordert, bei der Enthauptung aus dem Körper zwei Stücke zu machen und die Teile so voneinander zu trennen, daß ein Zwischenraum entstand. Die Hinrichtung mit dem Schwert verlangte vom Scharfrichter Kraft und Geschick. Traf der Meister keine der elastischen Zwischenwirbelscheiben, mußte er trotzdem den Kopf vom Rumpf trennen, also einen der Halswirbel durchschlagen. Selbst wenn der Zufall half, daß die Schwertklinge durch die schmale Bandscheibe zwischen zwei benachbarten Wirbelkörpern fuhr, mußten dabei die kräftigen Knochenfortsätze der Halswirbel gespalten werden.

Es kam auch vor, daß der erste Streich mißlang, nicht einmal den Nacken, sondern den Kopf oder die Schulter traf. In der Berufssprache der Henker nannte man das butzen oder putzen. Das passierte selbst versierten Scharfrichtern. Um in Gotha eine Mörderin zu enthaupten, wurde 1776 eigens Meister Johann Wilhelm Messing aus Ohrdruf herbeigeholt, weil die Gothaer ihren erst 23 Jahre alten Scharfrichter Johann Wilhelm Brand für zu jung und unerfahren hielten.

Doch der Routinier aus Ohrdruf benötigte „zum äußersten Abscheu derer Zuschauer" sieben Hiebe, um die Enthauptung zu vollenden.

Vielleicht lag es am Geschlecht des Opfers. Bei Frauen wurde die Todesstrafe nicht allzu oft mit dem Schwert vollzogen. Der Nürnberger Scharfrichter Franntz Schmidt hat in seinem Tagebuch erwähnt, daß 1580 drei Kindesmörderinnen erstmalig in der Stadtgeschichte nicht ertränkt, sondern enthauptet wurden. Später vermerkte er noch mehrfach: „Aus Gnade mit dem Schwert gerichtet." In Frankfurt am Main wurden Frauen erst ab 1618 geköpft.

Nicht nur Anfängern soll die Enthauptung von Frauen des öfteren mißlungen sein. Schuld daran seien „die dem Manne, also auch dem Nachrichter, eigene Weichherzigkeit, Zuvorkommenheit und Hilfsbereitschaft dem anderen Geschlecht gegenüber". Lorenz Schwietz, langjähriger preußischer Scharfrichter, äußerte einmal, er wolle lieber drei Männer als eine Frau enthaupten.

Mißglückte dem Meister eine Hinrichtung, war er um Ausreden nie verlegen: die durch Kälte erstarrten Finger, ein schartig gewordenes oder gar verzaubertes Richtschwert, der Teufel, der seine Hand im Spiel hatte. Nach einer mißlungenen Hinrichtung zu Beginn des 19. Jahrhunderts erklärte der Bernauer Scharfrichter Carl Friedrich Kaufmann, der Teufel habe ihm einen dreiköpfigen Verbrecher vorgegaukelt. Der Teufel hatte einen Namen: Alkohol. Denn nicht selten tranken sich die Scharfrichter Mut an, bevor sie den Gang zum Rabenstein antraten. „Sauffen sich einen halben Tummel, daß sie ein Hertz bekommen", sagte man über die Henker. Oft wird in Berichten auch erwähnt, der Delinquent sei so besoffen gewesen, daß er sich kaum auf den Beinen halten konnte. Gelegentlich zechten sogar

Scharfrichter und Opfer gemeinsam auf Kosten der Stadtkasse.

Vielleicht hat der Alkohol viele Todeskandidaten gefügig gemacht. Es sind wenig Fälle bekannt geworden, bei denen die Verurteilten um ihr Leben kämpften und dem Scharfrichter und seinen Gehilfen Widerstand leisteten. Wenn das passierte, wußten sich die Henker zu helfen. Einem sich wehrenden Delinquenten wurden 1584 in Auma die Hände abgehackt, bevor ihn der Scharfrichter enthauptete. Schaffte der Meister das nicht auf einen Streich, führte die Nacharbeit bisweilen zu einem regelrechten Gemetzel.

Um solches Fehlrichten zu vermeiden, mußten die Henker üben. Das konnten sie in Abdeckereien, wo immer reichlich Tierkadaver verfügbar waren. Für Kraftübungen wurden Ziegen bevorzugt – wegen ihrer besonders starken Halswirbel. Als Übungsobjekt für die Treffsicherheit dienten zwei übereinander auf eine Schnur gezogene Rüben. Genau dazwischen mußte das Richtschwert den Faden durchschneiden. Gelegentlich forderte man von einem Bewerber für das Scharfrichteramt einen Beweis seines Könnens im Tierversuch. In Hanau mußte 1821 der Bewerber einen Hund köpfen.

Die entscheidende Bewährungssituation kam am Tag der ersten Hinrichtung. Dabei haben Anfänger in der Aufregung nicht selten versagt. Als 1775 in Zeulenroda Christian Friedrich Fischer seine Probe vollziehen sollte und nach dem sechsten Streich den Kopf des Verurteilten immer noch nicht vollends vom Rumpf getrennt hatte, entriß ein ungeduldig gewordener Prüfer dem Neuling das Richtschwert und führte selbst den tödlichen Streich.

Im allgemeinen wurden ungeschickt richtende Henker bestraft. Es konnte ihnen passieren, daß sie ihr

Amt einbüßten, ins Gefängnis kamen oder ein Bußgeld zahlen mußten. Einem Scharfrichter, der 1552 in Regensburg einen Soldaten „unmeysterlich" geköpft und obendrein das Regiment beleidigt hatte, erging es schlimmer. Er wurde seinerseits zum Tode verurteilt und gehängt.

Nicht minder gefährlich für den Scharfrichter konnte eine wütende Volksmenge werden. Die Zahl der nach einer mißratenen Hinrichtung gelynchten Henker ist wesentlich größer als die Anzahl der von Amts wegen getöteten. Ein keineswegs untypischer Fall von Lynchjustiz ereignete sich 1607 in Zellerfeld, wo Meister Simon von Dreckeshausen zwei des Mordes überführte Bergleute enthaupten sollte. Die Hinrichtung des einen verlief ohne Zwischenfall, der Kopf fiel auf einen Streich. Den anderen traf der Scharfrichter in die Schulter. Durch Drohungen aus der Menge verunsichert, mußte er noch fünfmal zuschlagen, bevor der Kopf vollständig vom Rumpf getrennt war. Darauf fiel die aufgebrachte Menge mit dem Ruf „Schlagt ihn tot!" über ihn her und verfolgte ihn bis in das Rathaus, wo er Schutz suchte. Umsonst. Die Verfolger drangen in das Gebäude ein und erschlugen den Henker. Den Toten warfen sie auf die Straße, wo ihn die wütende Menge mit Äxten und Hacken völlig verstümmelte.

In manchen Rechtsordnungen früherer Zeiten wurde deshalb die Unverletzlichkeit des Scharfrichters ausdrücklich bestimmt. In Breslau hatte 1628 der Scharfrichter eine Kindesmörderin erst mit dem dritten Schwertstreich enthauptet. Es entwickelte sich ein Tumult, und einige Zuschauer begannen, mit Steinen zu werfen. Der verletzte Henker floh in die Stadt und fand im Haus eines Handwerkers Aufnahme. Unter Versprechungen wurde er herausgelockt, sogleich überwältigt und mit einer Axt erschlagen. Der Mörder

155

konnte entkommen und tauchte unter. Bald darauf entdeckte man ihn in Thorn, wo er unter falschem Namen lebte. Er wurde zum Tode verurteilt und hingerichtet.

Überfälle in der Todeszelle

Ohne Zweifel waren die Unsicherheiten beim Richten mit dem Schwert wesentliche Gründe dafür, daß man zum Köpfen mit dem Beil zurückkehrte. Ab 1779 war im Herzogtum Holstein, das damals noch zu Dänemark gehörte, das Richtbeil als alleiniges Enthauptungswerkzeug vorgesehen. Für Preußen verfügte eine Kabinettsorder vom 19. Juni 1811 den Gebrauch des Beils in allen Fällen, „in welchen die Gesetze Schwertstrafe bestimmen". Mit dem französischen Recht kam bald nach 1800 die Guillotine als ausschließliches Hinrichtungsgerät in einige Gebiete Deutschlands. Im Laufe des Jahrhunderts entschieden sich weitere Länder für die maschinelle Enthauptung, obwohl sie diese Methode wegen der noch lebendigen Erinnerungen an die Französische Revolution lange Zeit abgelehnt hatten. Der Vollstreckung von Todesurteilen in Deutschland dienten nun zugleich das Richtschwert, das Handbeil und die Guillotine.

Nach der Reichsgründung von 1871 änderte sich an dieser Situation nichts, denn die Art der Enthauptung blieb landesrechtlich unterschiedlich geregelt. Mit dem Schwert wurde noch in Mecklenburg-Schwerin, Anhalt, Reuß-Greiz, Lippe und Bremen hingerichtet. Das Handbeil benutzte man in Preußen, Braunschweig, Sachsen-Meiningen, Sachsen-Altenburg und Reuß-Schleiz-Gera. In den übrigen Teilen Deutschlands, wie in Württemberg, Baden oder Hessen blieb die Guillotine gebräuchlich.

Als die maschinelle Enthauptung nach und nach in den deutschen Ländern eingeführt wurde, hatte sich die Guillotine, anfangs nach ihrem eigentlichen Schöpfer Louisette oder Petite Louison genannt, ein wenig verändert. Schon zu Zeiten der Revolution war man in Frankreich darangegangen, das Beil zu vervollkommnen. Der Plan von Antoine Louis sah ursprünglich eine konvexe Form vor. Bald darauf, vermutlich auf Anregung von Tobias Schmidt, gestaltete man es konkav. Als dem formell noch regierenden König Ludwig XVI. die Pläne vorgelegt wurden, bemängelte er die sichel- oder halbmondförmig geplante Schneide. Er hielt dies wegen der verschieden starken Hälse für unpraktisch. Eigenhändig skizzierte er seine Vorstellung, und zwar, ein rechtwinklig gleichschenkliges Dreieck, dessen längste Seite die Schneide bilden sollte. In dieser Ausführung trat das Beil am 25. April 1792 auf der Place de Grève bei der Hinrichtung von Nicolas-Jacques Pelletier erstmalig tödlich in Aktion. Neun Monate später traf die schräge, für alle Hälse geeignete Schneide den Nacken ihres Erfinders.

Schon bald wurde klar, daß ein stabileres Gerüst notwendig war, um die schwere Maschine zu tragen. Nach wenigen Monaten zeigte sich noch ein anderer ernsthafter Mangel. In dem amtlichen Bericht vom 28. Juli 1792 heißt es: „Bei der letzten Hinrichtung, die in dieser Woche in Paris stattfand, wurde der Nacken des einen Delinquenten nicht vollständig abgetrennt, und da das Seil, an dem der Rammklotz befestigt ist, im richtigen Augenblick losgelassen wurde, ist das Seil schuldlos an dem Zwischenfall, der wahrscheinlich darauf zurückzuführen ist, daß die Nuten verquollen waren. Dieses mögliche Versagen hat Sieur Schmidt

157

selbst schon frühzeitig vorausgesehen, und er schlug deshalb damals vor, die Nuten aus Messing anzufertigen; und nur seine Gewinnsucht verleitete ihn dazu, diese zusätzliche Ausgabe zu vermeiden." Nach entsprechenden Veränderungen funktionierte die Guillotine dann meist störungsfrei. Lediglich das große Schafott bereitete später dem Pariser Henker Jean-François Heindreicht einige Sorgen. Damit die Verurteilten sich nicht mehr die zehn Stufen hinaufschleppen mußten, schaffte er es kurzerhand ab. Von nun an stand die Guillotine zu ebener Erde.

Heindreichts Nachfolger Antoine Roch bemerkte, daß manchmal ein Eisenriegel am Halsbrett den Nacken und das Hinterhaupt der Opfer verletzte. Das störende Teil wurde entfernt. Schließlich erhielt die Maschine schalldämpfende Gummibeläge, damit bei der Montage nicht laut über den Gefängnishof hallende Schläge eine bevorstehende Hinrichtung ankündigten.

Um 1880 hatte die Guillotine einen Entwicklungsstand erreicht, der den Anforderungen noch fast ein Jahrhundert lang vollauf genügte. Bis zur letzten Exekution in Frankreich am 10. September 1977 versah die Guillotine Parisienne actuelle, nur in unwesentlichen technischen Details weiter verbessert, ihren Dienst.

La machine – so die von den Henkern bevorzugte Bezeichnung – durfte einmal sogar samt Mannschaft unter Leitung von Anatole Deibler auf Reisen gehen. Im belgischen Furnes sollte am 26. Mai 1918 der Artilleriefeldwebel Camille Verfeuille hingerichtet werden, der im Oktober 1917 seine schwangere Geliebte getötet hatte. An ihm wollte der König ein Exempel statuieren. Da seit 1863 in Belgien kein Todesurteil mehr vollstreckt worden war, verfügte die Regierung weder über eine Guillotine noch über einen Scharfrichter.

Man entschloß sich, in Frankreich um Hilfe zu bitten. Dem Wunsch wurde gutnachbarlich entsprochen.

In Frankreich erfuhr der Todeskandidat nichts davon, wenn sein Gnadengesuch vom Präsidenten der Republik abgelehnt worden war, ebensowenig den Termin der Hinrichtung. Außer an Sonn- und Feiertagen mußte er jeden Morgen damit rechnen, zur Guillotine geführt zu werden.

In der Nacht vor dem Hinrichtungstag baute der Henker mit seinen Gehilfen die Guillotine im Gefängnishof möglichst lautlos auf, was seit Einführung der Gummibeläge leidlich gelang. Wenn die Maschine stand, kontrollierte der Henker mit Lot und Wasserwaage seine Arbeit und führte eine Probe mit dem Beil durch.

Gegen Morgen, etwa um 4.30 Uhr, schlichen sich einige der Beamten vor die Todeszelle. Einer von ihnen riß die Tür auf und zwei Wärter ergriffen den Verurteilten. Darauf erklärte ihm der Gefängnisdirektor: „Ihr Gnadengesuch ist abgelehnt worden. Seien Sie tapfer." Jetzt durfte der Todeskandidat eine letzte Zigarette rauchen, ein letztes Glas Rum trinken oder den tröstenden Zuspruch des Geistlichen empfangen.

Von der Todeszelle ging es in ein Büro, wo die Gehilfen des Henkers warteten. Sie schnitten dem Verurteilten das Nackenhaar und entfernten den oberen Teil des Hemds, so daß der Hals und die Schultern freilagen. Als letztes mußte der Todeskandidat auf seiner Karteikarte unterschreiben, dann fesselten ihn die Gehilfen. Der Gefängnisdirektor schrieb auf die Karte: „Dem Herrn Scharfrichter zur Vollstreckung des Urteils übergeben." Zur Bestätigung zeichnete der Henker gegen. Nun war es soweit.

Der Todeskandidat wurde auf den Gefängnishof geführt. Waren alle Beteiligten um die Guillotine versammelt, schnallten die Gehilfen das Opfer so auf die Bascule (wörtlich: Klappe), daß sein Blick in das für den Kopf vorgesehene Behältnis fiel. Dann schloß sich die Lunette, das Halsbrett, um seinen Nacken. Der Henker entriegelte das aufgezogene Beil und nach einer Dreiviertelsekunde hatte die Schneide den Hals erreicht. Der Kopf fiel in einen Weidenkorb, manchmal in einen Eimer.

Medizinische Untersuchungen ergaben, daß der Hals in unterschiedlicher Höhe vom Messer der Guillotine durchtrennt wurde. Je nach Lage des Verurteilten ging ein hoher Schnitt durch den dritten Halswirbelkörper und ein tiefer zwischen dem sechsten und siebenten Halswirbel hindurch. Wenn das Beil den dritten Halswirbelkörper durchschlagen hatte, verlief der Schnitt schräg von hinten oben nach vorn unten durch den Knochen, weiter über den höchsten Punkt des Schildknorpels durch den Kehlkopf und führte in der Unterkiefergegend zur Abtrennung eines Hautlappens vom Kinn. Vereinzelt passierte es, daß das Fallbeil den Kieferknochen mit durchschlug.

Zu Zwischenfällen kam es im Ursprungsland der Guillotine ebenso wie anderswo. Immer wieder versuchten Verurteilte, durch das Einziehen des Kopfes dem tödlichen Hieb des Beils zu entgehen. Einer der Henkersknechte bekam deshalb die Aufgabe, den Todeskandidaten an den Haaren oder, wenn jemand keine hatte, an den Ohren festzuhalten. Weil dieser Gehilfe versuchen mußte, den Kopf in die richtige Position zu bringen, hieß er im Verbrecherjargon le photographe.

Ein solcher kam 1870 bei der Hinrichtung des Mehrfachmörders Jean-Baptiste Troppmann zum Einsatz. Dem Verbrecher waren viele Fluchtpläne schief gegangen. Noch in letzter Minute wollte er den Priester

Einsatz der Guillotine in Frankreich 1902

überreden, ihm seine Soutane für die Flucht zu leihen. Schon angeschnallt, unternahm Troppmann einen Angriff gegen den Gehilfen, der ihn an den Haaren festhielt; er biß ihm kräftig in die Hand.

Bei einer Hinrichtung 1903 in Mainz wurde der Kopf des Verurteilten nicht vollständig abgeschlagen. In Wien blieb 1940 bei einer Exekution sogar das herabfallende Beil über dem Hals des Opfers hängen. Offenbar hatte der Henker die Guillotine nicht sorgfältig genug justiert, so daß die beiden Pfosten zwischen denen der Rammklotz mit dem angeschraubten Messer herabgleitet, nicht genau senkrecht standen.

Zwischen 4. und 5. Halswirbel

Das traditionsbewußte Preußen vertraute weiter auf das altdeutsche Handbeil. Anders als in Frankreich erfuhr der Verurteilte sofort, wenn der Landesvater sein Gnadengesuch abgelehnt hatte. Der Hinrichtungstermin wurde daraufhin im allgemeinen für den nächsten Tag festgesetzt, und der Todeskandidat durfte seinen letzten Wunsch äußern, insbesondere seine Henkersmahlzeit zusammenstellen.

Die Vorbereitungen zur Hinrichtung nahmen nur wenig Zeit in Anspruch. Der Henker mußte lediglich den hölzernen Richtblock mit der dazugehörigen Bank stabil aufstellen. Am Morgen des Hinrichtungstages erschienen der Oberstaatsanwalt oder ein Vertreter, der Gefängnisdirektor, weitere Justizbeamte und vier Abgeordnete der Gemeinde. Ein als Zeuge geladener Kriminalbeamter sah den weiteren Ablauf so: „Vor dem Schafott standen drei Gehilfen des Scharfrichters, dasselbe verdeckend. Der Scharfrichter stand vor dem Richtertisch in der Nähe des Staatsanwalts. Etwas abseits stand ein Polizeikommissar mit 8 Polizeibeamten. Um 5 Uhr 30 ordnete der Staatsanwalt das Läuten der Glocke und die Vorführung des Verurteilten an, welcher bald darauf, von 2 Justizwachtmeistern begleitet, den Richthof betrat. Dem Verurteilten waren die Hände auf dem Rücken gefesselt. Neben ihm ging der Gefängnisgeistliche. Das Läuten der Glocke dauerte bis zum Schluß der Hinrichtung an.

Auf Anordnung des Staatsanwalts verlas ein Sekretär der Staatsanwaltschaft die Formel des Urteils des Schwurgerichts. Auf die Frage des Staatsanwalts an den Verurteilten, ob er noch etwas anzuführen habe, erwiderte dieser: ‚Nichts'. Hierauf zeigte der Staatsanwalt die Urteilsformel und die Ablehnung des Gnadenbeweises dem Scharfrichter Schwietz vor und übergab ihm den Verurteilten mit den Worten: ‚Herr Scharfrichter hiermit übergebe ich Ihnen den Delinquenten.'

Nun begann die Arbeit der Henkersknechte. Zwei erfaßten den Verurteilten und legten ihn auf das Schafott mit dem Gesicht nach unten, während der dritte den Nacken freimachte."

Über die eigentliche Urteilsvollstreckung berichtet der Königsberger Gerichtsarzt Georg Puppe: „Der Scharfrichter tritt an die linke Seite des Blocks und der Bank, und lässt das 6 Kilogramm schwere Handbeil herunterfallen. Die Dauer der ganzen Prozedur beträgt noch nicht eine Minute." Zum Abschluß meldete der Scharfrichter: „Herr Staatsanwalt, das Urteil ist vollstreckt."

Lorenz Schwietz – er amtierte von 1900 bis 1914 – ließ sich danach vom Staatsanwalt bescheinigen, „daß er den Verurteilten schnell, sicher und vorschriftsmäßig mittels Beiles enthauptet, die Vorbereitungen dazu mit Geschick und Umsicht getroffen und während des ganzen Vollstreckungsaktes sich tadelfrei geführt habe".

Zu den Hinrichtungen erschien Schwietz stets im Frack, mit hohem Hut und weißer Binde. Das Schafott und das Richtbeil waren sein persönliches Eigentum. Beides wurde vor der Großen Polizeiausstellung in Berlin 1926 vom Kriminalmuseum angekauft. Während seiner 14 Amtsjahre hat Schwietz 123 Enthauptungen vorgenommen.

Schwietz war von Beruf Fleischer. Er betrieb in Breslau eine Abdeckerei. Im Jahr 1889 legte er die Scharfrichterprüfung ab. Seit der Einführung des Handbeils als Enthauptungswerkzeug in Preußen 1811 brauchte dabei kein Arzt mehr anwesend zu sein, der die anatomischen Kenntnisse des Kandidaten überprüfte. Nach dem Ende seiner Amtszeit kehrte Schwietz nach Breslau zurück, wo er sich 1924 erschoß. Die Inflation hatte alle Ersparnisse aufgezehrt und einen armen Mann aus ihm gemacht.

In Königsberg untersuchte Georg Puppe mehrere von Schwietz Enthauptete. Das Richtbeil hatte den Hals meist zwischen dem vierten und fünften Halswirbel durchtrennt. Darüber hinaus ergaben die Obduktionen, „dass es sich bei dem Mechanismus der Enthauptung nicht nur um ein einfaches Durchschlagen des Halses handelt, sondern dass noch eine Kompression des Vorderhalses hinzukommt".

Die unterschiedlichen Wirkungen der einzelnen Enthauptungswerkzeuge waren auch den Juristen nicht entgangen. Das mehr oder weniger zuverlässige Funktionieren der verschiedenen Hinrichtungsmethoden diente in der immer wiederkehrenden Debatte um die Todesstrafe als Argument für oder gegen ein Verfahren. Über das maschinelle Enthaupten schrieb der Berliner Gerichtsassessor Max Ramlau eine ganz prä-

*Der Massenmörder Fritz Haarmann. Er
endete 1925 auf der Guillotine.*

zise Charakteristik: „Fallschwert und Fallbeil unterscheiden sich dadurch, daß bei diesem die Schneide
eine horizontale, gerade oder halbrunde Linie zeigt,
bei jenem dagegen eine schiefe. Während das Fallbeil
den Kopf des Verbrechers abhackt, schneidet ihn das
Fallschwert vermöge seiner besonderen Gestaltung
glatt. Es ist daher nicht richtig, vom Fallbeil zu sprechen, wenn man die Guillotine meint."

Lorenz Schwietz hatte vertretungsweise einige Enthauptungen mit der Guillotine vollziehen müssen. In einem Gespräch erläuterte er die Funktionsweise eines in
Deutschland verwendeten Modells: „Der Delinquent
wird auf ein Brett geschnallt oder ‚angeriemt', wie der

165

Kunstausdruck lautet. Dann wird das Brett um 90 Grad gedreht und auf Schienen nach vorwärts geschoben. Danach wird die Klappe mit dem Nackenausschnitt zugeklappt. Der Nacken ist jetzt fixiert, und nunmehr saust das bis dahin festgehaltene Fallbeil herunter. Das einzige, was Menschenkraft abgesehen von den Vorbereitungshandlungen auszuführen hat, ist das Ziehen an der Leine, wodurch das Fallbeil frei wird. Die Höhe des Falles beträgt 1½ m. Es ist ein Beil mit einer schrägen Klinge, und es läuft auf Leitschienen herunter, so dass ein Abgleiten unmöglich ist." Ein solches, um es einmal genau zu bezeichnen, Fallschwert kam in Preußen schon vor der Jahrhundertwende in der Provinz Hannover und im Oberlandesgerichtsbezirk Köln zum Einsatz. Zwei der prominentesten Verbrecher, die darauf ihr Leben ließen, seien genannt. In Hannover wurde am 15. April 1925 der wegen Mordes in vierundzwanzig Fällen vierundzwanzigmal zum Tode verurteilte Fritz Haarmann enthauptet. Am 2. Juli 1931 fand in Köln die Hinrichtung von Peter Kürten statt, der wegen Mordes in neun Fällen zum Tode, wegen vollendeter Notzucht in zwei Fällen und wegen acht Mordversuchen zu 15 Jahren Zuchthaus verurteilt worden war.

Als Resümee seines Wirkens bis 1910 formulierte Lorenz Schwietz: „Ich habe 83 Hinrichtungen vollzogen mit dem Handbeil und 4 mit der Guillotine. Ich ziehe aber die Hinrichtung mit dem Handbeil vor."

Reichhart, Hitlers Kopfjäger

Im Jahr 1934 verkündete Roland Freisler, später Präsident des Volksgerichtshofs, daß die Enthauptung mit

dem Handbeil deutschem Empfinden am meisten ent-
spräche. Dennoch besannen sich die Nationalsozialisten bereits zu dieser Zeit der französischen Guillotine.
Ein Blick in die Statistik läßt sofort den Grund dafür erkennen: In einem bis dahin ungekannten Ausmaß wurden von den Gerichten Todesurteile ausgesprochen
und die weitaus meisten auch vollstreckt.

Die Zahlenangaben der Historiker schwanken. Belegt sind für die Jahre von 1933 bis 1945 mehr als
12 000 Hinrichtungen im zivilen Bereich und bis Ende
1944 rund 9500 vollstreckte Todesurteile von Militärge-
richten. Wie viele Opfer die letzten Kriegsmonate und
vor allem die fliegenden Standgerichte forderten, ist
nicht bekannt. Gleichfalls unbekannt ist die Anzahl der
Exekutionen, die ohne jedes Gerichtsverfahren von
der Geheimen Staatspolizei, von der Geheimen Feld-
polizei in den besetzten Gebieten und in den Konzentrationslagern angeordnet und vollzogen wurden.

Die Karriere des Scharfrichters Johann Baptist
Reichhart begann, als er am 4. Juli 1924 in Landshut
seine erste selbständige Hinrichtung ausführte. Von
Anfang an registrierte er sorgfältig die erledigten Auf-
träge. Bis 1931 vollstreckte er lediglich vier Todesurteile, im Jahr darauf nicht ein einziges. Erst nach 1933
schnellte seine Statistik nach oben, wie folgende Tabelle zeigt:

1933	5	1938	39	1943	876
1934	3	1939	71	1944	730
1935	9	1940	163	1945	51
1936	7	1941	221		
1937	9	1942	764		

Reichhart tötete also 2948 Menschen im Auftrag der
Nazijustiz. Allein 1943 waren es über siebenmal soviel
Enthauptungen wie von Lorenz Schwietz während sei-
ner gesamten vierzehnjährigen Amtszeit ausgeführt.

Der Henker Johann Baptist Reichhart (rechts) in Regensburg 1925 am Beginn seiner Karriere

Bei derart hohen Anforderungen konnte sich Reichhart keine umständliche Prozedur mit der Guillotine mehr leisten. Er verzichtete auf die Kippvorrichtung, weil ihm das Anschnallen zu lange dauerte. Noch während der Justizbeamte die letzten Worte des Todesurteils verlas, schob Reichhart den Vorhang bei-

Reichhart als Pensionär und Hundezüchter

seite, hinter dem die Maschine stand. Im nächsten Moment zogen seine Gehilfen dem Opfer die Beine weg, verdeckten dessen Augen und zerrten den Todeskandidaten unter das Messer der Guillotine, dessen Herabfallen Reichhart augenblicklich auslöste. Durch den Einsatz einer unbeweglichen Richtbank und den Verzicht auf das Anschnallen soll er nur wenige Sekunden für eine Enthauptung benötigt haben. Danach mußte bloß noch der kopflose Körper entfernt und die Tötungsmaschine mit dem Gartenschlauch abgespritzt werden – fertig. Die nächste Exekution konnte beginnen.

Der Gefängnispfarrer Harald Poelchau erlebte Reichhart in Berlin-Plötzensee. Poelchau erinnert sich: „Die Zeit von der ersten bis zur zweiten Hinrichtung war auf drei Minuten angesetzt worden. Aber die Hinrichtung beanspruchte längst nicht die vorgesehenen drei Minuten, sondern nur elf bis dreizehn Sekunden für einen geschickten Scharfrichter und eingeübte Henkersknechte. Auf diese Weise konnten die Hinrichtungen gleichsam am laufenden Band erfolgen. Ich habe bis zu dreißig und vierzig Hinrichtungen hintereinander erleben müssen."

Nach Kriegsende holten sich die Alliierten Reichhart in ihren Dienst. Der erfahrene und vielseitige Henker kannte sich auch mit dem Galgen aus. Während des Krieges hatte er über 50 Hinrichtungen durch den Strang vollzogen. Die Galgen, an denen im Oktober 1946 die Hauptkriegsverbrecher endeten, wurden unter Reichharts Anleitung errichtet und dann dem Henker der US-Armee John C. Wood übergeben. In Landsberg durfte Reichhart sogar wieder selbst Hand anlegen; er hängte im Auftrag der amerikanischen Militärregierung 42 zum Tode verurteilte Kriegsverbrecher.

Doch die Nazivergangenheit holte ihn noch einmal kurz ein. Im Sommer 1947 wurde er verhaftet und in ein Internierungslager gebracht. Von der Münchener Spruchkammer bei der sogenannten Entnazifizierung als belastet eingestuft, verurteilte man Reichhart zu zwei Jahren Arbeitslager unter Anrechnung von

18 Monaten Internierungshaft. Sein halbes Vermögen wurde beschlagnahmt, und man sprach ihm die „Fähigkeit zur Bekleidung öffentlicher Ämter" ab. Fortan widmete er sich in Deisenhofen bei München ungestört seiner Hundezucht.

Fallbeil in Leipzig

In der Nachkriegszeit, in den Jahren von 1946 bis 1949, wurden von Gerichten in Westdeutschland und Groß-Berlin insgesamt 34 Todesurteile verhängt. Hinrichtungen fanden aber nur in drei Ländern und in Berlin statt, und zwar zwischen 1946 und 1948 in Nordrhein-Westfalen dreizehn, in Hamburg 1947 eine, in Württemberg-Hohenzollern 1948 eine und in Berlin bis 1949 neun.

Während dieser Jahre fungierte Gustav Völpel, genannt Henkerhannes, als Scharfrichter in Berlin und der umliegenden sowjetischen Besatzungszone. Er führte bis 1948 nach eigenen Angaben 48 Hinrichtungen mit dem Handbeil oder, wie im Zellengefängnis Berlin-Moabit, mit der Guillotine aus. Bei der Urteilsvollstreckung trug er eine gelbschwarze Gesichtsmaske mit einem schwarzen Kreuz auf der Stirn.

Völpel, gelernter Lichtpauser, geriet selbst mit dem Gesetz in Konflikt, so daß die Justiz 1948 auf seine Dienste verzichtete. Zu dieser Zeit lernte er in der „Münzklause" am Berliner Alexanderplatz den achtzehnjährigen Werner Gladow kennen, der die gefährlichste Verbrecherbande im Berlin der Schwarzmarktzeit anführte. Der Ex-Scharfrichter betätigte sich von nun an als Gladows Tipgeber und Hehler. Im April

1949 faßte die Polizei Völpel bei einem Raubüberfall in Berlin-Neukölln. Daraufhin verbüßte er eine siebenjährige Zuchthausstrafe. Zwei Jahre nach seiner Entlassung aus der Haftanstalt starb der ehemalige Henker in Berlin.

Die Guillotine, die Völpel bedient hatte, trat 1949 noch zweimal in Aktion. Die letzte Hinrichtung im Westteil Berlins fand am Morgen des 11. Mai 1949 im Zellengefängnis Lehrter Straße statt. An diesem Tag wurde der 24 Jahre alte Berthold Wehmeyer enthauptet, der auf einer Hamsterfahrt nach Königs Wusterhausen eine alte Frau niedergeschlagen, vergewaltigt, erdrosselt und ihrer gehamsterten Kartoffeln beraubt hatte. Zwölf Tage später trat das Grundgesetz für die Bundesrepublik Deutschland mit dem Artikel 102 in Kraft, der die Todesstrafe abschaffte.

Nach ihrem letzten Einsatz verblieb die Guillotine in Berlin. Gut geölt und in mehrere Kisten verpackt, werden die Teile in der Untersuchungshaftanstalt Moabit aufbewahrt. Die beiden 20 Kilogramm schweren Messer stecken in Etuis von der Form einer Zither. Anders als in der Bundesrepublik gab es in Westberlin aufgrund des Kontrollratsrechts der Alliierten bis März 1989 die Todesstrafe, jedoch von keinem der westlichen Stadtkommandanten in den 40 Jahren angewandt.

Im Gegensatz dazu wurden nach der Staatsgründung am 7. Oktober 1949 in der Deutschen Demokratischen Republik weiterhin Todesurteile vollstreckt. Wie im alten deutschen Strafrecht war als Hinrichtungsart das Enthaupten vorgesehen. Die Exekutionen erfolgten mit der Guillotine. Einer von drei Männern, die am 10. November 1950 in Frankfurt/Oder unter deren Messer endeten, war der Bandenchef Werner Gladow.

Der KZ-Arzt Dr. med. Horst Fischer (rechts) vor dem Obersten Gericht der DDR. Er wurde 1966 in Leipzig mit dem Fallbeil hingerichtet.

Nur wenig mehr als zwei Jahre lang wurden in Frankfurt/Oder Todesurteile vollstreckt. Ab Sommer 1952 erfolgten die Hinrichtungen in Dresden. Im dortigen Gefängnis starb am 13. Januar 1956 Walter Heyde aus Karl-Marx-Stadt. Der Major der Kasernierten Volkspolizei hatte Informationen an die Westalliierten weitergegeben. Im Oktober 1955 war er vom 1. Strafsenat des Bezirksgerichts Halle/Saale zum Tode verurteilt worden. Auf dem Bestattungsschein vermerkte der Arzt als Todesursache „akutes Herz-Kreislaufversagen".

Anfang 1960 wurde Leipzig zum neuen Hinrichtungsort bestimmt. Einer der letzten, die dort auf der Guillotine endeten, war der frühere SS-Hauptsturmführer Dr. med. Horst Fischer, ehemals Lagerarzt des Konzentrationslagers Auschwitz III, wo er darüber zu entscheiden hatte, welche Juden noch zur Sklavenarbeit taugten und welche ins Gas geschickt werden sollten. Bis zum Juni 1965 blieb Fischer unerkannt und arbeitete in Spreenhagen bei Berlin als praktischer Arzt und Geburtshelfer. Im März 1966 verurteilte ihn das Oberste Gericht der DDR zum Tode. Über die Mitwirkung Fischers an den Lagerselektionen heißt es im Urteil: „Der Angeklagte führte aber nicht nur im Häftlingskrankenbau, sondern in den Unterkünften, auf dem Appellplatz sowie beim Aus- und Einmarsch der Arbeitskommandos Selektionen durch. . . . Bei diesen Aktionen wurden die Häftlinge ausgesondert, die sich nur noch unter großen Anstrengungen zu den Arbeitsplätzen in das IG-Werk zu schleppen vermochten." Fischer wurde am 8. Juli 1966 in Leipzig hingerichtet.

Bis Ende 1967 sind in der DDR wahrscheinlich etwa 100 Exekutionen mit der Guillotine vorgenommen worden. Mit dem Strafgesetzbuch vom 12. Januar 1968 trat anstelle der Enthauptung das Erschießen.

Nach dem Schwertstreich ans Kreuz

Heute wird nirgendwo in Europa noch geköpft. Dagegen behalten einige arabische Staaten mit islamischem Recht die Todesstrafe durch das Schwert bei. Nach Angaben von amnesty international ist diese Exekutionsart eine von mehreren „in Katar und Saudi-Arabien praktizierten und in den Gesetzbüchern der Arabischen Republik Jemen und der Vereinigten Arabischen Emirate enthaltenen Hinrichtungsmethoden".

174

In der Westafrikanischen Republik Mauretanien trifft das Staatsoberhaupt die Entscheidung, ob zur Vollstreckung des Todesurteils die bei der Tat verwendete Waffe, das Schwert oder ein Erschießungskommando eingesetzt wird.

Mit Ausnahme von Katar lassen diese Staaten die Hinrichtungen noch öffentlich vollziehen. Besonderes Aufsehen erregte die Exekution von 63 Menschen in Saudi-Arabien am 9. Januar 1980, die wegen ihrer Teilnahme an den blutigen Unruhen im November 1979 in der Moschee von Mekka zum Tod durch das Schwert verurteilt worden waren. In der Arabischen Republik Jemen können Hingerichtete anschließend gekreuzigt werden und bis zu drei Tagen hängen bleiben.

Die Kugel

Gegenwärtig bestimmen die Gesetze in mehr als 80 Staaten der Welt, daß Todesurteile durch Erschießen vollstreckt werden. Neben dem Erhängen ist das die am weitesten verbreitete Hinrichtungsart. Wo beides gilt, wird das Erschießen oft in Militärgerichtsverfahren oder wegen Verbrechen in Kriegszeiten angewandt. Die Urteilsvollstreckung erfolgt meist durch ein Exekutionskommando.

Das Erschießen entstammt der Militärgerichtsbarkeit, die sich historisch als eigenständiger Bereich herausgebildet hat. In den Söldnerheeren des späten Mittelalters marschierte jede Einheit von Landsknechten unter einer Fahne. Ein solches Fähnlein bildete eine verschworene Gemeinschaft, der nicht nur Männer jeden Alters, sondern auch Frauen und Kinder angehörten. Die Krieger bestimmten aus ihrer Mitte einen Hauptmann, dem jeder Gehorsam zu leisten hatte. Danach verlas einer den Artikelbrief, durch den Verfassung und Kriegsrecht des Fähnleins verkündet wurden. Schließlich mußten noch die untergeordneten Ämter besetzt werden. Zu diesen gehörten der sogenannte Führer, meist ein alter Kriegsmann, der im Fall eines Strafgerichts als Pflichtverteidiger des angeklagten Landsknechts aufzutreten hatte, und der Profos, der als öffentlicher Ankläger fungierte. Hatte man diese Ämter besetzt, so war das Fähnlein konstituiert, das „Regiment aufgerichtet". Entsprechend dieser Ordnung bildete es eine Kriegs- und Gerichtsgemeinde für sich.

Nach alter Sitte wurde im Ring der Landsknechte

Gericht gehalten. Jeder der Umstehenden erkannte über die Verletzung der Artikel. Wie in alter Zeit beim Steinigen erfolgte der Vollzug der Strafe durch die Gemeinschaft „zu gesamter Hand". Der Verurteilte, der Spießrutenlaufen mußte, bat zuvor die Gemeinde um Verzeihung. War er gerichtet, knieten die Knechte zum Gebet nieder und zogen dreimal schweigend um den Leichnam. Daraufhin konnte die Fahne, die vorher verkehrt herum und verhüllt in der Erde gesteckt hatte, wieder entrollt werden, denn die Schuld war gesühnt und die Ehre der Gemeinschaft wiederhergestellt.

Im 15. Jahrhundert kam als erster Typ eines Militärgewehrs die Arkebuse auf. Es war eine etwa sieben Kilogramm schwere Waffe mit langem, innen glattem Lauf und einem Kaliber von 20 Millimetern und mehr, aus der Bleikugeln von 30 bis 45 Gramm verschossen wurden. Das Gewehr mußte wegen seines Gewichts und zum Abschwächen des Rückstoßes auf eine Stützgabel gelegt werden. Die Arkebuse gab dem Erschießen seinen ursprünglichen Namen. Bis ins 19. Jahrhundert hieß diese Hinrichtungsart Arkebusieren. Der traditionelle Begriff hielt sich länger als die Namensgeberin, denn die Waffe war schon im 16. Jahrhundert durch die Muskete abgelöst worden.

Über den Ursprung des Erschießens gibt es nur Vermutungen. Georg Wilhelm Böhmer meinte 1820, das „Arkebüsiren oder das mit einem Feuergewehr vollzogene Erschießen scheint eine französische oder italienische Erfindung zu seyn, die seit dem Anfange des 16ten Jahrhunderts besonders unter dem Militär üblich geworden ist, und selbst dann, wenn sie gegen Personen andrer Stände gebraucht werden soll, nicht durch die gewöhnlichen Vollzieher der Todesurtheile, sondern durch eine gewisse Anzahl außerordentlich hierzu befehligter Soldaten vollzogen wird. Lebhaftes Ehrgefühl und Abscheu vor andern Tödtungsarten scheinen ihr den Ursprung gegeben zu haben."

Zeitweilig gebrauchte man seit dem 16. Jahrhundert nichts als Schießpulver zur Hinrichtung. Zuerst haben es die Protestanten, ein Jahrhundert später ihre katholischen Feinde verwendet. Die britischen Kolonialherren in Indien setzten es gegen aufständische Soldaten aus den einheimischen Hilfstruppen ein. Als die Briten in den Jahren 1857 bis 1859 den Sepoyaufstand niederwarfen, banden sie die Anführer in Neu Delhi vor Kanonen und feuerten diese vor den Augen der versammelten Menge ab.

Ähnlich gingen die Perser vor. Im Jahr 1909 schrieb der Franzose Fernand Nicolay: „Die Tageswachen, die zur Ausführung einer solchen Exekution bestimmt waren, hatten auf dem Marsfeld vor Teheran ein aus starkem Gebälk gezimmertes Gerüst errichtet und in dessen Mitte eine großkalibrige Kanone verankert. Eine enorme Menge erwartete auf dem Platz davor die Ankunft der Nacht. Und als sich die Dämmerung senkte, war der Platz schwarz von Menschen, welche die Stunde dieses gerichtlichen Dramas erwarteten.

Der verurteilte Djahl Agha wurde zum Fuß des Gerüsts geführt. Er warf sich auf die Knie und bat jämmerlich um sein Leben. Aber der Henker und seine Gehilfen fesselten ihn mit Stricken an die Öffnung der Kanone, so daß er diese gerade vor sich hatte. Nachdem die Vorbereitungen getroffen worden waren, drängte das Volk, das bisher unmittelbar vor der Estrade gestanden hatte, nach beiden Seiten auseinander, wie es die Offiziere, welche die Exekution überwachten, verlangt hatten.

Auf das Signal des Kommandanten hin brachte der Henker eine Zündschnur in das Zündloch der Kanone.

Erschießung mit der Kanone in Afghanistan 1930

Er tat es so nachlässig, als ob es sich darum handelte, einen einfachen Schuß zu lösen. Die Kanone ging los, und der Körper des Djahl Agha flog in Stücken in die Luft, um hernach zu den Füßen der entzückten Zuschauer niederzufallen."

„Ach, wie schießt ihr schlecht!"

In früheren Jahrhunderten wurde an Zivilisten nur ganz selten ein Todesurteil durch Erschießen vollstreckt. Ein Fall vom Jahr 1738 wird aus Ulm berichtet, wo der Altbürgermeister Harsdörfer wegen Totschlags verurteilt worden war und um eine Hinrichtung durch Erschießen gebeten hatte. Wahrscheinlich entsprach man seinem Wunsch aufgrund früherer Verdienste um die Stadt.

Das Gegenteil galt für straffällige Militärangehörige. Nur vereinzelt wurde einer von ihnen gehängt oder enthauptet. Im Jahr 1646 starb in Saalfeld ein wegen Mißhandlung von Soldaten zum Tode verurteilter Offizier im Feuer eines Erschießungskommandos. Einige Jahre früher war dort ein Soldat, der einen Mord begangen hatte, enthauptet worden. Die Hinrichtung vollzog auf einem eigens dafür hergerichteten Platz ein Armeescharfrichter. In Berlin mußten 1672 zwei Soldaten unter dem Galgen um ihr Leben würfeln. Claus Berent, ein Hehler, erreichte eine höhere Augenzahl, so daß sein Kumpan, der Dieb, an den Galgen kam.

In Brandenburg-Preußen erfolgte nach der Bewilligung eines stehenden Heeres durch den kurmärkischen Landtag von 1652/53 der Aufbau einer Söldnerarmee als staatliches Instrument, über das der Landesherr jederzeit verfügen konnte. Kurfürst Friedrich Wilhelm schränkte die Selbständigkeit der Kommandeure, die unter anderem die Gerichtsbarkeit ausübten, nach und nach ein. Die ziemlich autonome Gerichtsverfassung des Fähnleins erwies sich als unvereinbar mit der entstehenden Organisation. An die Stelle des alten Artikelbriefs traten fürstliche Kriegsartikel. Nicht mehr die Landsknechte hielten gemeinsam Gericht, Militärjustizbeamte sprachen von nun an Recht.

Seit dem 18. Jahrhundert galten in den deutschen Armeen verschiedene Vorschriften, die sowohl die Pflichten der Militärangehörigen als auch die Strafen bei Verstößen oder Nichtbeachten festlegten. Das „Reglement vor die Königliche Preußische Infanterie" von 1726 bestimmte: „Alles Raisonniren gegen Officiers oder Unter-Officiers im Dienst oder außer Dienst, im

Gewehr oder sonder Gewehr soll mit Spieß-Ruthen hart bestraffet werden, absonderlich soll ein Kerl, wenn er im Gewehr nur mit einem Wort raisonniret, augenblicklich in Arrest geschicket werden, und des anderen Tages durch 200 Mann 20.mahl durch die Spieß-Ruthen laufen. Hingegen, wenn eine Widersetzung, Bedrohung oder gar Gegen-Wehr von einem Kerl gegen eine Officier oder Unter-Officier geschiehet, soll ein solcher Kerl arquebusiret werden."

Wie bei den Landsknechten der alten Söldnerheere mußten die eigenen Kameraden die Strafe vollziehen. Der Verurteilte starb nicht durch die entehrende Hand des Henkers, sondern durch die „ehrliche Kugel". Ein Erschießungskommando brachte zwar den Tod, rettete aber die Ehre, weil „die Infamie, welche durch des Scharfrichters Schwert oder Schinders Hand auferlegt wurde, vermieden... und der Verbrecher von den Händen seiner ehrlichen Kameraden" getötet wurde. Anders verfuhr man mit aufgegriffenen Deserteuren. Sie wurden gehängt, zuweilen aber vom König zum Spießrutenlaufen begnadigt.

Unter seinen Kameraden diejenigen selbst auswählen zu dürfen, die das Todesurteil vollstrecken sollten, galt als besondere Gnade. Es war selbstverständlich, daß man sich als Freund des Verurteilten zum Erschießungskommando meldete und auf jeden Fall richtig traf. „Ich aber, ich traf ihn mitten ins Herz", heißt es in einem alten Soldatenlied. Von den Schützen wurde einer bestimmt, der auf den Kopf, und zwei, die auf das Herz zielten. Unmittelbar hinter ihnen nahm ein gleich großes Kommando Aufstellung, um gegebenenfalls eine zweite Salve abzufeuern. Auf Befehl eines Offiziers vollstreckte das Erschießungspeloton das Todesurteil.

Militärisch bedeutet Peloton soviel wie Zug. Als im

18. Jahrhundert die Bataillone der preußischen Armee noch in geschlossener Formation angriffen, war das Peloton die kleinste taktische Unterabteilung; acht Pelotons bildeten ein Bataillon. Die Infanterieeinheiten rückten gemeinsam vor und entfalteten sich auf dem Schlachtfeld zum Kampf. Geschossen wurde pelotonweise. Es ging vorrangig um die Geschlossenheit der Salven, um eine große moralische Wirkung zu erreichen. Beim Pelotonfeuer zu zielen, war ausdrücklich untersagt.

Im Gegensatz dazu sollte vom Erschießungspeloton sehr wohl gezielt und vor allem getroffen werden. Mit den alten Gewehren war das aber keineswegs einfach. Die Treffgenauigkeit verbesserte sich erst, als während des 19. Jahrhunderts die industriell produzierten Handfeuerwaffen einen gezogenen Lauf erhielten und als das Langgeschoß die Kugel ersetzte. Der in einem solchen Waffenlauf entstehende Drall stabilisierte das Geschoß auf seiner Flugbahn. Anders als die Arkebuse verfügten die Gewehre über eine Visiereinrichtung mit Kimme und Korn. Die Treffsicherheit hing allerdings nicht allein von der verwendeten Waffe ab. Den Erschießungspelotons gehörten nicht nur Meisterschützen an. Es konnte auch passieren, daß ein Soldat bewußt an dem Todeskandidaten vorbeischoß.

„Ach, wie schießt ihr schlecht!" rief der Tiroler Volksheld Andreas Hofer nach der ersten Salve, als man ihn auf französischen Befehl am 20. Februar 1810 in Mantua erschoß. Um diese Zeit war Georg Wilhelm Böhmer in Kassel Augenzeuge „einer Arkebusade, bei welcher mehr als 50 Fehlschüsse das unglückliche Schlachtopfer verwundeten, bis ein eigens, unmittelbar vor ihn gestelltes Commando ihm das Leben traf". Nicht selten war ein Gnadenschuß aus nächster Nähe

*Mata Hari, holländische Tänzerin, wurde 1917 unter
dem Vorwurf der Spionage für die Deutschen in Frankreich erschossen.*

nötig, den der Kommandeur des Erschießungspelotons dem Verwundeten geben mußte.

Eine der wenigen Frauen, an denen ein Todesurteil
durch Erschießen vollstreckt wurde, ist die Holländerin
Margarethe Zelle, besser bekannt als Mata Hari. Unter

diesem Künstlernamen erlangte sie als Tänzerin ebenso wie als Spionin Weltruhm. Viele begehrten sie: Industrielle, Aristokraten, Militärs und Diplomaten. Auch Geheimdienste interessierten sich für sie. Fest steht, daß Mata Hari für das französische Deuxième Bureau gearbeitet hat. Zum Verhängnis wurde ihr eine Überweisung des deutschen Marineattachés in Madrid, ausgestellt auf 20 000 Francs. Im Herbst 1917 wurde sie von der Pariser Staatspolizei verhaftet und bald darauf angeklagt, für das feindliche Deutschland Spionage betrieben zu haben. Mata Hari wurde als Doppelagentin zum Tode verurteilt und am 15. Oktober 1917 im Wald von Vincennes, nahe Paris, von einem Exekutionskommando erschossen.

Im Deutschen Reich regelte die Militärgerichtsordnung vom 1. Dezember 1898 das militärgerichtliche Verfahren. In der Weimarer Republik war die Militärstrafgerichtsbarkeit außer für Kriegszeiten und an Bord der Kriegsschiffe gesetzlich aufgehoben. Während der Krisenjahre 1920 bis 1923 verhängten in Bayern sogenannte Volksgerichte Todesstrafen, die durch Erschießen zu vollziehen waren. Die Hinrichtungen übernahm zunächst die Reichswehr und seit einer gemeinsamen Bekanntmachung der Bayrischen Staatsminister des Innern und der Justiz vom 22. Juli 1921 die Landespolizei. Die Exekutionskommandos bestanden aus „10 unteren und einem oberen Vollzugsbeamten". Zum Ablauf der Hinrichtung bestimmte die Bekanntmachung: „Nachdem dem Geistlichen gestattet worden ist, den Verurteilten nochmals zu sprechen, führen die 10 in zwei Glieder eingeteilten und 5 Schritte von dem Verurteilten aufgestellten Unterbeamten das Urteil auf Kommando oder Wink aus."

Nach dem Machtantritt Hitlers wurde die Militärstrafgerichtsbarkeit am 1. Januar 1934 durch Gesetz wie-

184

der allgemein eingeführt. In den Kriegsjahren mußte der Gefängnispfarrer Harald Poelchau vielen Erschießungen beiwohnen. Die Hinrichtungen der Verurteilten aus den drei Berliner Wehrmachtsgefängnissen erfolgten bis 1944 durchweg auf den Schießständen in der Jungfernheide. Poelchau schilderte das Gesehene in seinen Lebenserinnerungen.

„Wenn mein Mann aufgerufen war, stiegen wir aus dem dunklen Wagen. Die Morgensonne blendete uns. Die Feldwebel nahmen den Verurteilten in ihre Mitte. Ich folgte.

Er wurde in einen Hohlweg geführt, der sich etwa fünfzig Meter zwischen zwei Wällen hinzog. Unter dem Kommando eines Hauptmanns war eine Abteilung Soldaten von zehn bis zwölf Mann aufmarschiert.

Der Gerichtsherr las das Urteil noch einmal vor. Dann übergab er den Delinquenten dem Hauptmann zur Vollstreckung.

Der Hohlweg endete in einem Kugelfang aus Sand und Holzbohlen. Davor war ein Pfahl in die Erde gerammt. Man band den Verurteilten an den Pfahl.

Er konnte sich die Augen verbinden lassen, wenn er es wünschte. Sein letzter Blick ging über die Soldaten hinweg auf die Bäume und Sträucher des nahen Waldgeländes.

Das Hinrichtungskommando hatte in zehn Meter Abstand Aufstellung genommen. Das erste Glied legte im Knien an, das zweite Glied im Stehen. Die Gewehre richteten sich auf das Herz des Mannes am Pfahl.

Der Hauptmann gab den Befehl – die Salve krachte.

Der Tod trat in den meisten Fällen sofort ein. Aber doch nicht immer. Oft mußte der Schwerverwundete, der stöhnend in seinen Stricken hing, durch einen Gnadenschuß erlöst werden."

Ein Deserteur muß sterben

In den US-amerikanischen Streitkräften regelten detaillierte Bestimmungen den Vollzug militärischer Erschießungen. In der Heeresdienstvorschrift Nr. 54 „Vollstreckung kriegsgerichtlich verhängter Todesurteile" war festgelegt:

„Vorbereitende Maßnahmen: Die Hinrichtungsstätte ist so zu bestimmen, daß der Delinquent vor eine als Kugelfang dienende Mauer gestellt werden kann. Vor der Mauer ist ein Pfosten aufzurichten, an den der Delinquent festgebunden wird, so daß er nicht vornüberfallen kann.

Für den Fall, daß der Verurteilte, während er für die Hinrichtung vorbereitet oder zu ihr geführt wird, zusammenbricht oder zusammenzubrechen droht, ist ein passendes Tragbrett mit Gurten bereitzuhalten.

Eine Kapuze aus schwerem, schwarzem Tuch, von genügender Weite, um Kopf und Hals des Delinquenten zu bedecken, ist bereitzustellen. Der Stoff muß lichtundurchlässig sein.

Sobald die Kapuze übergezogen und das Zeichen gegeben ist, daß der Gefangene endgültig bereit ist, marschiert das Erschießungskommando, angeführt von einem Unteroffizier, zu einem vorher bezeichneten Ort, wo es sich in einfacher oder doppelter Reihe dem Delinquenten gegenüber aufstellt, nicht weniger als 20 Schritt von ihm entfernt. Die Mitglieder des Erschießungskommandos sind mit Dienstgewehren zu bewaffnen, die durch den Offizier, der mit der Vollstreckung des Urteils beauftragt ist, zu laden und zu sichern sind. Eines der Gewehre – es ist nicht bekanntzugeben welches – wird mit einer Platzpatrone geladen. Alle übrigen Gewehre werden mit einem Schuß Dienstmunition geladen.

Der befehlshabende Offizier übernimmt sodann das Kommando über das Peloton und befiehlt: 1. ‚Achtung!' 2. ‚Fertig!' 3. ‚Legt an!' 4. ‚Feuer!' Auf das Kommando ‚Feuer!' haben allen Angehörigen des Pelotons ihre Gewehre abzufeuern. Dabei haben sie auf das Herz des Delinquenten zu halten.

Wenn nach dem Urteil der anwesenden Stabsärzte der Delinquent keine tödliche Verwundung davongetragen hat, sind die Gewehre von neuem zu laden. Das in dieser Vorschrift vorgesehene Verfahren ist so lange zu wiederholen, bis es zu einer Verwundung kommt, die dafür die Gewähr gibt, daß der Tod sogleich eintritt."

Während des zweiten Weltkriegs verhängten in den Streitkräften der Vereinigten Staaten höhere Kriegsgerichte gegen 2864 Fahnenflüchtige Freiheitsstrafen bis zu 20 Jahren und Todesstrafen. Von den Todesurteilen wurden 49 bestätigt, aber davon nur ein einziges vollstreckt. Der Soldat Edward D. Slovik wurde am 31. Januar 1945 in dem Vogesenort St. Marie-Aux-Mines erschossen. Er war seit 1864 der erste amerikanische Soldat, der wegen Fahnenflucht im Feuer eines Erschießungskommandos starb. Wegen anderer Delikte wurden im zweiten Weltkrieg 101 US-Soldaten hingerichtet.

Zur Exekution Sloviks traten zwölf Scharfschützen an. Einer der Soldaten soll gesagt haben: „Warum zum Teufel brauchen sie diese elf anderen Jungs dazu? Unser Pappy hier (der Soldat Aaron Morrison – d. A.) hat schon mit sechs Jahren ein Eichhörnchen in den Kopf getroffen auf 100 Yards! Die anderen Kerle verschwenden nur Munition."

Nachdem die Gewehrsalve abgefeuert worden war, untersuchte ein Militärarzt den am Pfahl hängenden Slovik. Er befand: „Sie hatten sehr schlecht geschossen, und das spiegelte die Nervosität der Schützen wider. Nicht eine der Kugeln hatte das Herz getroffen. Die Einschüsse reichten von hoch in der Halsregion bis zur linken Schulter, über die linke Brustseite und unter das Herz. Eine Kugel steckte im linken Oberarm. Aber es waren keine absichtlichen Fehlschüsse, alle 11 Kugeln hatten den Körper getroffen. Vielleicht war es falsch von mir, daß ich nicht dem Rat folgte, ein Papier über das Herz zu heften. Weil diese Schützen gewohnt waren, Menschen zu töten, hatte ich die emotionale Wirkung unterschätzt, die aus der Forderung resultierte, einen ihrer Kameraden umzubringen."

In Amerika hat die Hinrichtung durch Erschießen eine lange Tradition. Die früheste verbürgte Exekution auf diese Art erfolgte 1608, als George Kendall, einer der ersten Ratsherren der damaligen englischen Kolonie Virginia, zum Tode verurteilt wurde. Viele Indianerstämme bevorzugten das Erschießen, nachdem sie von europäischen Siedlern Gewehre bekommen hatten.

Der US-Bundesstaat Utah hält seit 1851 an der seltenen Regelung fest, den Verurteilten zwischen verschiedenen Hinrichtungsarten wählen zu lassen. Anfänglich standen Erschießen, Hängen und Enthaupten zur Auswahl. Meist entschieden sich die Todeskandidaten für das Erschießen, nur wenige ließen sich hängen und keiner enthaupten. Heute kann der Verurteilte nur noch zwischen Hängen und Erschießen wählen. Der Bundesstaat Idaho bietet die Giftinjektion als Alternative.

Entscheidet sich einer für das Erschießen, wird er auf einen Stuhl gefesselt, man verbindet ihm die Augen und heftet ihm eine Zielscheibe an die Brust. Hinter dem Todeskandidaten sind einige Sandsäcke als

Vidkun Quisling, norwegischer Regierungschef während der Besetzung des Landes durch die deutsche Wehrmacht, starb 1945 unter der Salve eines Erschießungskommandos.

Kugelfang aufgestapelt. Das fünfköpfige Exekutionskommando steht sieben Meter entfernt hinter einer Sichtblende mit Schlitz. Dadurch bleiben die Schützen den Blicken entzogen. Traditionsgemäß wird eines der

Gewehre mit einer Platzpatrone geladen. So geschah es am 17. Januar 1977, als im Staatsgefängnis von Utah der Doppelmörder Gary Mark Gilmore von einem Erschießungskommando hingerichtet wurde. Alle vier Kugeln durchbohrten sein Herz. Der Arzt erklärte Gilmore zwei Minuten später für tot.

Weniger genau trafen die Scharfschützen in Utah am 10. September 1951 bei der Hinrichtung von Elisio Mares. Ihre Salve ging in die rechte Brustseite des Verurteilten. Die Zeugen auf dem Gefängnishof mußten mit ansehen, wie Mares langsam verblutete.

Nach dem Ende des zweiten Weltkriegs fanden in den europäischen Staaten, die von Deutschen besetzt gewesen waren, viele Prozesse wegen Kollaboration mit der Besatzungsmacht statt. In Norwegen stand 1945 Vidkun Quisling vor Gericht, der von 1942 bis Kriegsende Chef der Kollaborationsregierung war. Er starb am 24. Oktober 1945 in Oslo vor einem Erschießungspeloton. Insgesamt wurden nach dem Krieg in Norwegen 37 Personen, die des Hochverrats und begangener Kriegsverbrechen angeklagt waren, zum Tode verurteilt und hingerichtet. Die letzte dieser Exekutionen erfolgte am 29. August 1948.

In Frankreich erhielt der Ministerpräsident des Vichy-Regimes, Pierre Laval, wegen Kollaboration und Landesverrat die Todesstrafe. Die Erschießung fand am 15. Oktober 1945 in Fresnes statt. In Rumänien wurde der Diktator Ion Antonescu, der bis August 1944 Regierungschef des faschistischen Regimes war, in einem Kriegsverbrecherprozeß zum Tode verurteilt. Ihn erschoß man am 1. Juni 1946 in Jilava.

Auf Stalins Befehl

In der Sowjetunion gab es seit der Staatsgründung 1922 die Todesstrafe, mit Ausnahme der Jahre 1947 bis 1950. Eine Verurteilung zur Höchststrafe bedeutete fast immer den Tod durch Erschießen. Nur in seltenen Fällen geschah das wegen gewöhnlicher Verbrechen. Die Todesstrafe wurde unzählbar oft mißbraucht, besonders gegen die Elite des Sowjetstaates.

Auf dem Höhepunkt der sogenannten Säuberungen in den Jahren 1937 und 1938 waren die Todesurteile häufig kurz und knapp. NKWD-Chef Nikolai Jeshow wies zum Beispiel die Dienststelle in Frunse an: „Sie werden mit der Vernichtung von zehntausend Volksfeinden beauftragt. Ergebnisbericht telegrafisch. Jeshow."

Die Erschießungen fanden an vielen Orten statt, in den NKWD-Gefängnissen, in den Lagern des GULAG, in militärischen Objekten und anderswo im Lande. Die Henker arbeiteten verschieden: Kopfschüsse, Genickschüsse oder Schüsse in die Brust – je nachdem, wie es sich aus der Situation gerade ergab.

Die Lubjanka, ein achtstöckiges Bauwerk im Zentrum von Moskau, war die Zentrale der politischen Polizei (Tscheka, GPU, NKWD). In dem riesigen Gebäudekomplex befand sich auch das sogenannte Innere Gefängnis. Die Hinrichtungszellen im Keller waren fensterlose Räume von zwei mal drei Metern mit schwarzen Wänden.

In der Lubjanka wurde am 25. August 1936 der Altbolschewik und einstige enge Mitarbeiter Lenins Grigori Sinowjew hingerichtet. Man schleppte ihn in eine der Todeszellen. Dort schoß ihm ein Leutnant des NKWD in den Kopf.

Anders verlief die Hinrichtung von Budu Mdiwani, einem führenden Parteifunktionär im Kaukasus. Die Erschießung Mdiwanis und fünf weiterer Verurteilter im Juli 1937 schildert der russische Publizist Anton Antonow-Owsejenko so: „Die sechs Todeskandidaten wurden in Fesseln zum Hinrichtungsort gefahren. Am Stadtrand von Tbilissi hielt der Fahrer an. Die Verurteilten stiegen aus dem Wagen und wurden zu einer frisch ausgehobenen Grube geführt. Daneben standen zwei Lastkraftwagen mit ungelöschtem Kalk und ein Wasserwagen. Der dienstälteste Begleitposten trat mit der Pistole in der Hand an Mdiwani heran.

,Hör mal, erschieß mich als letzten!'

,Warum denn?' fragte der Henker verwundert.

,Ich möchte meinen Genossen Mut zusprechen . . .'

,Ach, wirklich.'

Und er schoß ihm direkt ins Herz und ging zum nächsten. Als der Henker den sechsten niedergestreckt hatte, hörte er hinter sich ein leichtes Stöhnen. Wie er sich umdrehte, sah er, daß Mdiwani noch lebte. Er ging zu dem am Boden liegenden Körper, dessen Finger noch zuckten, lud die Pistole nach und gab dem Opfer den Gnadenschuß.

Die Leichen wurden in die Grube geworfen, mit Kalk bestreut und mit Wasser begossen."

Den Massenerschießungen der dreißiger Jahre vorausgegangen war die Stalin angelastete Ermordung des populären Parteisekretärs von Leningrad, Sergej Kirow, am 1. Dezember 1934. Unmittelbar danach setzte eine Welle des Terrors ein. Als juristische Grundlage diente oft ein noch am Tag des Attentats erlassenes Ausnahmegesetz, das Soforturteile ohne Teilnahme eines Anklägers und eines Verteidigers zuließ.

An zahllosen Verbrechen wirkte Josef Stalin selbst mit. Er veranlaßte und bestätigte die Verurteilung Tausender schuldlos inhaftierter Sowjetbürger. Insbeson-

192

*Auf Befehl Stalins hingerichtet: Lenins Revolutionsge-
fährten Nikolai Bucharin, Alexej Rykow, Lew Kamenew und Grigori Sinowjew*

dere die drei Moskauer Schauprozesse bezweckten die Stärkung der persönlichen Macht Stalins.

Als erster fand im August 1936 der Prozeß gegen das „Antisowjetische vereinigte trotzkistisch-sinowjewsche Zentrum" vor dem Militärkollegium des Obersten Gerichts der UdSSR statt. Die Mehrzahl der 16 Angeklagten, so Grigori Sinowjew, Lew Kamenew, Grigori Jewdokimow und Sergej Mratschkowski, waren bekannte Parteifunktionäre. Die Anklage beschuldigte sie antisowjetischer Spionage-, Diversions- und terroristischer Tätigkeit, der Beteiligung an der Ermordung Kirows sowie der Vorbereitung von Attentaten gegen Mitglieder der Parteiführung und Regierung. Alle erhielten die Todesstrafe und wurden am 25. August 1936 erschossen. Mit dem Tod von Sinowjew und Kamenew hatte sich Stalin seiner beiden Partner aus dem früheren Machttriumvirat entledigt.

Bereits im Januar 1937 folgte der Prozeß gegen das „Parallele antisowjetische trotzkistische Zentrum". Die Anklage, der Verhandlungsverlauf und die Urteile glichen denen des ersten Moskauer Schauprozesses. Das Gericht sprach gegen 13 Angeklagte das Todesurteil aus. In dieser Strafsache wurden unter anderem Juri Pjatakow und Leonid Serebrjakow erschossen.

Im März 1938 wurde gegen den „Antisowjetischen rechtstrotzkistischen Block" verhandelt. Zu dessen Führern hatte man Nikolai Bucharin und Alexej Rykow erklärt. Wiederum endete das Verfahren für die Mehrzahl der Angeklagten mit dem Todesurteil. Bucharin und Rykow sowie 16 Mitangeklagte wurden am 15. März 1938 erschossen. Damit hatte Stalin die letzten der engsten Kampfgefährten Lenins beseitigt – bis auf Leo Trotzki, der im Ausland lebte.

Unterdessen richteten sich die sogenannten Säuberungen auch gegen das Militär. Am 11. Juni 1937 hatte

194

das Sondermilitärgericht des Obersten Gerichts der UdSSR in einer geschlossenen Sitzung die Anklage gegen Michail Tuchatschewski und sieben weitere hohe und angesehene Offiziere verhandelt. Sie wurden beschuldigt, auf direkte Weisung Trotzkis und des deutschen Generalstabs eine „Antisowjetische trotzkistische Militärorganisation" in der Roten Armee gebildet zu haben. Noch am 11. Juni 1937, um 23.35 Uhr, verkündete der Vorsitzende die Entscheidung: Tod aller acht Angeklagten durch Erschießen.

Die Urteile wurden bereits am nächsten Tag vollstreckt. Damit begann eine Terrorwelle, die Historiker als Enthauptung der Roten Armee bezeichnen. Einer der Hauptakteure bei den Säuberungen im Offizierskorps, der General Lew Mechlis, allein wird für den Tod von 15 000 Militärs verantwortlich gemacht.

Wenn sie ihre Schuldigkeit getan hatten, ließ Stalin seine Massenhenker ebenfalls beseitigen. Genrich Jagoda, von 1934 bis 1936 Volkskommissar für Innere Angelegenheiten, wurde im dritten Moskauer Schauprozeß 1938 zum Tode verurteilt und wie die übrigen Verurteilten erschossen. Sein Nachfolger für zwei Jahre, Nikolai Jeshow, wurde 1940 erschossen.

Erst dem Landsmann Stalins Lawrenti Berija, der es vom georgischen Geheimpolizisten in der Zeit des Terrors 1938 zum neuen Volkskommissar brachte, war eine längere Amtszeit beschieden. Er überlebte sogar seinen Herrn und Meister, allerdings nur um wenige Monate. Im Juni 1953, als er in den Machtkämpfen nach Stalins Tod unterlag, wurde er inhaftiert. Im Dezember kam er vor ein Sondergericht. Das Urteil lautete auf Tod durch Erschießen im Bunker des Stabes des Moskauer Militärbezirks.

Anton Antonow-Owsejenko veröffentlichte eine detaillierte Darstellung vom Ende des Massenmörders

Der sowjetische Geheimdienstchef Lawrenti Berija. Er wurde 1953 erschossen.

am 23. Dezember 1953: „Man zog Berija die Feldbluse aus, ließ ihm aber das weiße Unterhemd an. Dann fesselte man seine Arme auf dem Rücken und band ihn an einem Haken an einer Holzwand fest, die als Kugelfang diente.

Staatsanwalt Rudenko verlas das Urteil.

Berija: ‚Gestatten Sie mir noch einige Worte . . .‘

Rudenko: ‚Du hast bereits alles gesagt.‘ Zu den Militärs: ‚Verbindet ihm den Mund!‘

Moskalenko (zu Juferew): ‚Du bist der jüngere von uns und ein guter Schütze. Schieß Du.‘

Batizki: ‚Genosse Kommandeur, darf ich schießen?‘
Er zog seine Pistole. ‚Hiermit habe ich an der Front so
manchen Schuft ins Jenseits befördert.‘
Rudenko: ‚Bitte das Urteil vollstrecken.‘
Batizki legte an. Berijas Augen weiteten sich vor Ent-
setzen. Batizki schoß und traf mitten in die Stirn. Berijas
Körper hing schlaff in den Stricken. Das Urteil wurde in
Anwesenheit von Marschall Konew und der Militärs voll-
streckt, die Berija verhaftet und bewacht hatten.

Der gerufene Arzt meinte nur: ‚Was soll ich ihn mir
noch ansehen, er ist hinüber. Ich kenne ihn, er ist seit
langem verkommen, seit 1943 litt er an Syphilis.‘ Er
prüfte trotzdem den Puls und schaute dem Hingerichteten in die Pupillen, um den Tod festzustellen.

Der Körper Berijas wurde in ein Tuch eingewickelt
und in das Krematorium gebracht."

Stalins und Berijas Schatten lagen noch immer über
Osteuropa. Die Säuberungen gingen weiter. Im Mai
1953 wurden in Polen 19 Generale erschossen, die ein
Militärgericht in einer Geheimverhandlung zum Tode
verurteilt hatte. Ein knappes Jahr später, im April 1954,
fand in Rumänien der Geheimprozeß gegen den
führenden Altkommunisten Lucretiu Patrascanu und
acht Mitangeklagte vor dem Bukarester Militärgericht
statt. Der Hauptangeklagte und Remus Koffler, gleichfalls früher im Zentralkomitee der Partei, erhielten die
Todesstrafe und wurden kurz darauf erschossen.

Dauerfeuer auf Ceausescu

Gegenüber anderen Methoden weist das Erschießen
für die Exekutoren mehrere Vorteile auf. Man benötigt

außer den Waffen keinerlei Gerätschaften, und das Todesurteil läßt sich praktisch überall vollstrecken. Zudem kann ein Erschießungspeloton eine größere Anzahl von Verurteilten gleichzeitig hinrichten. Derartige Massenexekutionen haben meist einen politischen Hintergrund und werden häufig in der Öffentlichkeit vollzogen. Seit 1980 fanden in mindestens 18 Staaten öffentliche Hinrichtungen statt, oft vor einer riesigen Menschenmenge. Bisweilen mußte Polizei eingreifen, um die aufgeregte Menge wieder zu beruhigen.

In Liberia wurden am 12. April 1980 unmittelbar nach einem Militärputsch ehemalige Regierungsbeamte, hohe Offiziere und Wirtschaftsfunktionäre festgenommen. Mit rückwirkender Kraft erließ man eine Verordnung, die bei Hochverrat die Todesstrafe vorschrieb. Innerhalb einer Woche nach dem Putsch eröffnete ein militärisches Sondergericht einen Prozeß wegen „Hochverrats, Korruption, Amtsmißbrauchs sowie Verletzung von Bürger- und Menschenrechten". In einem Schnellverfahren wurden 13 der Angeklagten zum Tode verurteilt. Die Militärregierung ordnete die Hinrichtung an. Am 22. April 1980 wurden die Männer am Strand von Monrovia öffentlich von einem Exekutionskommando erschossen.

Eine Massenhinrichtung von 45 Gefangenen fand am 23. September 1983 in einem ausgetrockneten Flußbett außerhalb der Stadt Zhengzhou in China statt. Die Verurteilten wurden zu einer Reihe aufgestellter Holzpfähle geführt. Aus kurzer Entfernung schossen 45 Polizisten auf die Köpfe ihrer Opfer. Auf Verwundete, die sich am Boden noch bewegten, feuerten sie ein zweites Mal. Einem Bericht von amnesty international zufolge drängte nach der Hinrichtung „die von den Ufern des Flußbettes zuschauende Menge schreiend nach vorn und durchbrach den Polizeigürtel, der um die Toten gebildet worden war. Erst beim Näherkommen hielt sie vor Entsetzen angesichts dessen, was sich ihren Augen bot, kurz inne. Der Druck der nachdrängenden Schaulustigen war jedoch so groß, daß viele nach vorn gestoßen wurden und auf den Leichen der Hingerichteten herumtrampelten, einige fielen sogar über die toten Körper . . . Zum Schutz der Toten zog ein Polizist einen der Pfähle aus der Erde, steckte auf die Nummerntafel einige Hirnteile und hielt so die Menge auf Abstand."

Wenn die Todesstrafe politischen Zwecken dient, werden die Angeklagten oft in Schnellverfahren abgeurteilt. So geschah es 1982 in Suriname, als der Hauptfeldwebel Wilfred Hawkes den Versuch gewagt hatte, die Militärregierung zu stürzen, die zwei Jahre zuvor selbst durch einen Staatsstreich zur Macht gekommen war. Der Prozeß erfolgte auf der Grundlage einer am Tag des Putschversuchs eingeführten Verordnung, mit der Militärgerichte ermächtigt worden waren, „Todesurteile ohne Berufungsmöglichkeit gegen jede Person zu verhängen, die in Kriegszeiten oder während eines Ausnahmezustands als ernste Gefahr für die nationale Sicherheit angesehen wird". In einem eintägigen Verfahren wurde Hawkes zum Tode verurteilt, zwei Tage nach dem Putschversuch endete er vor einem Erschießungskommando. Weitere zehn Tage später trat die Verordnung außer Kraft.

In Europa wurden, nachdem in vielen Ländern die Kollaborateure der deutschen Besatzungsmacht gerichtet waren, kaum noch Todesurteile durch Erschießen vollstreckt, ausgenommen in der Sowjetunion.

In Frankreich, im Fort d'Ivry bei Paris, starb im Morgengrauen des 11. März 1963 der Oberstleutnant der Luftwaffe Jean-Marie Bastien-Thiry unter der Salve

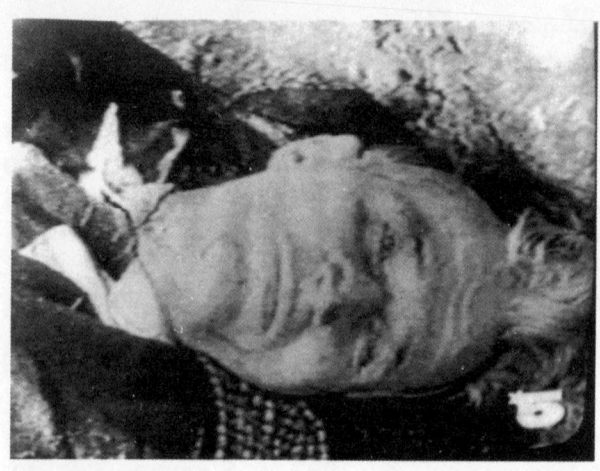

Der hingerichtete rumänische Diktator Nicolae Ceausescu, erschossen am 25. Dezember 1989

eines Hinrichtungskommandos. Er war als Anführer einer Gruppe von neun Attentätern, die im Jahr zuvor einen Mordanschlag auf den Präsidenten Charles de Gaulle ausgeführt hatten, zum Tode verurteilt worden.

In Rumänien fand am 25. Dezember 1989 an einem geheimgehaltenen Ort vor einem außerordentlichen Militärgericht der Prozeß gegen den gestürzten Partei- und Staatschef Nicolae Ceausescu und seine Frau Elena statt. Das Schnellverfahren dauerte zwei Stunden und endete mit dem Todesurteil für beide Angeklagten. Gegen die Entscheidung des Sondergerichts gab es keine Berufung. Noch im Gerichtssaal fesselten drei Fallschirmjäger den Verurteilten die Hände. Nur Minuten später führte man sie aus dem Raum. Um 16.00 Uhr vollstreckte ein aus drei Soldaten bestehendes Exekutionskommando die Todesurteile. Die Erschießung mit Schnellfeuergewehren dauerte vier Sekunden. Nach einem Pressebericht „hatte das Exekutionskommando nicht auf den Schießbefehl gewartet. Die Soldaten hätten einfach drauflosgeschossen." Am Tag danach sendete das Fernsehen Bilder der Hingerichteten. Zu sehen waren die beiden bekleideten Leichen vor einer Ziegelwand mit zahlreichen Einschüssen. Aus einer Kopfwunde Ceausescus sickerte Blut. Der Hinrichtungsort, ein Militärstützpunkt, wurde nicht genannt.

Im Frühjahr 1990 erklärte ein Pflichtverteidiger der Ceausescus gegenüber britischen Journalisten, „das Ehepaar sei nach der Gerichtsverhandlung nicht regelrecht an die Wand gestellt und von einem Exekutionskommando erschossen worden, sondern Soldaten hätten auf die beiden gefeuert, als sie ahnungslos über den Hof gingen. Erst danach habe man die Leichen des Diktatoren-Ehepaars für die Filmaufnahmen vor eine Wand gelegt."

Schneller Tod durch Genickschuß

Nicht immer werden Erschießungskommandos zur Urteilsvollstreckung eingesetzt. Einige Staaten bevorzugen andere Methoden. In Rußland wurden 1991 nach offiziellen Angaben 119 Verurteilte durch Genickschuß hingerichtet. Ein begnadigter Todeskandidat berichtete im April 1992, im Moskauer Butyrka-Gefängnis sollen Hinrichtungen durch einen Schuß in die Stirn vollzogen werden.

In der Deutschen Demokratischen Republik wurde mit dem Strafgesetzbuch von 1968 die Todesstrafe durch Erschießen eingeführt. Vollzugsort war Leipzig. Dort starb am 15. September 1972 der dreifache Knabenmörder Erwin Hagedorn durch einen „Nahschuß in das Hinterhaupt".

Zu den letzten, die in der DDR hingerichtet wurden, gehört der einstige Fregattenkapitän Winfried Baumann. Er leitete in den sechziger Jahren in der Verwaltung Aufklärung des Ministeriums für Nationale Verteidigung die Abteilung NATO-Seestreitkräfte. Wegen seines reichlichen Alkoholkonsums aus dem Ministerium entlassen, bot er sich dem Bundesnachrichtendienst an. Baumann ließ mehrere Informanten seiner Exabteilung in der Bundesrepublik auffliegen. Im Frühjahr 1980 wurde er in Berlin verhaftet, und am 9. Juli verurteilte ihn der 1. Militärstrafsenat des Obersten Gerichts der DDR wegen Spionage zum Tode. Am 18. Juli 1980 wurde Baumann in Leipzig erschossen.

Insgesamt wurden in der DDR zwischen 25 und 30 Todesurteile durch Erschießen vollstreckt, das letzte wahrscheinlich am 26. Juni 1981.

In einigen außereuropäischen Staaten gibt es noch andere Vollstreckungsarten. In China muß sich ein verurteilter Drogenhändler zur Exekution niederknien und wird von einem Soldaten oder Polizisten durch einen Pistolenschuß in den Hinterkopf getötet. In Somalia richtet sich die Verfahrensweise nach der Art des Verbrechens. Der Delinquent steht entweder mit dem Gesicht zu den Schützen oder kniet und zeigt ihnen dabei den Rücken. In Thailand wird zwischen den Verurteilten und dem Exekutionskommando ein Tuch mit einem Zielkreuz gehängt.

Der Tod durch Erschießen tritt im allgemeinen durch Verletzung lebenswichtiger Organe wie Herz und Gehirn ein. Das Sterben kann sich verlängern, wenn das Peloton aus einer größeren Entfernung und daher mit geringerer Treffsicherheit schießt. Meistens werden die Exekutoren angewiesen, auf den Rumpf zu zielen, der leichter zu treffen ist als der Kopf. Selbst Kopfschüsse sind nur dann sofort tödlich, wenn lebenswichtige Hirnzentren zerstört werden. Ein gezielter Schuß in den Nacken beim sogenannten Genickschuß mit Verletzung oder Durchtrennung des verlängerten Marks führt ganz schnell zum Tod.

Mitunter ist es Absicht, daß der Todeskandidat nach der ersten Salve noch bei Bewußtsein ist. In Nigeria ließ 1986 der Militärgouverneur des Bundesstaates Niger zwei wegen bewaffneten Raubüberfalls verurteilte Gefangene durch schrittweises Erschießen hinrichten. An den Fußgelenken beginnend, wurden auf die beiden mit zeitlichem Abstand immer wieder Schüsse abgegeben, bis man sie schließlich tödlich traf.

Die Königliche Kommission zur Überprüfung der Todesstrafe in Großbritannien erklärte 1953 in ihrem Bericht die Exekution durch ein Erschießungskommando für nicht annehmbar. Zum einen sei „eine Vielzahl von Vollstreckern" notwendig und zum anderen fehle „das Mindesterfordernis einer wirksamen Methode – nämlich die Gewißheit, daß der sofortige Tod verursacht wird".

Obwohl sich die britischen Experten klar gegen die Kugel ausgesprochen haben, vollzog sich weltweit eine andere Entwicklung. Während noch 1970 in der Mehrzahl der Staaten der Galgen drohte, dominiert heute die Todesstrafe durch Erschießen.

Steinzeit ohne Ende

„Wer unter euch ohne Sünde ist, der werfe den ersten Stein auf sie." So steht es im Johannes-Evangelium in der Geschichte von Jesus und der Ehebrecherin.

Wer aber warf einst wirklich den ersten Stein? Wie begann diese Art des Strafens, die als einzige in ihrer Ursprünglichkeit die Jahrtausende überstanden hat?

Der Stein war neben dem Ast die erste Waffe des Menschen. Die Natur lieferte beide einsatzbereit. So wie man damit Feinde verjagen konnte, ließ sich der Stein nach jemandem werfen, der bestraft werden sollte.

Am Anfang der Entwicklung stand die Friedlosigkeit, die nur mittelbar eine Todesstrafe war. Wen diese Strafe traf, der wurde aus der Gemeinschaft vertrieben und für vogelfrei erklärt. Die Bedingungen in frühester Zeit ließen dem Ausgestoßenen kaum eine Chance zu überleben. Allein sah er sich den Gefahren der Natur gegenüber, er mußte ohne Hilfe mit primitivsten Mitteln sein Dasein verlängern. Der Vogelfreie verlor den Schutz der Blutrache, denn seine Familie hatte sich von ihm losgesagt. Jeder durfte ihn töten. Bei den Germanen war derjenige, der einem Friedlosen begegnete, sogar dazu verpflichtet. Als Relikt dieser uralten Strafe der Friedlosigkeit findet man heute zum Beispiel die unehrenhafte Entlassung aus der Armee.

Irgendwann in grauer Vorzeit haben Menschen zum ersten Mal Steine ergriffen, um den Friedlosen aus der Gemeinschaft zu vertreiben, vielleicht weil er sie nicht verlassen wollte oder weil er sich durch sein Vergehen einen besonders großen Haß der Stammesangehörigen zugezogen hatte. Die Wurfgeschosse verletzten ihn, er brach blutend zusammen und starb früher oder später. Der erste Schritt von der Friedlosigkeit zum Steinigen war vollzogen. Ihr Ursprung wird als „ein Akt spontaner Volksjustiz" gedeutet, der ohne vorheriges Todesurteil als gemeinschaftlich begangene Gewalttat ablief. Wesentlich an der Steinigung war zunächst nicht das Töten, sondern das Ausstoßen aus der Gemeinschaft und das Vertreiben ohne Wiederkehr. Wenn aber das Opfer tödlich verletzt am Boden liegenblieb, mußte der Leichnam mit Steinen vollständig bedeckt werden, damit er den Blicken entzogen war.

Das Aufkommen der Steinigung als Hinrichtungsart brachte den Übergang von der indirekten zur direkten Todesstrafe. Der Tod blieb nicht mehr dem Zufall überlassen, sondern das Töten wurde vom Menschen selbst vollzogen. Da sich alle Angehörigen der Gemeinschaft daran beteiligen mußten, spricht man von einer Hinrichtung „zu gesamter Hand".

Steinwürfe auf ein fliehendes oder sich schützendes Opfer gaben jedoch nicht ausreichend Sicherheit, daß der Ausgestoßene getötet würde. Deshalb begann man damit, den Verurteilten am Weglaufen zu hindern. Das Opfer wurde zuerst in eine Schlucht gestoßen und danach von oben durch Steinwürfe getötet.

Beim Felssturz beteiligte sich nicht mehr die gesamte Gemeinschaft an der Urteilsvollstreckung. Erstmalig tritt der Henker in Erscheinung, der im Auftrag der Gemeinschaft die Todesstrafe vollzieht.

Im gebirgigen Mittelmeerraum, aber auch in den Küstengebieten West- und Nordeuropas, erlangte der Felssturz weite Verbreitung. Im alten Rom, zu Zeiten der Republik, galt die Tötung durch Hinabstoßen in die Tiefe als übliche Hinrichtungsart für den römischen Bürger bei Verbrechen wie Mord, Meuterei oder Verrat. Einen Sklaven hätte das ans Kreuz gebracht.

Als Hinrichtungsstätte diente der berühmt gewordene Tarpejische Felsen, eine steile Wand am Südwestrand des Kapitols. In altrömischer Zeit fiel das Opfer an dieser Stelle etwa 50 Meter in die Tiefe. Im Jahr 214 v. u. Z. fand dort eine Massenexekution von 370 Überläufern statt, die den Römern während des zweiten Punischen Krieges in die Hände gefallen waren. Ein anderer prominenter Exekutionsort war der Salto di Tiberio auf Capri, wo Kaiser Tiberius während der ersten Jahrzehnte nach der Zeitenwende seine Gefangenen von dem mehr als 300 Meter hohen Felsen ins Meer stürzen ließ.

Die jüngste, bekannt gewordene Hinrichtung durch Felssturz fand erst im Oktober 1987 statt. Von der iranischen Presse wurde über die Exekution von drei Gefangenen berichtet, die man von einer Klippe gestoßen hatte. Die Verurteilten sollen vor die Alternative gestellt worden sein, sich zwischen Steinigen, Enthaupten und dieser Hinrichtungsart zu entscheiden.

Bei der ursprünglichen, vollständig ablaufenden Hinrichtung folgte auf den Felssturz die eigentliche Steinigung und darauf das Bedecken des Leichnams mit Steinen und Erdschollen. In der niederdeutschen Landschaft, wo steile Felsen oder Klippen selten waren, gewann der letzte Teil des Rituals größere Bedeutung. Verurteilte wurden lebendig begraben oder im Moor versenkt.

Auf beide Arten ließ sich der Körper des Ausgestoßenen vollkommen beseitigen. Da kein Blut vergossen werden mußte, fielen diesen Todesstrafen vor allem Frauen zum Opfer. In Schweden mußte sich die Verurteilte in eine grabartige Vertiefung stellen, dann wurde sie mit Steinen, Schotter oder Rasenschollen zugeschüttet.

Im alten Orient benutzte man ebenfalls eine Grube.

Ein Mann begann mit der Hinrichtung, indem er einen ziemlich großen Stein auf das Opfer warf. Überstand der Verurteilte diesen ersten Schlag, übernahmen es die Mitglieder der Sippe, des Stammes oder die Bewohner der Stadt, solange mit Steinen zu werfen, bis er tot war. Oft, vor allem bei Ehebrecherinnen, ließ man den Leichnam von ausgehungerten Hunden auffressen.

Bei der archaischen Steinigung sollte immer derjenige den ersten Stein werfen, der durch seine Aussage das Todesurteil herbeigeführt hatte. Vom Hauptbelastungszeugen erwartete man, daß er sich auch an der Urteilsvollstreckung vorzugsweise beteiligte und dadurch in hohem Maße die Blutschuld auf sich nahm. Danach warfen alle anderen.

Sex und Gotteszorn

„Die Steinigung faßt alle denkbaren Straf- und Abwehrzwecke einer bestimmten Kulturstufe in fortgesetzter Handlung zusammen", meint der Kriminologe Hans von Hentig. „Es erfolgt die physische Vernichtung. Die Befleckung wird nicht nur beseitigt, sondern auf den Sünder zurückgeworfen. Schließlich erfolgt endgültige Unschädlichmachung durch verschüttendes ‚Vergraben'. Der Steinhaufen dient als Schandmal und verfolgt Zwecke der Abschreckung. Alle vier Funktionen sind in einer Prozedur verbunden, . . . Das Volk selbst verflucht, tötet, begräbt ihn und häuft über ihm ein Mal der Schande auf. Keiner stirbt eines totaleren Todes als der, der gesteinigt wird."

Im Alten Testament erscheint das Steinigen als häufigste Todesstrafe. Damit waren nach israelitisch-jüdischem Recht alle Delikte bedroht, die Gottes Zorn erregen und seinen Schutz vom Volk abwenden konnten. Indem die Gemeinschaft den Verbrecher aus ihrer Mitte beseitigte, konnte sie die Gefahr bannen. Die Strafe traf den Verräter am Gottesstaat, den Gotteslästerer, den Sabbatschänder. Steinigung drohte außerdem bei Verstößen gegen die Sexualgebote, also bei Ehebruch, Homosexualität oder Sodomie.

In Griechenland und Makedonien richtete sich das Steinigen gegen Verbrechen, die Unheil über jedermann brachten. Solche Delikte waren Königsmord, Verrat im Krieg oder Rebellion. Ebenso wie in der jüdischen Gemeinschaft wurde gesteinigt, wer durch Religionsfrevel oder Tempelschändung den Zorn der Götter heraufbeschwor. Man führte den Verurteilten aus der Stadt, und die Zeugen seiner Untat bewarfen ihn zuerst. Außerdem wurde die Familie des Schuldiggesprochenen bestraft, indem man ihr Haus zerstörte und der Sippe die Ehren und Vorrechte der Bürger absprach.

Die Römer übernahmen nur den Felssturz. Dennoch blieb es nicht aus, daß eine aufgebrachte Menge sich mit Steinwürfen abreagierte. Der Angriff konnte einem Mitbürger gelten, aber auch einer geheiligten Stätte. Als sich im Oktober des Jahres 19 die Nachricht vom Ende des Germanicus verbreitete, bewarfen die verärgerten Römer ihre Göttergestalten mit Steinen, weil sie den Tod des populären Feldherrn zugelassen hatten.

Hans von Hentig meint: „In jedem Volkstumult findet die alte Strafart ihre Auferstehung", und das Volk ergreift Steine, „damit es seinen Haß und seine Furcht in einem Akte betätige und erschöpfe".

Gesteinigte Henker

Auch ungeschickt richtende Henker konnten in einen lebensgefährlichen Hagel von Wurfgeschossen geraten. Steine waren meist leichter zur Hand als Knüppel und Äxte wie bei den Exzessen 1607 in Zellerfeld und 1628 in Breslau.

In Augsburg griffen 1464 die Zuschauer den Scharfrichter nach einem Fehlhieb an. Sie bewarfen ihn mit Erdklumpen und Steinen, verfolgten ihn in die Stadt, wo ihn ein Knecht erschlug. Mehr Glück hatten ein Nürnberger Scharfrichter und seine Gehilfen. Sie wurden 1505 nur mit Schneebällen beworfen. Als sie im Jahr darauf erneut fehlrichteten, entstand „ein solcher Aufruhr unter dem gemeinen Volk wider diesen Scharfrichter, daß selbiger, wenn der Stadtrichter nicht zugegen gewesen wäre und das Volk abgemahnet hätte, gewiß bis auf den Tod gesteinigt worden wäre".

Bei einer Hinrichtung 1538 im niederländischen Gaesbeck übte ein Scharfrichter sein Amt so stümperhaft aus, daß sich die empörte Menge auf ihn stürzte und er noch vor dem Verurteilten zu Tode kam. Gesteinigt wurde 1573 auch Meister Jochim de Bodel in Flensburg: „Wart ein Schomakerknecht gerichtet, doch dat he noch 9 Stunden darna levede. De Bodel averst wart tho Dode gesteiniget." In Erfurt wurde 1577 ein Scharfrichter mit Steinen geradezu überschüttet, doch er kam mit dem Leben davon. Solche und ähnliche Gewaltakte wiederholten sich zu späterer Zeit und geschahen auch in anderen Ländern.

Mit welcher Intensität die damalige Lynchjustiz wütete, verdeutlicht ein Fall aus dem Jahr 1611. Dem Meister Gallus Albrecht in Magdeburg war es nicht gelungen, den Verurteilten mit dem ersten Schwertstreich zu enthaupten. Sein Opfer sank verletzt zu Boden, und Albrecht mußte noch drei Hiebe gegen den Liegenden führen, um ihn zu töten. Unter den „etlich Tausent" Versammelten entwickelte sich der übliche Tumult, aus dem die beiden Geistlichen „endlich nicht ohne Gefahr jhres Lebens entrunnen". Auf den Scharfrichter und seine Gehilfen wurde „mit Steinen grimmig und unsinning zugeworffen". Sie wußten sich keinen anderen Rat, als im Gewölbe des Rabensteins Schutz zu suchen. Die wütende Menge brach die Tür zur Richtstätte auf und fiel über die Gejagten her. Während zwei der Gehilfen schwerverletzt liegenblieben, konnte sich der Henker mit dem Schwert einen Fluchtweg bahnen. Doch im Laufen traf ihn ein Stein. Er stürzte, worauf ihm einige der Rädelsführer den Schädel zertrümmerten. Zwei der Beteiligten hörten dafür später ihr eigenes Todesurteil.

Mitunter ging dem versammelten Volk das Hinrichten nicht schnell genug. Der Nürnberger Scharfrichter Franntz Schmidt berichtet in seinem Tagebuch – es umfaßt die Zeit von 1573 bis 1617 – mehrfach, daß ihm das Volk gar keine Zeit ließ. Eine tobende Menge begleitete ihn durch die Stadt zum Richtplatz und kaum angekommen, ergriff sie Erdbrocken und Steine, bewarf den Verurteilten und tötete ihn, bevor der Scharfrichter seines Amtes walten konnte. Besonderen Unmut erregten Delinquenten, die wegen Zauberei oder Sexualdelikten den Tod zu erwarten hatten. Im März 1668, einem Jahr besonderer Hexenfurcht, wurde eine alte Frau wegen „Raten, Wicken- und Segensprechen, auch viel andern abergläubischen Dingen" aus Kiel verwiesen. Der Scharfrichter brachte sie bis an die Grenze der Stadt. „Sie ist aber von dem nachlaufenden Volk und Jungens auf dem Weg nach dem Hagen zu mit Steinen zu Tode getroffen und des andern Tags von dem Büttel eingegraben worden."

Das Volk griff häufig zu Steinen, wenn es eine Strafe als unzureichend empfand. Leicht konnte aus dem Strafvollzug, der nicht gegen das Leben gerichtet war, durch die Volksjustiz eine Hinrichtung werden. Stand eine verhaßte Person nur am Pranger, kam es nicht selten vor, daß die wütende Menge sie mit Steinwürfen tötete. Solche Fälle sind vorwiegend aus England, Schottland und Skandinavien bekannt.

Von alters her heißt das Steinigen auch Überschütten. Der Rechtsbrecher mußte den Blicken entzogen werden. Je größer seine Gefährlichkeit, desto mehr Steine sollten ihn bedecken. In Island wurde über dem Leichnam ein besonderer Steinhaufen in der Form eines Kegels aufgeschichtet. Das Überschütten drohte – dem um 1275 entstandenen Schwabenspiegel zufolge – der nicht mehr jungfräulichen Braut. Schließlich fand der Stein noch eine andere Verwendung. Nach altem französischem Recht war es möglich, einen Verurteilten mit einem großen Stein um den Hals zu ertränken.

In Skandinavien gab es eine Abart des Steinigens, die offenbar Dieben vorbehalten war. Man schor dem Verurteilten das Haar, bestrich den kahlen Kopf mit Teer und streute Federn darüber. Dann bildete das Volk eine Gasse, durch die der Delinquent in den Wald getrieben wurde. Von beiden Seiten bewarf man ihn mit Steinen und spitzen Holzstücken. Erreichte der Verurteilte den Wald lebend, war sein Verbrechen gesühnt.

Aus dem Gassenlauf entstand das Spießrutenlaufen, die letzte legale Hinrichtungsmethode „zu gesamter Hand". In den USA lebte das Teeren und Federn in seiner anarchischen Form bis in die jüngste Vergangenheit bei Lynchexzessen wieder auf.

Tödlicher Ehebruch

Die Todesstrafe durch Steinigung hat im islamischen Recht, das von der altmosaischen Gesetzgebung stark beeinflußt ist, bis heute ihren Platz behauptet. Gegenwärtig ist diese Hinrichtungsart in der Islamischen Republik Iran, in der Arabischen Republik Jemen, in der Islamischen Republik Mauretanien, in der Islamischen Republik Pakistan, im Königreich Saudi-Arabien, in der Republik Sudan und in den Vereinigten Arabischen Emiraten vorgesehen. Steinigen droht bei Verstößen gegen die Sexualnormen.

Im Juli 1982 verabschiedete die Versammlung des Iranischen Rates das Islamische Strafgesetzbuch von Iran. Als todeswürdige Delikte gelten unter anderem Mord, Vergewaltigung und Verstöße gegen Moralvorschriften wie Ehebruch, Sodomie und wiederholter Konsum alkoholischer Getränke. Die Vollstreckung verhängter Todesurteile richtet sich nach der Qisas, dem islamischen Vergeltungsgrundsatz. Danach kann bei Mord der nächste männliche Verwandte des Opfers ein Blutgeld (Diya) oder die Exekution des Täters verlangen. Der Mörder darf nur mit Zustimmung des nächsten männlichen Verwandten hingerichtet werden. Straftaten wie Ehebruch, Sodomie und böswillige Verleumdung gelten als Verbrechen gegen Gott (Hodoud). Folglich hat der Täter mit göttlicher Vergeltung zu rechnen und muß mit dem Tod bestraft werden.

Artikel 119 des Islamischen Strafgesetzbuches bestimmt: „Die Steine, die bei der Steinigung verwandt werden, dürfen nicht so groß sein, daß die Person, wenn sie von einem oder zwei Steinen getroffen wird, stirbt; sie dürfen nicht so klein sein, daß man sie nicht mehr als Steine bezeichnen kann."

Der in Frankreich lebende Journalist Freidoune Sahebjam hat in seinem Buch „Die gesteinigte Frau" eine Hinrichtung geschildert, die am 15. August 1986 in seinem Heimatland Iran an einer fünfunddreißigjährigen Frau, einer Mutter von neun Kindern, wegen Ehebruchs vollzogen wurde.

Das Todesurteil hatte der Vater über seine Tochter gesprochen. Die Vollstreckung leitete der Bürgermeister des Dorfes, der den Versammelten zunächst den Ablauf der Exekution erläuterte: „Alles wird so gemacht, wie es Gott beschlossen hat. Daran wird nichts geändert. Den ersten Stein wird unser verehrungswürdiger Freund Morteza Ramazani, ihr Vater, werfen. Verfehlt er sein Ziel, geben wir ihm einen zweiten Stein, bis er die Schuldige trifft; nach ihm kommt Ghorban-Ali, ihr Mann, an die Reihe. Danach ist Hassan dran, als Stellvertreter Gottes und des Imam in unserer Stadt. Nach ihm kommen die ältesten Söhne der Verurteilten an die Reihe, Hossein-Ali und Hassan-Ali. Durch diese Handlung werden sie ihre Ehre wiedererlangen. Und schließlich kommt unsere kleine Gemeinde dran. Jeder von euch darf einen Stein auf die Unwürdige werfen, die uns alle beschmutzt hat."

Nachdem der jungen Frau der lange schwarze Schleier abgenommen worden war, traten die beiden Stellvertreter des Bürgermeisters vor, ergriffen die Verurteilte an den Armen, führten sie zu der ausgehobenen Grube und ließen sie hineinsteigen. Von Männern des Dorfes wurde sie bis zu den Schultern eingegraben. Jetzt begann die Vollstreckung des Todesurteils.

„Der Bürgermeister nahm einen Stein und reichte ihn Morteza. ‚Ihnen, Herr Ramazani, gebührt die Ehre, den ersten Stein zu werfen . . . Bitte sehr . . .'

Der Alte legte seinen Stock auf den Boden nieder und ergriff den Stein. Er sagte Gott Dank, streckte den

Arm und schleuderte den Stein mit aller Kraft in Richtung auf seine Tochter. Dabei brüllte er: ‚Ya Allah! Da hast du's, Hure!'

Er verfehlte sein Ziel. Ebrahim reichte ihm einen anderen Stein, und der Alte warf, seinen Haß hinausschreiend, ein zweites Mal auf seine Tochter. Viermal versuchte er sie zu treffen, ohne Erfolg. Rasend vor Wut, schrie er: ‚Gebt mir noch einen Stein, ich will ihr den Kopf einschlagen!'

Der Bürgermeister gab ihm zu verstehen, daß er die Kreidelinie auf keinen Fall überschreiten dürfe, denn das sei gegen das Gesetz Gottes."

Nun kam der Ehemann an die Reihe, doch die ersten beiden Steine verfehlten seine Frau. Erst der dritte Stein traf die Verurteilte an der rechten Schulter. „Das Geschrei schwoll an, und die Männer applaudierten. Ghorban-Ali deutete ein Lächeln an, nahm den nächsten Stein, zielte noch sorgfältiger und warf. Diesmal traf er seine Frau am Haaransatz. Sorayas Kopf wurde nach hinten gerissen, die Stirn platzte auf, Blut strömte hervor."

Die Menge jubelte dem Ehemann zu: „Geschafft! Ein Hoch auf Ghorban-Ali! Er hat sie getroffen, noch einmal, gib's ihr, dieser Nutte!"

Auch die beiden ältesten Söhne beteiligten sich an der Steinigung. Bald waren „Kopf und Oberkörper nur noch ein Haufen blutigen Fleisches. Ihre Kopfhaut war eine einzige klaffende Wunde, Augen und Nase waren zerschmettert, der Kiefer gebrochen. Der Kopf baumelte wie eine groteske Karnevalsmaske an den Resten der rechten Schulter."

Scheich Hassan, Gottes Stellvertreter im Dorf, stand mit blutigem Gewand ganz vorn. Aus zehn Freiwilligen wählte er einen, der den Tod der Verurteilten feststellen sollte. Der Mann beugte sich herunter und erklärte:

„Sie lebt noch. Die Hündin ist immer noch nicht krepiert." Es begann der letzte Akt der Urteilsvollstreckung.

„Ein Mann ging langsam auf Soraya zu und schlug ihr mit aller Kraft mehrmals auf die Schädeldecke. Seinem Beispiel folgend, hob ein zweiter einen Ziegelstein auf, der neben dem Opfer lag, und versetzte ihr damit wie rasend ein halbes Dutzend Schläge. Der Schädel zersprang, und das Gehirn spritzte auf die Erde."

Ein Freudengeschrei wurde laut, und begeistert rief die Menge: „Gott ist am größten! Gelobt sei Gott!"

Der Getöteten wurde ein Begräbnis verweigert. Die Dorfgemeinschaft beschloß: „Sie hat gelebt wie eine Hündin. Sie ist gestorben wie eine Hündin. Deshalb soll ihre Leiche den wilden Tieren zum Fraß vorgeworfen werden."

Einige Männer gruben die Tote aus und legten sie auf einen Karren. Bis über die Dorfgrenze hinaus folgten streunende Hunde dem Leichenzug. Schon an der eingegrabenen Leiche hatte einer der Hunde versucht, den zertrümmerten Kopf zu erbeuten, aber erst einen Kilometer außerhalb des Dorfes durften die Tiere über den toten Körper herfallen.

Die junge Frau war eine von acht Verurteilten, zwei Frauen und sechs Männern, die 1986 im Iran gesteinigt wurden. Seither sind in den islamischen Staaten weitere Todesurteile auf diese Weise vollstreckt worden.

Gaskammer und Giftspritze

Als James B. Holohan 1927 das Amt des Direktors von San Quentin übernahm, wurden in Kalifornien die Todeskandidaten gehängt. Zu seinen Aufgaben gehörte es, die Exekutionen im Staatsgefängnis zu leiten. Die meisten verliefen ohne Zwischenfall, waren Routinehinrichtungen.

Holohan war nicht gegen die Todesstrafe, aber das Sterben am Galgen fand er scheußlich. Seine Erlebnisse an der Richtstätte in einem Bodenraum des Todestrakts überzeugten ihn keineswegs, daß das Erhängen einen raschen und schmerzlosen Tod für den Verurteilten bedeutete. So reifte im Laufe der Zeit sein Entschluß, in San Quentin eine andere Exekutionsmethode einzuführen.

Eines Tages bekam Holohan eine Einladung aus Carson City in Nevada. Die Verfassung dieses Staates ließ als einziges Verfahren, ein Todesurteil zu vollstrecken, das Vergiften in einer Gaskammer zu. Im Gefängnis von Carson City erlebte Holohan eine solche Hinrichtung, die ihn restlos überzeugte. Nach San Quentin zurückgekehrt, schilderte er Clinton T. Duffy, der ihm später im Amt des Gefängnisdirektors folgte, seine Eindrücke: „Der Mann verliert schon beim ersten tiefen Luftholen das Bewußtsein, und die entsetzlichen Vorbereitungen fallen samt und sonders weg. Und nachher bleibt einem auch die Beseitigung der fürchterlichen Verunreinigungen erspart. Es ist tatsächlich die sauberste, schnellste und wirksamste Methode, die ich jemals gesehen habe. Ich werde schleunigst versuchen, dieses Exekutionsverfahren

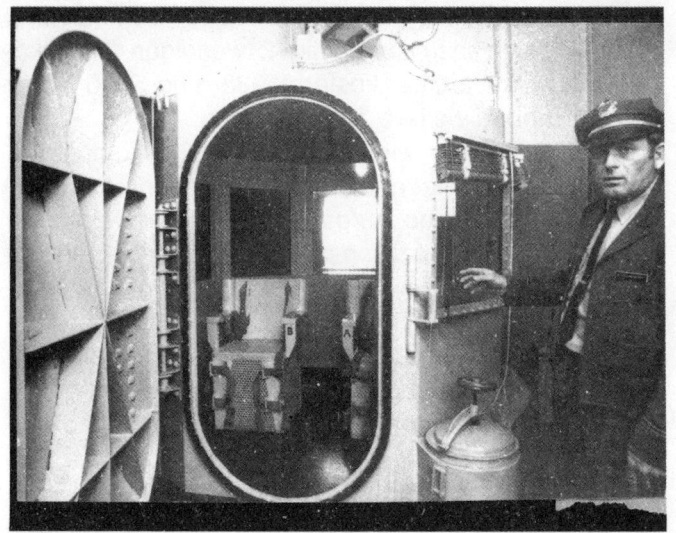

Die Gaskammer im kalifornischen Staatsgefängnis von San Quentin

auch hier bei uns von der Regierung einführen zu lassen."

Bis Mitte 1937 bemühte sich Holohan vergebens um eine Gaskammer für San Quentin. Er mußte sich nach seiner Pensionierung erst selbst in das Abgeordnetenhaus wählen lassen, um genügend Stimmen für seinen Antrag auf Einführung der Gaskammer als einzige gesetzlich zugelassene Hinrichtungsmethode zu gewinnen. Nach der Unterzeichnung durch den Gouverneur von Kalifornien trat das Gesetz am 27. August 1937 in Kraft.

Im Jahr darauf erhielt San Quentin eine Gaskammer. Der Hersteller lieferte eine Vielzahl von Einzelteilen und Zubehör, darunter Säurepumpen, Meßgeräte, Trichter, Zangen, Gummihandschuhe, Stahlketten,

217

Gasmasken, Watte, Handtücher, Seife, Scheren und Sicherungen. Hinzu kamen die notwendigen Chemikalien. Eine Gaskammer kostete 1938 rund 5000 Dollar und der Einbau weitere 10 000 Dollar.

Die Installation erwies sich als äußerst kompliziert. Eine Gruppe von Ingenieuren und Mechanikern übernahm die schwierige Aufgabe, doch ihnen fehlte ein Spezialist für die Präzisionsarbeiten. Von den wenigen Anstaltsinsassen, die dafür in Frage kamen, wurde Alfred Wells ausgewählt, der eine Haftstrafe wegen Einbruchdiebstahls verbüßte. Viele Tage war er damit beschäftigt, Rohre und Leitungen zu verlegen, Meßgeräte anzuschließen und andere hochempfindliche Einzelteile an der richtigen Stelle einzubauen. Mit großer Sorgfalt und zur vollen Zufriedenheit der Direktion erledigte der Gefangene seine Arbeiten. Gegen Ende des Jahres 1938 war der Einbau der Gaskammer abgeschlossen.

Für das Hinrichtungsgerät gibt es eine 25 Seiten lange Gebrauchsanweisung. Allein für die technischen Maßnahmen sind 21 Vorschriften darin enthalten. Außer dem Henker müssen beim Vergasen auch Techniker anwesend sein, die den Ablauf überwachen.

Von der ersten Hinrichtung am 2. Dezember 1938 bis 1967 starben 196 Verurteilte in der Gaskammer von San Quentin. Dann folgte eine lange Pause. Erst 25 Jahre später fand in Kalifornien wieder eine Hinrichtung statt. Am Morgen des 21. April 1992 mußte der Doppelmörder Robert Alton Harris seinen letzten Gang antreten.

Sterben im Aquarium

Das Hinrichtungsgerät befindet sich in der Ecke eines kleinen, kahlen Raumes im Todestrakt. Es ist eine achteckige, luftdichte Stahlkammer von 2,70 Metern Breite. Außer einigem technischem Zubehör stehen nur zwei stählerne Stühle mit vielfach durchbohrtem Unterteil in der Mitte der Gaskammer. Die zwei Metallstühle sind für den Fall gedacht, daß einmal eine Doppelexekution ausgeführt werden muß. Die Kammerwände bestehen in der oberen Hälfte aus großen Fenstern, durch die der gesamte Innenraum übersehen werden kann. Im Gefängnisjargon heißt dieser Ort des Todes Aquarium.

Den einzigen Zugang zu dem massiv gebauten Oktagon bildet ein schmaler Durchlaß, der sich mit einer schweren Tür luftdicht verschließen läßt. Durch den Vorraum gelangt man mit wenigen Schritten zu den beiden Todeszellen gegenüber, wo die Verurteilten die letzte Nacht vor der Hinrichtung verbringen.

Während der Exekution wird die Gaskammer grell ausgeleuchtet. Vor den Fenstern stehen die Vollzugsbeamten, ein Arzt, die offiziellen Zeugen und einige Journalisten, die das Sterben des Verurteilten in den Gasschwaden verfolgen. Unter den Zuschauern bei der Hinrichtung von Harris befanden sich auf ihren ausdrücklichen Wunsch Angehörige der Opfer. Sein Gastod wurde außerdem auf einem Videoband festgehalten.

Am Tag vor der Hinrichtung beginnen die Vorbereitungen. In einem Büroraum muß der Verurteilte die Bekleidung ablegen, wird einer sorgfältigen Leibesvisitation unterzogen und danach neu eingekleidet. Auf diese Untersuchung legen die Beamten größten Wert, um Zwischenfälle in den letzten Stunden möglichst zu vermeiden. Einmal hatte sich ein Gefangener unmittelbar vor der Hinrichtung mit einem Stück Glas den Hals aufgeschnitten und wurde blutüberströmt in die Gaskammer gebracht. Dort gelang es ihm, einen Arm aus den Gurten zu befreien, weil die Haut durch das Blut schlüpfrig geworden war. Bis er bewußtlos wurde, versuchte er, den anderen Arm loszubinden. Dies geschah zudem bei einer Doppelexekution, während der zweite Todeskandidat festgeschnallt auf dem Stuhl nebenan saß.

Gegen vier Uhr nachmittags, wenn der Verurteilte untersucht und eingekleidet ist, bringen ihn Gefängnisbeamte in eine der Todeszellen neben dem Vorraum zur Gaskammer. Der Todeskandidat darf seine Henkersmahlzeit wählen, die bei Harris aus Hühnerschenkeln, zwei Pizzas mit Pepperoni und sechs Dosen Erfrischungsgetränken bestand. Die ganze Nacht hält die Wache Kaffee, Gebäck, Obst und Zigaretten bereit.

Am Morgen des Hinrichtungstages empfängt der Henker in der Waffen- und Munitionskammer der Strafanstalt das Zyankali. Früher mußte er in einem von der Gaskammer getrennten Mischraum das Gift auswiegen und je ein Pfund in einen Gazebeutel füllen. Neuerdings verwendet man Plastiktüten mit 16 Zyanidpatronen, die an Haken unterhalb der Sitzflächen der beiden Metallstühle befestigt werden. Dabei muß der Henker beachten, daß die mit dem Zyankali gefüllten Beutel weit genug in die Behälter hineinreichen, die unter den Stühlen brunnenartig in den Boden eingelassen sind. Stets werden beide Hinrichtungsstühle mit Gift bestückt, auch wenn nur eine Exekution bevorsteht.

Etwa zehn Minuten, bevor der Verurteilte die Gaskammer betritt, werden im Mischraum zwei Gefäße mit destilliertem Wasser gefüllt. Dem wird schweflige Säure

220

Der Doppelmörder Robert Alton Harris starb am 21. April 1992 in der Gaskammer von San Quentin.

zugesetzt. Wenn die Gaskammer sorgfältig auf undichte Stellen überprüft ist, wird der Gefangene aus der Todeszelle geholt und zu einem der beiden Hinrichtungsstühle geführt.

In der Todeszelle bindet man dem Verurteilten ein Stethoskop auf die Brust. Sobald er auf dem Stuhl in der Gaskammer festgeschnallt ist, wird das Stethoskop mit einem Verbindungsschlauch an ein Klappenventil angeschlossen. So kann ein Arzt außerhalb der Kammer die Herzaktion des Sterbenden kontrollieren und den Zeitpunkt des Todeseintritts bestimmen, der in das Hinrichtungsprotokoll einzutragen ist.

Sind alle Vorbereitungen abgeschlossen und befindet sich in der Gaskammer nur noch der Todeskandidat, wird die Stahltür verschlossen und versiegelt. Zuerst muß eine Sauganlage eingeschaltet werden, die möglichst viel Luft aus der Kammer abziehen soll, was die Ausbreitung des Gases beschleunigt. Inzwischen öffnet ein Gehilfe des Henkers auf sein Zeichen im Mischraum die Ventile an den Zuleitungsrohren, die von den Säuregefäßen zu den Brunnenschächten unter den Stühlen führen. Ist die gesamte Säurelösung in die Behälter abgeflossen, werden die Ventile geschlossen. Nun meldet der Henker, daß alle technischen Vorbereitungen beendet sind.

Der Gefängnisdirektor gibt das Signal zum Beginn der Exekution. Auf sein Zeichen betätigt der Henker den Hebel, durch den die zyankaligefüllten Beutel herabgelassen und in die schweflige Säure getaucht werden. Bei der chemischen Reaktion des Zyankali mit der schwefligen Säure entsteht die todbringende Substanz Blausäure. Wesentlich für deren Verwendung in der Gaskammer sind zwei ihrer Eigenschaften: Zum einen verwandelt sich die Blausäure bei Zimmertemperatur vollständig in Gas, zum anderen sind die entstehenden Dämpfe leichter als Luft und steigen demzufolge aus den durchbohrten Stühlen in die Höhe.

Blausäure ist eines der stärksten und am schnellsten wirkenden Gifte. Es lähmt innerhalb von Sekunden die Zellatmung und der Tod tritt durch innere Erstickung ein. Die Konzentration in der Atemluft bestimmt entscheidend die Zeitdauer des Sterbens. Als absolut tödlich gelten Luftkonzentrationen von 0,2–0,3 mg/l.

Nach Einatmung geringer Mengen treten Schwindelgefühl, Ohrensausen, Sehstörungen, Übelkeit, Erbrechen, Atemnot, Herzklopfen und Krämpfe auf. Bei massiver Blausäureeinatmung entsteht die tödliche

Atemlähmung innerhalb einiger Sekunden oder Minuten. Vor der Hinrichtung wird der Todeskandidat deshalb aufgefordert, so tief wie möglich einzuatmen, wenn der Gefängnisdirektor das Zeichen zur Exekution gegeben hat.

In der Gaskammer von San Quentin starb als seinerzeit berühmtester Todeskandidat Caryl Chessman. Er war durch einen zwölf Jahre andauernden Kampf gegen sein Todesurteil weltweit bekannt geworden. Maßgeblich zu dieser Berühmtheit hat sein Buch „Todeszelle 2455" beigetragen. Am 3. Juli 1948 war er in die Todeszelle eingezogen. Am 2. Mai 1960 saß er auf einem der Metallstühle in der Gaskammer von San Quentin. Im offiziellen Protokoll wurde der Verlauf seiner Hinrichtung aufgezeichnet: „Um 10.03 Uhr fielen die Zyanidkapseln in den Säuretank. Tödliche Blausäuredämpfe stiegen hoch. Caryl Chessman atmete zwanzig Sekunden lang ruhig. Dann starrte er zur Decke. Um 10.05 Uhr begann er zu keuchen. Eine Minute später trat ihm Schweiß auf die Stirn, Speichel tropfte aus seinem Mund. Er fiel nach vorn in die Gurte, weinte, sein Körper bäumte sich auf. Um 10.12 Uhr war er tot."

Um sicherzugehen, bleibt die Leiche des Hingerichteten noch mindestens 30 Minuten, nachdem das Herz aufgehört hat zu schlagen, in der verschlossenen Gaskammer. Erst dann läßt man die giftigen Dämpfe durch einen Abzug im Dach entweichen. Gleichzeitig flutet frisches Wasser in die Bodenschächte mit den Chemikalien und spült die Reste aus den Behältern unterhalb der Stühle in Abflußleitungen.

Eine weitere halbe Stunde später betreten die Aufsichtspersonen die Gaskammer. Noch immer ist Vorsicht geboten. Da Blausäure auch über die Haut in den Körper aufgenommen werden kann, besprüht man die Leiche mit einer wäßrigen Ammoniaklösung. So werden Giftspuren neutralisiert, die sich in den Falten der Bekleidung oder am Körper des Hingerichteten festgesetzt haben.

Danach wird der Tote eingesargt und in die Leichenhalle der Strafanstalt geschafft. Meistens zahlen die Angehörigen der Hingerichteten nicht für die Rückführung der Leiche. Deshalb läßt der Staat sie einäschern und die Asche über dem Pazifik verstreuen.

Nur vier Jahre nach der Inbetriebnahme der Gaskammer von San Quentin starb darin einer ihrer Erbauer: Alfred Wells. Wie kein anderer hatte er durch seine Installationsarbeiten die Hinrichtungsstätte in allen Einzelheiten kennengelernt. Kurze Zeit später war er aus der Haft entlassen worden. Im Mai 1941 erschoß er seinen Bruder, dessen Frau und deren Freundin. Lange hatte er die Tat geplant, weil die Verwandten bemüht waren, das Liebesverhältnis von Wells, einem körperlich Mißgestalteten, zu seiner Halbschwester zu zerstören. Vor seiner Hinrichtung am 4. Dezember 1942 fragte ihn der Gefängnisdirektor: „Hast du nicht daran gedacht, daß dein Verbrechen dich hier enden lassen würde, Al? Hast du dich nicht an die Gaskammer erinnert, die du installieren halfst?" Wells schüttelte den Kopf und erwiderte: „Direktor, wenn der Satan in Sie fährt, wie ich es erlebt habe, dann erinnern Sie sich an nichts mehr, an gar nichts."

Ein Schädlingsbekämpfungsmittel

Die deutsche Zeitschrift „Der Strafvollzug" schrieb über die Exekution durch Giftgas: „Die Yankees besitzen nun einmal den Ehrgeiz, nicht nur die größten Erfinder, reichsten Leute, höchsten Häuser und schnellsten Verkehrsmittel zu haben, sondern sie erstreben auch die vollkommenste Hinrichtungsart."

Immer wieder hat man in den USA über neue Exekutionsmethoden nachgedacht. Seit 1888 beschäftigte sich in New York die Gerichtlich-medizinische Gesellschaft mit der Frage, welches die beste Art der Hinrichtung sei. Der Tod durch den Strang, damals in den Vereinigten Staaten am gebräuchlichsten, wurde von vornherein „als eine grausame und dem Geist der Zivilisation widersprechende Strafe" abgelehnt. Als mögliche Methoden zur Vollstreckung von Todesurteilen wurden diskutiert:
1. Tötung durch elektrischen Strom,
2. Tötung durch Injektion von Gift,
3. Tötung durch Einleiten von Kohlensäure in die Gefängniszelle des Verurteilten.

Die Gesellschaft favorisierte anfänglich die letztgenannte Methode. Man setzte auf die Wirkung von Kohlendioxid, das zu Vergiftungserscheinungen infolge des unzureichenden Sauerstoffangebots führt. Ähnliche Vorschläge kamen von anderer Seite, wobei neben dem Kohlendioxid auch Blausäure, Chloroform und Morphin in Betracht gezogen wurden.

Zunächst konnte sich keine der Substanzen im Strafvollzug durchsetzen. Erst nach Jahren entschied man sich für die Blausäure. Dieses Gift war als Mittel gegen Ungeziefer im Pflanzenschutz und zur Entwesung von Räumen weithin bekannt.

Den Anfang machte am 8. Februar 1924 der Bundesstaat Nevada. Ein eingewanderter Chinese, Gee John, war der erste, der mit dem Schädlingsbekämpfungsmittel hingerichtet wurde. Nach ihm starb Stanko Jukich, ein Mann slawischer Abstammung, am 21. Mai 1926 im Staatsgefängnis von Carson City. Damals wurde die Blausäure in einer kräftigen Dosis von hinten gegen den Hinrichtungsstuhl ausgesprüht.

Die dritte Hinrichtung in der Gaskammer von Carson City war zugleich die erste, bei der ein Arzt die Vergiftungserscheinungen sorgfältig protokollierte. Es handelte sich um die Exekution von Robert H. White. Er starb am 2. Juni 1930 durch Blausäure in der gemauerten Gaskammer von neun Fuß Länge, acht Fuß Breite und sieben Fuß Höhe. Vor den beiden Fenstern mit dicken Glasscheiben drängten sich 53 Zuschauer. White saß in der hermetisch verschlossenen Kammer auf einem Stuhl. Vor ihm auf dem Boden stand eine Schale, die mit Schwefelsäure versetztes Wasser enthielt. Der Behälter mit einem Dutzend Zyankali-Tabletten war so aufgestellt, daß sich von außen durch Ziehen an einer Schnur die Tabletten in die Säure schütten ließen.

White hatte ein Jahr lang auf die Vollstreckung des Todesurteils warten müssen. Während dieser Zeit half er beim Bau der Gaskammer. Als ihn der Gefängnisdirektor vor der Hinrichtung fragte, ob er noch einen letzten Wunsch habe, antwortete White: „Ich bitte um eine Gasmaske. Was anderes kann ich nicht mehr brauchen." Dieser Wunsch wurde ihm allerdings nicht erfüllt.

Das Protokoll führte der Oberste Amtsarzt von Nevada, Edward E. Hamer. Über die Exekution schrieb er: „Ein Bowles-Stethoskop wurde an der bloßen Brustwand über der Herzspitze angebracht, um Herz- und Lungentätigkeit zu untersuchen. Während man den Gefangenen auf dem Stuhl befestigte, wurde das zu den Ohren des Arztes führende Rohr mit dem Stethoskop verbunden.

Dies war um 4.36 morgens. Die Herztätigkeit betrug in diesem Augenblick 108, war stark und regelmäßig. Die Gasentwicklung begann um 4.37:30. Um 4.38 war der Puls 120, regelmäßig und kräftig. Eine schwache

Einatmung hatte um 4.37:45 stattgefunden; jetzt deutete der Gefangene an, daß er etwas von dem Gas rieche. 4.38 zog er kräftig die Luft ein und wandte den Kopf dem Gas zu. Er hustete krampfhaft, der Kopf fiel vornüber und er wurde bewußtlos. Nach diesem tiefen Atemzug sistierte die Herztätigkeit völlig 15 Sekunden lang. Nach dieser kurzen Episode, etwa 4.38:30, begann das Herz wieder unregelmäßig zu schlagen und zwar für 15 Sekunden und wurde dann wieder regelmäßig und kräftig. Ein Nachlassen der Herzkraft war nicht zu beobachten. Danach wurde das Herz zwei Minuten lang langsamer, schlug 100mal pro Minute um 4.41:30 und 80mal pro Minute um 4.44. Um 4.46:30 waren die Herzschläge deutlich regelmäßig, aber sehr schwach. Der letzte Herzschlag wurde um 4.47 festgestellt.

Die Atmung war während der ganzen Zeit nach der ersten Inspiration konvulsiv (krampfhaft) und unregelmäßig.

Es kann keinem Zweifel unterliegen, daß der Gefangene nach dem ersten tiefen Atemzug bewußtlos war. Der Kopf war nach hinten gesunken und blieb bis zum fünften oder sechsten Atemzug in dieser Stellung – etwa für zwei Minuten –; dann fiel er nach vorn, und eine weitere Kopfbewegung hatte nicht mehr stattgefunden."

Nicht immer verlaufen die Exekutionen in der Gaskammer so komplikationslos wie in diesem Fall. Minutenlang können krampfhafte Zuckungen den Körper des Sterbenden schütteln. Nach der Hinrichtung von Jimmy Lee Gray am 2. September 1983 in Mississippi berichteten mehrere Zeugen, daß die Krämpfe acht Minuten lang andauerten. Währenddessen schlug er mit dem Kopf mehrmals gegen eine hinter ihm angebrachte Stange.

In San Quentin sollte 1949 der Farbige Leandress Riley hingerichtet werden. Da er sehr schmächtig war, gelang es ihm, sich aus den Riemen des Metallstuhls zu befreien. Er rannte in der Gaskammer hin und her und schlug schreiend gegen die Fensterscheiben. Dreimal konnte sich Riley losreißen, bis schließlich die Exekution vollzogen wurde. Louis Nelson, später Direktor in San Quentin, erklärte dazu: „Wenn der Kerl schreit und sich verzweifelt wehrt, dann kann man sich in diesem Moment nicht davon beeinflussen lassen. Man muß diesen Job ausführen."

Kalifornien und sechs weitere US-Bundesstaaten folgten dem Beispiel von Nevada und ließen mit Gas hinrichten. Nach 1976 verminderte sich die Zahl. Anfang 1993 drohte der Tod in der Gaskammer noch in Arizona, Kalifornien, Maryland und North Carolina.

Das Auschwitz-Syndrom

Außerhalb der USA hat kein Staat diese Hinrichtungsmethode übernommen. In ihrem 1953 erschienenen Bericht bemängelte die britische Königliche Kommission zur Überprüfung der Todesstrafe: „. . . während das Hängen durch seine barbarische Geschichte besudelt ist, gilt das gleiche für das Vergasen, das von zwar jüngeren, aber nicht weniger barbarischen Geschehnissen besudelt ist."

Untrennbar verbunden mit dieser historischen Tatsache sind Namen wie Auschwitz-Birkenau, Belzec, Sobibor, Treblinka und Majdanek. Bei den nationalsozialistischen Massentötungen durch Giftgas wurde neben Kohlenmonoxid das Blausäurepräparat Zyklon B verwendet, das 1923 als Entwesungsmittel in den Handel gekommen war. Zyklon B besteht größtenteils aus von

228

Kieselgur aufgesaugter Blausäure, die nach dem Öffnen der verschweißten Metalldosen verdunstet und eine wirkungslose Trägersubstanz hinterläßt.

Rudolf Höß, von Mai 1940 bis November 1943 Kommandant des Konzentrations- und Vernichtungslagers Auschwitz, war es, der durchsetzte, daß Zyklon B zur Massentötung von Menschen verwendet wurde. Die ersten Probevergasungen mit diesem Präparat fanden Anfang September 1941 statt. Höß beschrieb in seinen autobiographischen Aufzeichnungen solche Versuche, die noch ohne spezielle Gaskammern stattfanden: „Die Vergasung wurde in den Arrestzellen des Blocks 11 durchgeführt. Ich selbst habe mir die Tötung, durch eine Gasmaske geschützt, angesehen. Der Tod erfolgte in den vollgepfropften Zellen sofort nach Einwurf. Nur ein kurzes, schon fast ersticktes Schreien, und schon war es vorüber. . . . Stärker erinnerlich ist mir die bald darauf erfolgte Vergasung von 900 Russen im alten Krematorium, da die Benutzung des Blocks 11 zuviel Umstände erforderlich machte. Es wurden einfach noch während des Entladens mehrere Löcher von oben durch die Erd- und Betondecke des Leichenraumes geschlagen. . . . Die Tür wurde zugeschlossen und das Gas durch die Öffnungen hineingeschüttet. Wie lange diese Tötung gedauert hat, weiß ich nicht. Doch war eine geraume Weile das Gesumme noch zu vernehmen. Beim Einwerfen schrien einige ‚Gas‘, darauf ging ein mächtiges Brüllen los und ein Drängen nach den beiden Türen. Diese hielten aber den Druck aus. Nach mehreren Stunden erst wurde geöffnet und entlüftet.“

Nach Kriegsende verurteilte das Oberste Volksgericht in Warschau Rudolf Höß zum Tod durch den Strang, und am 16. April 1947 wurde er auf dem Gelände des ehemaligen Lagers Auschwitz I gehängt.

Die Strafe des Pfirsichs

Zu keiner Zeit in der Geschichte war die Methode, mit Gift hinzurichten, weit verbreitet – ganz im Gegensatz zum Giftmord.

Die tödliche Wirkung der Blausäure indes nutzten schon die alten Ägypter. Ihre „Strafe des Pfirsichs" bedeutete, daß der Verurteilte zur Hinrichtung große Mengen Pfirsichkerne verzehren mußte. Wie in den Kernen von Mandeln, Kirschen, Pflaumen oder Aprikosen kommen darin blausäurehaltige Substanzen vor, aus denen im Körper Blausäure abgespalten wird, so daß eine Vergiftung möglich ist. Bei Erwachsenen können 60 bis 70 und bei Kindern schon 6 bis 10 Kerne tödlich sein.

Manchmal wurden im alten Ägypten, später auch in Griechenland, Gefangene zum Tod durch Schlangenbiß verurteilt. Die ägyptische Königin Kleopatra ließ alle bekannten Gifte an zum Tode Verurteilten erproben. Um nach der verlorenen Schlacht bei Aktium nicht im Triumphzug nach Rom geführt zu werden, wählte sie 30 v. u. Z. selbst den Freitod durch Schlangenbiß. Nach altägyptischem Glauben garantierte dies die Unsterblichkeit.

Schon einige Jahrhunderte früher hatten Gifte in Äthiopien eine gewisse Bedeutung für den Strafvollzug erlangt. Der Verurteilte durfte das Mittel seines Todes selbst wählen. Ein Gerichtsdiener wurde mit dem Auftrag zum Delinquenten geschickt, ihm die Zeichen des Todes zu zeigen. Daraufhin mußte sich der Verurteilte auf die gewählte Art, bevorzugt mit einem Gift, selbst töten.

Auch im antiken Griechenland diente Gift als Mittel zur Selbsthinrichtung. Bekanntester Fall ist der Tod des Philosophen Sokrates, der 399 v. u. Z. durch den Schierlingsbecher starb. Die Anklage hatte gelautet: „Sokrates frevelt und treibt Torheit, indem er unterirdische und himmlische Dinge untersucht und Unrecht zu Recht macht und dies auch andere lehrt." Nach dem Urteilsspruch wurde er der Vollstreckungskommission übergeben, die aus elf Männern bestand. Der Scharfrichter erhielt den Auftrag, den Schierlingstrank zu bereiten. Wenig später wurde Sokrates das Gift gereicht, und er soll den Becher ausgetrunken haben, „ohne im mindesten zu zittern oder Farbe oder Gesichtszüge zu ändern".

Sokrates wußte sehr wohl, welches Schicksal ihn erwartete, denn er hatte sich zuvor von dem Giftmischer über die Wirkungen unterrichten lassen. Der Trank war eine Zubereitung des Gefleckten Schierlings, dessen Hauptgiftstoff das Coniin ist. Es bewirkt eine aufsteigende Lähmung des Rückenmarks und schließlich des verlängerten Marks. Der Tod tritt bei vollem Bewußtsein durch Atemlähmung ein.

Auf die Frage von Sokrates, wie er sich zu verhalten habe, antwortete der Giftmischer: „Nichts weiter hast du zu tun, als wenn du getrunken hast herumzugehen bis dir die Schenkel schwer werden, und dann dich niederzulegen." Als Sokrates merkte, daß ihm die Beine schwer wurden, legte er sich gerade auf den Rücken. Von Zeit zu Zeit drückte der Scharfrichter auf die Füße, auf die Unterschenkel, auf die Knien und so ging er immer höher. Er demonstrierte den Umstehenden, wie Sokrates erstarrte und erkaltete. Zuletzt zuckte sein Körper. Als man ihn danach wieder aufdeckte, war Sokrates tot.

Wie rasch im alten Griechenland jemand durch Schierling sein Ende finden konnte, zeigt auch das Todesurteil gegen den athenischen Staatsmann Phokion.

Als Freund der Makedonen bekannt, geriet er in Verdacht, dem Feldherrn Nikanor den Hafen Piräus geöffnet zu haben. Ohne ihm die Gelegenheit zu geben, sich zu verteidigen, verurteilte man ihn zum Tode. Phokion starb 318 v. u. Z. gemeinsam mit vier seiner politischen Freunde.

Der Gefängniswärter, der zugleich Scharfrichter war, mußte das Gift selbst kaufen. Folglich kalkulierte er knapp, und nachdem die vier anderen Verurteilten ihre Dosis getrunken hatten, fehlte Gift für Phokion. Der Scharfrichter wollte kein neues zubereiten, wenn er nicht zwölf Drachmen erhielte. Daraufhin bat Phokion einen Freund, das Geld zu geben und bemerkte dazu, daß in Athen nicht einmal der Tod umsonst sei.

Bis in römische Zeit blieb der Schierlingsbecher ein bevorzugtes Mittel, um politische Gegner oder Rivalen aus dem Weg zu räumen. Ein anderes Verfahren war die tödliche Vergiftung durch Rauchgas, also durch Kohlenmonoxid. Den Einsatz im römischen Strafvollzug hat der Redner und Schriftsteller Marcus Tullius Cicero in einem seiner Briefe erwähnt. Das Opfer wurde durch den Rauch glühender Kohlen getötet, oft ohne vorheriges Todesurteil eines Gerichts.

Einer eigenen Methode bediente sich der Feldherr Avidius Cassius, der im Dienst des Kaisers Marcus Aurelius stand. Er ließ einen 80 bis 100 Fuß hohen Pfahl aufstellen, an den die Verurteilten von unten nach oben angebunden wurden. Um den Pfahl entzündete man ein Feuer, so daß die unten stehenden verbrannten, während die höher angebundenen durch Rauch und Hitze starben.

Severus Alexander, römischer Kaiser seit 222, ließ seinen Vertrauten Vetronius Turinus hinrichten, weil er annahm, von ihm hintergangen zu werden. Der Verurteilte wurde an einen Pfahl gebunden. Um ihn herum entzündete man Stroh und feuchtes Holz, dessen Rauch Vetronius Turinus tötete. Noch 1353 ließ der Abt Ademar im Benediktinerkloster von Subiaco sieben aufsässige Mönche an den Beinen aufhängen und durch Rauchgas ersticken.

Sanfter Tod durch Opium?

An der Wende vom Mittelalter zur Neuzeit trat eine weitere Giftpflanze als Strafmittel in Erscheinung: das Schwarze Bilsenkraut. Es enthält mehrere, für den Menschen stark giftige Substanzen, darunter die Alkaloide Hyoscyamin, Atropin, Scopolamin und Belladonnin. Wie Gerichtsrechnungen aus dem 15. und 16. Jahrhundert belegen, starben hin und wieder Verurteilte durch Verabreichen einer solchen Giftmischung. Die wirksamen Bestandteile greifen in die Biochemie des Zentralnervensystems ein. Bei einer Dosierung, die nicht unmittelbar zum Tod führt, verursachen die Hauptinhaltsstoffe tiefgreifende Sinnesstörungen und Bewußtseinsveränderungen. Als Gift und Rauschmittel waren Extrakte des Bilsenkrauts schon im Altertum bekannt.

Gegen Ende des 18. Jahrhunderts begannen einige Juristen, sich erneut für den Gebrauch von Gift zur Hinrichtung verurteilter Verbrecher einzusetzen. Vor allem das seit Jahrtausenden anderweitig verwendete Opium wurde als geeignet angesehen, einen sanften Tod zu verursachen. Von den Befürwortern konnten aber bestehende Zweifel an einer zuverlässigen Wirksamkeit des Gifts nicht ausgeräumt werden.

Dennoch kamen in der Folgezeit Gifte immer häufiger in die Diskussion um die beste Methode der Hinrichtung.

Neben Giftgasen wurde eine tödliche Injektion von Morphin in Erwägung gezogen. Morphin ist das Hauptalkaloid des Opiums, gewöhnlich zu etwa zehn bis zwölf Prozent darin enthalten. Der Amerikaner Julius Mount Bleyer schlug 1887 die Morphininjektion als eine Alternative zum Erhängen vor. Der Verurteilte sollte auf einem Stuhl sitzen und dem Sheriff wäre die Aufgabe zugekommen, ihm sechs Gran (rund 390 mg) Morphin in den Unterarm zu spritzen. Um ganz sicher zu gehen, sollte nach Eintritt der Bewußtlosigkeit die tödliche Dosis noch einmal gegeben werden. Bleyers Exekutionsmethode fand kaum Befürworter.

Dagegen erlebte der Schierling im 20. Jahrhundert eine Renaissance. Die 1919 gegründete Republik Estland führte den Selbstvollzug der Todesstrafe mit dem Schierlingsbecher ein. Drohend war vorgesehen, daß der Verurteilte gehängt werden sollte, falls er nicht innerhalb von fünf Minuten das Gift getrunken hatte.

Einige Jahre später erwogen die Nationalsozialisten, den Giftbecher zu übernehmen. In der Diskussion über ein neues Strafgesetzbuch erschien 1934 eine Denkschrift der Strafrechtsabteilung der Akademie für Deutsches Recht. Roland Freisler, damals Staatssekretär im Preußischen Justizministerium, erläuterte: „Es ist die Frage aufgeworfen worden, ob dem Verurteilten nicht die Möglichkeit gegeben werden soll, sich selbst frei in das von ihm heraufbeschworene Schicksal zu fügen. Es wird damit an den Gedanken angeknüpft, daß es die höchste Möglichkeit eines jeden sittlichen Tuns ist, das Schicksalhafte in innerer Freiheit auf sich zu nehmen.

Der Giftbecher der arischen Antike stellt das geschichtliche Vorbild dar. Die praktische Durchführung dieses Gedankens ließe sich so denken, daß dem Verurteilten, dem die Vollstreckung des Todesurteils eröffnet worden ist, die Möglichkeit gegeben wird, in einer gesetzlich festgelegten und geordneten Form selbst das Todesurteil an sich zu vollziehen. . . . Dem Verurteilten ist dann noch einmal die Möglichkeit gegeben . . . ‚sich über sein bisheriges niedriges Leben zu erheben und als freier Mann seine Schuld zu sühnen. Die Form der Vollstreckung bedeutet nach meinem Dafürhalten keine Minderung der Autorität des Urteils und des Staates."

Die Diskussion der Nationalsozialisten um den Giftbecher blieb ergebnislos, das geplante neue Strafgesetzbuch wurde nicht vollendet. Angesichts der rasch wachsenden Anzahl von Todesurteilen hätte die langwierige Prozedur der Vergiftung gegen die in Sekundenschnelle arbeitende Guillotine wohl kaum eine reale Chance gehabt.

Bei der Suche nach der besten Hinrichtungsart kamen die Experten immer wieder auf das Vergiften zurück. Die Hoffnung deutscher Juristen richtete sich auf „die medizinische Wissenschaft im Verein mit unserer fortgeschrittenen Technik". Die Königliche Kommission in London wollte gern ein Verfahren, das den Tod „mit mehr Schicklichkeit" als das Erhängen herbeiführt, und ließ wissen: „Uns sind nur zwei Vorschläge, die ernsthafter Überlegung wert sind, unterbreitet worden. Einer davon ist, tödliches Gas auf eine Art und Weise anzuwenden, die die Gaskammer entbehrlich macht. Der andere ist eine Hinrichtung durch subkutane Injektion einer tödlich wirkenden Droge."

Die British Medical Association hatte sich für das geruchlose Kohlenmonoxid ausgesprochen. Das Giftgas sollte in hoher Konzentration verabreicht werden, um den Verurteilten möglichst rasch zu töten. Man hielt es für unzweckmäßig, dabei auf eine Gaskammer zu verzichten und statt dessen eine Maske zu verwenden, in die das Gas eingeleitet wird. Dann aber erklärte die Ärztevereinigung, daß sie einen Wechsel vom Erhängen zum Giftgas gar nicht befürworten könne. Sie verwies vor allem auf „höchst unangenehme historische Gedankenverbindungen" bei jeglicher Art der Hinrichtung durch Gas.

Im Konflikt mit Hippokrates

Nicht weniger problematisch schien der British Medical Association die Injektion eines tödlichen Gifts. „Keinem praktizierenden Arzt sollte zugemutet werden dürfen, sich an der Tötung eines verurteilten Mörders zu beteiligen. Die Vereinigung würde sich auf das schärfste jedem Vorschlag widersetzen, der anstelle des legalen Hängens ein Hinrichtungsverfahren einzuführen versuchte, das die Dienste eines Arztes erforderlich machte, einerlei, ob es sich dabei um eine unmittelbare Beteiligung an der Tötung oder um die Unterweisung anderer in der Technik des Verfahrens handeln würde."

Mit ihrer Stellungnahme hielt sich die Ärztevereinigung streng an den Eid des Hippokrates, in dem es heißt: „Ich werde niemandem ein tödliches Mittel verabreichen, auch wenn ich darum gebeten werde; und ich werde niemandem einen solchen Rat erteilen."

Wiederum stellen sich „höchst unangenehme historische Gedankenverbindungen" ein. Im Rahmen der sogenannten Euthanasie erfolgte während der nationalsozialistischen Herrschaft die „Vernichtung lebensunwerten Lebens" nicht nur durch Giftgas, sondern auch durch Veronal-, Luminal- oder Morphin-Scopol-

236

amin-Injektionen. Zur Bilanz dieser großangelegten Tötungsaktionen schrieb aufgrund profunder Sachkenntnis der Publizist Ernst Klee: „Es sind mehrere hunderttausend Menschen, die als ‚lebensunwert' ermordet wurden: Psychisch Kranke, geistig und körperlich Behinderte, Taubstumme, Blinde, Tuberkulöse, Fürsorgezöglinge, Arbeitsinvalide, Altersheimbewohner, durch Bombenangriffe verwirrte Zivilisten, schwerverwundete Soldaten und zuletzt auch gebrechliche Flüchtlinge. Es waren Juden und Arier, Deutsche wie Österreicher, Polen wie Russen – Kriminelle wie Ordensträger." Nicht vergessen werden darf das „Abspritzen" arbeitsunfähiger Häftlinge in den Konzentrationslagern. Sie wurden unter anderem durch Injektion von Phenol in das Herz getötet.

Die Königliche Kommission stellte in ihrem Bericht fest, daß die Einspritzung eines Barbiturats, „wenn praktikabel, besser als jede andere Methode wäre". Sie sprach sich aber gegen diese Methode aus, weil nicht in erforderlichem Maße gesichert sei, daß die Giftspritze in allen Fällen „schnell, schmerzlos und schicklich" verabreicht werden könne. Für die Zukunft empfahl sie, von Zeit zu Zeit besonders die Frage zu prüfen, ob neue, für eine Exekution geeignete Betäubungsmittel verfügbar seien. „Eine Änderung des Hinrichtungsverfahrens sollte dem Parlament vorgeschlagen werden, sobald nachgewiesen werden kann, daß die Zweifel, die uns heute davon abhalten, das Verfahren zu empfehlen, nicht mehr berechtigt sind."

Im Frühjahr 1977 hielt man in den US-Bundesstaaten Oklahoma und Texas den Zeitpunkt für gekommen, durch Gesetzesänderung die sogenannte Todesspritze einzuführen. In Texas wurde lediglich „die intravenöse Injektion einer Substanz, die den Tod des Verurteilten herbeiführt", verfügt. Demgegenüber bestimmte das Gesetz von Oklahoma, daß die Todesstrafe zu vollziehen ist durch „kontinuierliche, intravenöse Gabe einer tödlichen Menge eines ultrakurz wirkenden Barbiturats in Kombination mit einem chemischen Lähmungsmittel bis der Tod durch einen approbierten Arzt festgestellt ist". Einer der Gründe für den Entschluß, die Exekution durch Giftinjektion einzuführen, war der finanzielle Aspekt: Der Bau einer Gaskammer hätte dem Staat Oklahoma etwa 300 000 Dollar gekostet.

Als erster wurde am 7. Dezember 1982 der Farbige Charles Brooks in Huntsville durch eine Giftinjektion hingerichtet. Die Strafvollzugsbehörde von Texas schreibt vor, daß der Verurteilte nicht früher als 72 Stunden und nicht später als 24 Stunden vor der Exekution in den Trakt verlegt werden darf, in dem das Todesurteil vollstreckt wird. Von diesem Moment an unterliegt der Gefangene einer ständigen Überwachung.

Am Hinrichtungstag erhält er abends zwischen 18.30 Uhr und 19.30 Uhr seine Henkersmahlzeit. Danach muß er sich duschen und die Bekleidung für die Exekution anziehen. Um Mitternacht wird er aus der Todeszelle abgeholt und auf eine fahrbare Krankentrage geschnallt, auf der man ihn in den Hinrichtungsraum schiebt. Hier führt eine „medizinisch geschulte Person, deren Identität nicht preisgegeben wird", eine Kanüle für den Katheter in eine Armvene des Verurteilten ein. Dann darf der Todeskandidat eine letzte Erklärung abgeben. Der auf die Kanüle gesteckte Katheter führt durch eine kleine, quadratische Wandöffnung in einen Nebenraum, in dem sich der Henker aufhält. Er kann durch einen Einwegspiegel den Hinrichtungsraum übersehen. Zuerst läßt er eine neutrale Salzlösung in die Vene tropfen, und schließlich wird das tödliche Gift verabreicht.

Die Hinrichtung von Brooks überwachte Ralph Gray,

damals Medizinischer Direktor der texanischen Gefängnisverwaltung. Der Arzt hatte den Verurteilten zunächst untersucht, um eine für die Kanüle geeignete Vene zu finden. Das Gift stammte aus seinen Beständen, und die medizinischen Assistenten, die es verabreichten, waren seine Mitarbeiter. Mit einem weiteren Arzt nahm Gray an der Exekution teil und horchte mehrmals das Herz des sterbenden Brooks ab. Gray beschränkte sich nicht auf die Untersuchung, sondern riet dem Henker einmal, die tödliche Infusion noch eine Zeitlang fortzusetzen.

In Texas verwendet man eine Dreierkombination aus Thiopental-Natrium, Pancuroniumbromid und Kaliumchlorid. Dadurch werden die lebenswichtigen Funktionen Atmung und Herzaktion sowohl zentral als auch peripher ausgeschaltet. Das Barbiturat Thiopental gehört zu den Ultrakurznarkotika und wird medizinisch hauptsächlich zur Einleitung von Kombinationsnarkosen verwendet. Es bewirkt bei intravenöser Gabe einer Überdosis direkt im Zentralnervensystem einen Atemstillstand und mindert zugleich die Kreislauftätigkeit. Das Pancuronium gehört zur Gruppe der peripher angreifenden Muskelrelaxanzien, die durch eine Blockade der Erregungsleitung vom Nerven zum Muskel eine komplette Lähmung der Muskulatur verursachen. Infolgedessen wird das Atmen unmöglich. Das Kaliumchlorid, genau genommen das Kaliumion, greift auf zellulärer Ebene in die Muskelaktion des Herzens ein und führt bei größerer Menge zum Herzstillstand.

Zuerst wird das Thiopental gespritzt, um den Verurteilten bewußtlos zu machen, dann folgen die beiden anderen Mittel. Das gelegentlich genannte Pavulon ist dasselbe wie Pancuronium. Im Prinzip entspricht die Hinrichtung durch Überdosen von Thiopental und Pancuronium einer tödlich verlaufenden Kombinationsnarkose, der die medizinisch notwendige, kontrollierte Beatmung fehlt. Der tödliche Ausgang wird durch das Kaliumchlorid zusätzlich abgesichert.

Die erfolgreiche Exekution durch Gift setzt voraus, daß die verwendeten Substanzen ausreichend überdosiert sind. Jedes der drei Präparate wirkt dann allein tödlich. Um die richtige Menge festzulegen, ist medizinisches Spezialwissen erforderlich.

Nach der Hinrichtung von Charles Brooks wurde gegenüber Ralph Gray der Vorwurf erhoben, er habe durch sein aktives Mitwirken am Tod des Verurteilten gegen die Richtlinien der Mediziner-Vereinigung von Texas verstoßen. Eine im November 1980 veröffentlichte Erklärung besagt: „Ein Arzt darf bei einer Hinrichtung durch tödliche Injektion nur zu dem Zweck anwesend sein, den Tod festzustellen." Diesen in Texas geltenden Grundsatz interpretierte der Ortsverband dahingehend, daß die Verhaltensregeln der Vereinigung nur „die direkte Mitwirkung eines Arztes durch das Einführen der Nadel in die Vene oder durch die Infusion der tödlichen Dosis" verbieten. Der Gefängnisarzt habe folglich nicht die ethischen Prinzipien der Medizin verletzt.

Dagegen entschied sich 1980 die Jahreshauptversammlung der American Medical Association: „Ein Arzt als Mitglied eines Berufsstandes, der sich – solange die kleinste Hoffnung besteht – der Erhaltung von Leben verschrieben hat, darf nicht an einer gesetzlich legitimierten Hinrichtung mitwirken." Ähnlich äußerte sich der amerikanische Verband der Krankenpfleger und -schwestern: „Es ist eine Verletzung der ethischen Grundregeln des Pflegeberufs, in direkter oder indirekter Weise an einer gesetzlich autorisierten Hinrichtung mitzuwirken. Dabei ist es unerheblich, welchen persönlichen Standpunkt der/die betreffende Krankenpfleger/in gegenüber der Todesstrafe vertritt."

Seit dem Tod von Charles Brooks im Dezember 1982 wurden in Texas 54 Verurteilte durch Injektionen hingerichtet. Die Zahl der Bundesstaaten, die sich für die Giftspritze entschieden haben, nahm schnell zu. Anfang 1993 war diese Exekutionsmethode schon in 15 Staaten allein und in fünf weiteren alternativ zu anderen Verfahren eingeführt.

Bei einer Hinrichtung durch Gift können Probleme auftreten, wenn der Verurteilte früher alkohol- oder drogenabhängig war. Zum einen sind schwer vorhersehbare Veränderungen in der Wirkung der einzelnen Mittel möglich, und zum anderen kann es äußerst schwierig sein, bei jemandem, der sich Jahre lang Suchtmittel intravenös gespritzt hat, eine geeignete Vene für die tödliche Injektion zu finden. Vor der Hinrichtung des ehemals heroinsüchtigen Stephen Morin am 13. März 1985 in Texas haben die medizinischen Assistenten über 40 Minuten lang den Arm des Verurteilten nach einer geeigneten Vene für die Kanüle abgesucht. Sind die Blutadern stark vernarbt, muß unter Umständen ein kleiner chirurgischer Eingriff vorgenommen werden, um die Kanüle in eine tiefer gelegene Vene einzuführen. Mitunter wird von vornherein ein Blutgefäß in der Leistenbeuge für die Punktion ausgewählt.

Wehrt sich der Verurteilte während der Hinrichtung oder gelangt Gift aus anderen Gründen nicht in die Blutader, sondern in das umgebende Gewebe, kann das besonders beim Thiopental schmerzhaft sein. Ebenso besteht die Gefahr, daß die Kanüle verstopft und sich dadurch die Exekution verlängert. In Texas starb am 14. März 1984 James Autry durch Injektion von Gift. Um 0.26 Uhr wurde ihm als erstes eine Überdosis Thiopental verabreicht, der nacheinander Pancuronium und Kaliumchlorid folgten. Das US-Nachrichtenmagazin „Newsweek" berichtete, daß Autry „mindestens zehn Minuten lang mit dem Tod gekämpft hat und während dieser Zeit größtenteils bei Bewußtsein war, sich bewegte und über Schmerzen klagte". Ein Gefängnisarzt, der bei der Exekution anwesend war, erklärte später, daß eine verstopfte Kanüle den Tod hinausgezögert habe.

Grün bedeutet Ende

All diese Schwierigkeiten kann auch die neueste Errungenschaft moderner Hinrichtungstechnik nicht überwinden: der computergesteuerte Injektionsautomat des Fred A. Leuchter. Dr. Death, wie ihn die Medien nennen, ist Amerikas führender Hersteller von Hinrichtungshardware. Der selbsternannte Exekutionsingenieur liefert einen modularen elektrischen Stuhl für 35 000 Dollar, Spezialgalgen zum Preis von 85 000 Dollar das Stück und eine komplette Gaskammer für 200 000 Dollar. Ein Injektionsautomat kostet bei ihm 30 000 Dollar. Leuchter bietet Entwurf, Herstellung, Montage, Schulung des Bedienpersonals und Wartung sämtlicher Hinrichtungsgeräte. Seine High-Tech-Injektionsmaschine ist das Vorzeigeobjekt amerikanischer Gefängnisdirektoren.

Begonnen hatte es mit einer Anregung aus New Jersey. Ein Gesetz von 1984 bestimmte, den elektrischen Stuhl durch die Giftspritze abzulösen. Der geforderte Injektionsapparat sollte „schnell und wirksam töten, mit möglichst wenig Schmerzen und ohne unvertretbare Zumutungen für die Hinrichtenden und die Zeugen".

Anfangs war im Staatsgefängnis von Trenton noch die tödliche Injektion von Hand vorgesehen. Eine Tageszeitung beschrieb das Hinrichtungsverfahren in New Jersey: „Bei der Exekution spritzen jeweils zwei ‚Hinrichtungstechniker' unabhängig voneinander eine Flüssigkeit in einen Schlauch, der mit der Vene des Delinquenten verbunden ist. Eine Substanz ist harmlos, die andere tödlich. Die beiden Henker wissen also nicht, wer von ihnen den Tod des Verurteilten herbeiführt. Der dritte Henker ist für den Fall anwesend, daß ein Kollege in letzter Minute krank wird oder die Teilnahme an der Hinrichtung verweigert."

Diese Methode kam nie zur Anwendung. Aber Leuchter griff das Prinzip auf, die Exekution von zwei Hinrichtungstechnikern vollziehen zu lassen. Sein Injektionsautomat wird von einem Kontrollmodul gesteuert. Auf der Schalttafel sind zwei Knöpfe angebracht, bezeichnet mit Station 1 und Station 2. Bei Beginn der Exekution drücken die beiden Vollzugsbeamten gleichzeitig die Knöpfe. Der eingebaute Computer entscheidet, welcher der Beamten die tödliche Injektion auslöst. Der Auswahlvorgang wird anschließend automatisch aus dem Speicher gelöscht.

Auf dem Schaltpult zeigen Lichter die drei Etappen jeder Injektion an: rot – Bereitschaft, gelb – Beginn, grün – Ende. Die Vollstreckungsbeamten können so während der Exekution jede der drei Injektionen überwachen. Die Steuereinheit hat eine Größe von 60 mal 45 Zentimetern und ist auf einem fahrbaren Wagen montiert. Während der Exekution steht dieser Teil des Automaten in einem Nebenraum.

Im Hinrichtungsraum ist an der Wand das Zuführungsmodul angebracht, das acht handelsübliche

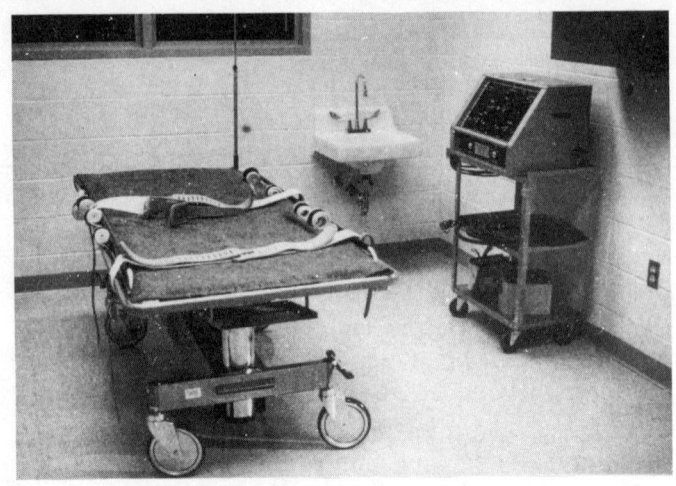

Hinrichtungsbahre und elektronische Giftinjektionsmaschine im Hochsicherheitsgefängnis von Potosi in Missouri

Spritzen enthält: zwei vollständige Sätze der drei tödlichen Lösungen und je eine mit einer Salzlösung zur Reinigung des Schlauchsystems. Jede Spritze ist unter einem Kolben befestigt. Sobald am Steuermodul die Automatik gestartet wird, drücken diese Kolben in der vorgegebenen Reihenfolge die Spritzenkolben herunter und führen so den Inhalt in das angeschlossene Infusionssystem ein.

Zuerst injiziert die Maschine innerhalb von zehn Sekunden 15 Kubikzentimeter Thiopental. Nach einer Minute folgen 15 Kubikzentimeter Pancuronium und wiederum eine einminütige Pause. Als letztes spritzt der Automat dem Sterbenden 15 Kubikzentimeter einer Kaliumchloridlösung.

Um Störungen zu vermeiden, wird der Injektionsapparat mit einer Zwölf-Volt-Batterie betrieben. Sind mehrere Hinrichtungen nacheinander auszuführen, läßt sich die Maschine sechsmal in Abständen von 15 Minuten verwenden, bevor die Batterie neu geladen werden muß. Bei einem Stromausfall oder einem anderweitigen Versagen können am Zuführungsmodul an Ziehknöpfen die Kolben manuell aktiviert und die Spritzen entleert werden.

Gegenwärtig stehen Injektionsautomaten in den Todestrakten von fünf US-Bundesstaaten. Erstmalig kam der von Leuchter erfundene Apparat im alten Staatsgefängnis von Missouri in Jefferson City zum Einsatz. Am 6. Januar 1989 starb George Mercer in der behelfsmäßig umgerüsteten Gaskammer. Um 0.01 Uhr begann die Exekution. Um 0.09 Uhr wurden die Jalousien zum Zeugenraum herabgelassen und der Arzt stellte den Tod fest. Um 0.20 Uhr meldeten die Nachrichten, daß der Staat Missouri seine erste Hinrichtung seit fast 24 Jahren vollzogen hat.

Heute läßt Missouri seine Todeskandidaten in dem 1989 fertiggestellten Hochsicherheitsgefängnis von Potosi hinrichten. Den Ablauf der Exekution regelt für alle Beteiligten verbindlich das sogenannte Missouri-Protokoll.

Am Abend vor der Hinrichtung führt der Gefängnisdirektor um 18 Uhr die letzte Einsatzbesprechung mit seinem gesamten Stab durch. Um 18.15 Uhr begeben sich alle auf ihre Posten. Von diesem Moment an ist der Ablauf bis auf die Minute geplant:

„19 Uhr: Das Telefon im Hinrichtungsraum wird überprüft. Die Uhren werden mit der Uhr im Medienraum synchronisiert.

19.30 Uhr: Dem Häftling werden ein Satz sauberer Kleidung gegeben und ein Beruhigungsmittel angeboten. Einer der befugten Operatoren verifiziert, ob die Injektionsmaschine fertig ist.

20.30 Uhr: Die fahrbare Liege wird vorbereitet. Die Jalousien in der Todeskammer werden heruntergezogen.

22.30 Uhr: Der Geistliche meldet sich in der Gefängniszelle. Ambulanz und Leichenwagen fahren an der rückwärtigen Pforte vor. Die staatlichen Zeugen melden sich am Personaleingang. Das Gesetz verlangt ein Minimum von zwölf staatlichen Zeugen. Sechs davon gehören ,normalerweise der Presse an. Die Telefone werden besetzt.

23 Uhr: Der stellvertretende Direktor kontrolliert die Telefonleitung zum Justizminister.

23.15 Uhr: Der Arzt überprüft das EKG-Gerät.

23.30 Uhr: Der Abteilungsleiter telefoniert mit dem Stellvertreter des Gouverneurs, um zu erfahren, ob es einen Vollstreckungsaufschub gibt. Der Programmüberwachungsassistent stellt sicher, daß sich nur autorisierte Personen im Hinrichtungsraum befinden.

23.35 Uhr: Der Gefangene wird zu der fahrbaren Liege eskortiert und darauf festgebunden. Die Elektroden des EKG-Geräts werden an ihm befestigt und der intravenöse Katheter gelegt.

23.40 Uhr: Die vom Häftling benannten Zeugen kommen an. Sie werden einer gesonderten Sicherheitsüberprüfung unterzogen und sind die ganze Zeit über von den staatlichen Zeugen getrennt.

0.00 Uhr: Der Abteilungsleiter telefoniert mit dem leitenden Direktor, um zu fragen, ob es einen Vollstreckungsaufschub gibt. Falls nicht, werden die Jalousien in der Exekutionskammer geöffnet.

0.01 Uhr: Der leitende Direktor verliest den Hinrichtungsbefehl. Die Exekution beginnt."

Aus dem Missouri-Protokoll hat der Amerikaner Stephen Trombley veröffentlicht. Er befragte auch den Gefängnisarzt von Potosi, Pedro Cayabyab, der vor einigen Jahren von den Philippinen in die Vereinigten Staaten kam. Der Arzt ist für den medizinischen Part der Hinrichtung verantwortlich. Während der Exekution verfolgt er hinter einem Wandschirm das EKG. Den Sterbenden selbst sieht er nicht.

Ein Anästhesie-Pfleger übernimmt die medizinische Assistenz. Er punktiert mit einer großen Kanüle die ausgewählte Vene und legt den Katheter. Für den Fall, daß der Gnadenerlaß in letzter Sekunde bekannt wird, steht eine Notfallausrüstung bereit.

Vor der Hinrichtung erhält der Todeskandidat eine Prämedikation wie ein Patient vor der Operation. Falls der Verurteilte es wünscht, wird ihm um 19.30 Uhr die erste Dosis eines starken Beruhigungsmittels gespritzt. Eine Stunde später gibt man ihm dieselbe Menge noch einmal. Um 23 Uhr wird ihm eine weitere Dosis verabreicht, diesmal in die Vene.

Dreißig Minuten vor Exekutionsbeginn erhält der Todeskandidat ein Antihistaminikum. Das Medikament soll vorrangig einen möglichen Würgereiz mindern und ein Erbrechen verhindern.

Zur festgesetzten Zeit beginnt auf das Kommando „Foxfire eins!" die Hinrichtung. Über seine Beobachtungen berichtet der Gefängnisarzt: „Die erste Lösung gelangt in die Person. Sie ist wach, doch dann schläft sie ein. Und dann, nach einer Minute, sagt der Vollzugskoordinator: ‚Foxfire zwei!' Aber eigentlich ist das nicht notwendig, in Wirklichkeit macht das die Maschine. Es ist lediglich ein Zeichen. . . . Man sieht den Patienten die agonale oder Endatmung ausführen. Während Foxfire eins und Foxfire zwei bleibt das EKG auf dem Bildschirm normal. . . . Nach einer Minute: ‚Foxfire drei!', und das Kaliumchlorid wird beigegeben. Es ist dreimal die tödliche Dosis. Dann verändert sich auch das EKG." Aus dem normalen Sinusrhythmus wird eine gerade Linie. Dies signalisiert der Arzt mit dem Kennwort „Nummer acht", was heißt, daß keine QRS-Gruppen mehr im EKG erkennbar sind.

Daraufhin lassen Beamte die Jalousien zum Zeugenraum herunter, und der Arzt untersucht den Hingerichteten. Er kontrolliert die Pupillenreaktion mit einer Taschenlampe, horcht Herz und Lungen ab. Hat der Arzt den Tod festgestellt, unterschreibt er das Protokoll der Hinrichtung und den Totenschein.

Zuletzt entfernt der Anästhesie-Pfleger den Katheter, den Hingerichteten übernimmt der Leichenbestatter.

Auf die Frage, was er von dem Injektionsautomaten halte, antwortet der Gefängnisarzt: „Ich denke, es ist die humanste Art." Und ergänzt: „Manchmal habe ich einen alten Hund oder eine alte Katze, ich bringe sie zur gemeinnützigen Gesellschaft, da werden sie eingeschläfert. Es ist genau dasselbe. Wie beim Tierarzt. Fünf Minuten."

Wie die Gaskammer ist auch die Giftspritze als Exekutionsmethode bisher nur in den USA vorgesehen. Der Injektionsautomat gilt nicht wenigen Befürwortern als Segnung des High-Tech-Zeitalters. Die Hinrichtung gerät zu einem klinischen Vorgang.

„Daß einer dem anderen den Kopf abschlägt, ist eine brutale Erscheinung für unser verfeinertes Nervensystem", schrieb 1911 der Heidelberger Jurist Ernst Immanuel Bekker. Das Gräßliche findet nicht mehr statt. Kein Scharfrichter salutiert mit blutigem Schwert vor dem Richter, der das Todesurteil aussprach. Der Hinrichtungstechniker von heute hält sich in einem Nebenraum auf und beobachtet das Sterben aus der Ferne. Dennoch: Eine Exekution bleibt das, was sie immer war – ein Vorgang, bei dem Menschen einen anderen Menschen töten.

Nachwort

Dieses Buch mischt sich nicht ein in richterliche Entscheidungen. Es verzichtet auf die Darstellung der Verbrechen, derentwegen die Verurteilten vor Gericht gestanden hatten. Es handelt nicht vom Mord aus Lust oder aus Habgier, nicht vom Totschlag im Affekt und nicht vom massenweisen Töten in Konzentrationslagern und im Krieg. Es stellt keine Schuldfragen. Es beschränkt sich auf die Beschreibung des Hinrichtens.

Die Todesstrafe ist heute in den meisten Ländern umstritten. Zu allen Zeiten setzte sich die Phalanx der Befürworter zusammen aus solchen, die an die Abschreckung glauben und den Schutz der Gesellschaft garantieren wollen, und solchen, die eher von Rachebedürfnis oder gar einem angenehmen Nervenkitzel bestimmt werden. Die Bibel hilft da nicht weiter. „Schade um Schade, Auge um Auge, Zahn um Zahn", heißt es im dritten Buch Mose im Alten Testament. Aber das fünfte Gebot lautet: „Du sollst nicht töten" und das Matthäus-Evangelium verlangt sogar: „Liebet eure Feinde".

In den USA votiert eine deutliche Mehrheit der Bevölkerung für die Beibehaltung der Todesstrafe. Darauf müssen die Politiker Rücksicht nehmen. Präsident Bill Clinton, als er noch Gouverneur von Arkansas war, hat alle Gnadengesuche von Todeskandidaten abgewiesen und einmal sogar eine Wahlkampftour unterbrochen, um die Hinrichtung von Ricky Ray Rector zu überwachen. Der vierzigjährige Schwarze hatte einen Polizisten getötet und sich dann selbst in den Kopf geschossen. Seitdem bekam er kaum noch mit, was um ihn herum vorging.

In den siebziger und achtziger Jahren zögerten die meisten amerikanischen Bundesstaaten mit der Vollstreckung von Todesurteilen. So haben sich in den Gefängnissen von Virginia bis Kalifornien zu Beginn der neunziger Jahre mehr als 2500 Hinrichtungskandidaten angesammelt. Sie fallen der Steuerkasse und dem vorherrschenden Volksempfinden immer stärker zur Last. Seit 1992 haben die Henker wieder mehr zu tun. In Delaware gab es die erste Hinrichtung seit 46 Jahren, in Arizona die erste seit 29 Jahren, in Kalifornien die erste seit 25 Jahren.

Wo der Staat viel zu töten hat, braucht es eine Tötungsindustrie. Die in den USA ist größtenteils in privater Hand. General Electric und der Westinghouse-Konzern lieferten Teile für den elektrischen Stuhl. Das Geschäft mit der Gaskammer hat die Firma Eaton Metal Products in Salt Lake City gemacht. Neuer Marktführer ist jetzt der mittelständische Unternehmer Fred A. Leuchter mit seiner Drei-Phasen-Giftinjektionsmaschine, die für die Vollstreckung von Todesurteilen im 21. Jahrhundert das vorherrschende Instrument werden könnte. Vielleicht wird jemand als nächstes ein Hinrichtungsgerät entwickeln, das noch sauberer tötet, zum Beispiel durch Strahlung.

Auch andere Branchen ziehen aus dem Sterben von Staats wegen ihre Vorteile. Der oft jahrelange Kampf der Todeskandidaten und ihrer Anwälte um Revision oder Gnadenerweis liefert der Presse immer neue Schlagzeilen. In Kalifornien will der Fernsehsender KQED per Gerichtsurteil das Recht einklagen, Hinrichtungen aus dem Gefängnis von San Quentin live übertragen zu dürfen. Zeitungsreporter seien bei Exekutionen ja auch als Zeugen zugelassen, argumentieren die Fernsehleute.

Ironisch plädiert der amerikanische Dramatiker Arthur Miller für eine generelle Privatisierung der Hinrichtungen. Gegenwärtig sei ein solches Ereignis noch ohne jeden Nutzen für den Verurteilten, für seine Familie und für die Gesellschaft. Man sollte es in ein Stadion verlegen und vor einer riesigen Masse zahlender Zuschauer stattfinden lassen. Der Verurteilte würde so für die Kosten aufkommen können, die er dem Staat verursacht hat und überdies selbst entscheiden, ob er den Rest des Veranstaltungserlöses seiner Familie zukommen lassen oder für einen wohltätigen Zweck einsetzen will.

Die Stimmungslage in Deutschland über den Sinn des Hinrichtens schwankt. Immanuel Kant, der große Humanist in Königsberg, sah darin nichts anderes als „irres Draufschlagen der Gemeinen auf die Gemeinen".

Der letzte Deutsche, der nach altem Recht geköpft wurde, Berthold Wehmeyer, hat das Grundgesetz für die Bundesrepublik Deutschland mit dem Artikel 102 („Die Todesstrafe ist abgeschafft") im Mai 1949 um zwölf Tage verpaßt. Die Guillotine, auf der er endete, blieb allerdings gut geölt im Keller der Untersuchungshaftanstalt von Berlin-Moabit verwahrt.

In der Deutschen Demokratischen Republik starben etwa 170 Menschen den richterlich verfügten Tod. Seit 1981 fanden keine Hinrichtungen mehr statt, aber formell wurde die Todesstrafe erst 1987 abgeschafft, im selben Jahr wie in Haiti und in Liechtenstein.

Im Westen Deutschlands lebte der Ruf nach Wiedereinführung der Todesstrafe schon in den fünfziger Jahren neu auf. Im Sommer 1956, als der Artikel 102 sieben Jahre in Kraft war, beunruhigte die sogenannte Rotlicht-Bande die Öffentlichkeit. Noch ehe sie gefaßt war, sprang der Anteil der Befürworter der Todesstrafe von 37 auf 61 von 100 Befragten. Im Jahr 1977, auf dem Höhepunkt des Terrors durch die Rote Armee Fraktion, verlangten 74 Prozent der Westdeutschen den Tod der Täter.

Im Januar 1992 ermittelten Meinungsforscher unter je hundert Befragten im Westen nur noch 25 Befürworter der Todesstrafe und 56 Gegner, im Osten 28 Befürworter und 49 Gegner. Der Rest blieb unentschieden.

Auch wenn die deutsche Volksmeinung zu irgendeiner Zeit wieder kippen sollte: Eine Grundgesetzänderung wäre nur möglich mit einer Zwei-Drittel-Mehrheit in Bundestag und Bundesrat. Überdies steht in keinem deutschen Gefängnis ein geeignetes Instrumentarium, ausgenommen die Guillotine in Berlin-Moabit. Aber die ist vorgesehen fürs Museum.

Berlin, Juni 1993   Peter Jacobs

Literaturhinweise

Amira, Karl von: Die germanischen Todesstrafen. Untersuchungen zur Rechts- und Religionsgeschichte, München 1922

Amnesty International: Wenn der Staat tötet. Todesstrafe contra Menschenrechte, Frankfurt am Main 1989

Amnesty International: Todesstrafe in den USA, Frankfurt am Main 1989

Amnesty International: Afrika: auf dem Weg zur Abschaffung der Todesstrafe, Bonn 1991

Amnesty International: Europa: auf dem Weg zur vollständigen Abschaffung der Todesstrafe, Bonn 1992

Ancel, Marc: Die Todesstrafe in der zweiten Hälfte des XX. Jahrhunderts, in: Zeitschrift der Internationalen Juristen-Kommission, Nr. 2/1969, S. 37–53

Ariès, Philippe: Studien zur Geschichte des Todes im Abendland, München–Wien 1976

Barring, Ludwig: Götterspruch und Henkerhand. Die Todesstrafen in der Geschichte der Menschheit, Bergisch Gladbach 1967

Böhmer, Georg Wilhelm: Ueber die Wahl der Todesstrafen, in: Neues Archiv des Criminalrechts, Bd. 4 (1821), S. 56–75 und S. 343–386, Bd. 5 (1822), S. 559–624, Bd. 6 (1824), S. 65–112

Feucht, Dieter: Grube und Pfahl. Ein Beitrag zur Geschichte der deutschen Hinrichtungsbräuche, Jur. Diss. Tübingen 1967

Forster, Balduin (Hrsg.): Praxis der Rechtsmedizin, Stuttgart–New York–München 1986

Glenzdorf, Johann, Treichel, Fritz: Henker, Schinder und arme Sünder, 2 Bde., Bad Münder am Deister 1970

Haberda, Albin: Ueber die Art des Vollzuges der Todesstrafe, in: Archiv für Kriminal-Anthropologie und Kriminalistik, Bd. 10 (1903), S. 230–256

Hafner, Carl: Hinrichtung, in: Handwörterbuch der Kriminologie, hrsg. von Alexander Elster und Heinrich Lingemann, 1. Bd., Berlin–Leipzig 1933, S. 666–670

Helfer, Christian: Henker-Studien, in: Archiv für Kulturgeschichte, Bd. 46 (1964), S. 334–359, Bd. 47 (1965), S. 96–117

Helfer, Christian: Todesstrafe, in: Handwörterbuch der Kriminologie,

2. Aufl., hrsg. von Rudolf Sieverts und Hans Joachim Schneider, 3. Bd., Berlin 1975, S. 326–353

Hentig, Hans von: Die Strafe I. Frühformen und kulturgeschichtliche Zusammenhänge, Berlin–Göttingen–Heidelberg 1954

Hentig, Hans von: Die Strafe II. Die modernen Erscheinungsformen, Berlin–Göttingen–Heidelberg 1955

Koch, Tankred: Die Geschichte der Henker. Scharfrichter-Schicksale aus acht Jahrhunderten, Heidelberg 1988

Koestler, Arthur, Camus, Albert, Müller-Meiningen Jr., Ernst, Nowakowski, Friedrich: Die Rache ist mein. Theorie und Praxis der Todesstrafe, Stuttgart 1961

Kohlrausch, Eduard: Todesstrafe (Geschichte und Gesetzgebung), in: Handwörterbuch der Kriminologie, hrsg. von Alexander Elster und Heinrich Lingemann, 2. Bd., Berlin–Leipzig 1936, S. 795–809

Kolisko, Alexander: Hinrichtung, in: Real-Encyclopädie der gesamten Heilkunde, 4. Aufl., hrsg. von Albert Eulenburg, 6. Bd., Berlin–Wien 1909, S. 529–534

Künßberg, Eberhard Frhr. von: Henker, in: Handwörterbuch der Kriminologie, hrsg. von Alexander Elster und Heinrich Lingemann, 1. Bd., Berlin–Leipzig 1933, S. 663–665

Leder, Karl Bruno: Todesstrafe. Ursprung, Geschichte, Opfer, 2. Aufl., München 1987

Mortimer, John F.: Henker. Selbstzeugnisse – Tagebücher und zeitgenössische Berichte, Dokumente menschlicher Grausamkeit, Genf 1976

Mostar, Gerhart Herrmann: Über die Todesstrafe, in: Der neue Pitaval, hrsg. von Gerhart Herrmann Mostar und Robert A. Stemmle, Bd. 4, München–Wien–Basel 1964, S. 13–22

Pfenninger, Hans Felix: Der Vollzug der Todesstrafe, in: Schweizerische Zeitschrift für Strafrecht, Bd. 31 (1918), S. 361–372

Poelchau, Harald: Die letzten Stunden. Erinnerungen eines Gefängnispfarrers, 3. Aufl., Berlin 1987

Puppe, Georg: Ueber den Vollzug der Todesstrafe, in: Vierteljahrsschrift für gerichtliche Medizin und öffentliches Sanitätswesen, 3. F., Bd. 41 (1911), II. Suppl.-H., S. 153–163

Radbruch, Gustav, Gwinner, Heinrich: Geschichte des Verbrechens. Versuch einer historischen Kriminologie, Frankfurt am Main 1990, darin: Güldemeister, Günter: Todesstrafen, S. 387–399

Roesner, Ernst: Todesstrafe (Statistik), in: Handwörterbuch der Kriminologie, hrsg. von Alexander Elster und Heinrich Lingemann, 2. Bd., Berlin–Leipzig 1936, S. 809–817

Rossa, Kurt: Todesstrafen. Von den Anfängen bis heute, Bergisch Gladbach 1979

Schild, Wolfgang: Alte Gerichtsbarkeit. Vom Gottesurteil bis zum Beginn der modernen Rechtsprechung, München 1980

Schuhmann, Helmut: Der Scharfrichter. Seine Gestalt – seine Funktion, Kempten/Allgäu 1964

Strub, Bettina: Der Einfluss der Aufklärung auf die Todesstrafe, Jur. Diss. Zürich 1973

Tittmann, Carl August: Das gerichtliche Verfahren bei Vollziehung der Todesstrafen, in: Neues Archiv des Criminalrechts, Bd. 6 (1824), S. 584–633

Trombley, Stephen: Die Hinrichtungsindustrie. Die Todesstrafe in den USA, Reinbek bei Hamburg 1993

Villeneuve, Roland: Grausamkeit und Sexualität. Sadistisch-flagellantische, pathologische, gesellschaftlich-machtpolitische und religiöse Hintergründe der Leibes- und Todesstrafen, Hinrichtungsarten, Martern und Qualen bis in die Gegenwart in Wort und Bild, Berlin 1988

White, Welsh S.: The death penalty in the eighties. An examination of the modern system of capital punishment, Ann Arbor 1987

Bildnachweis